心理健康教育的途径和方法研究

董妍璐　刘秀华　朱建梅◎著

中国出版集团　现代出版社

图书在版编目（CIP）数据

心理健康教育的途径和方法研究 / 董妍璐，刘秀华，朱建梅著．-- 北京 : 现代出版社，2023.6
ISBN 978-7-5231-0354-8

Ⅰ．①心… Ⅱ．①董… ②刘… ③朱… Ⅲ．①心理健康—健康教育—研究 Ⅳ．①G444

中国国家版本馆CIP数据核字(2023)第100400号

心理健康教育的途径和方法研究

作　　者　董妍璐　刘秀华　朱建梅
责任编辑　张红红
出版发行　现代出版社
地　　址　北京市朝阳区安外安华里504号
邮　　编　100011
电　　话　010-64267325　64245264(传真)
网　　址　www.1980xd.com
电子邮箱　xiandai@ cnpitc.com.cn
印　　刷　北京四海锦诚印刷技术有限公司
版　　次　2023年6月第1版　2023年6月第1次印刷
开　　本　185 mm×260 mm　1/16
印　　张　14
字　　数　329千字
书　　号　ISBN 978-7-5231-0354-8
定　　价　52.00元

前　　言

心理健康教育是教育者运用心理科学的方法，对教育对象心理的各层面施加积极的影响，以促进其心理发展与适应、维护其心理健康的教育实践活动。心理健康教育是促进人们身心健康成长、整体素质全面提高的重要工作，随着社会的不断发展，心理健康的重要性日益凸显。因此，在心理健康教育过程中要不断地探索新的教育途径、创新多元的教育方法，促进心理健康教育工作的可持续发展。

鉴于此，笔者撰写了《心理健康教育的途径和方法研究》一书，在内容编排上共设置七章，第一、二章主要探讨健康与心理健康的认知、学生心理健康的影响因素、积极心理学视角下心理健康教育、自我意识与人格健康教育、适应心理与学习心理教育、情绪健康与人际交往教育；第三、四、五章分别对心理健康评估、咨询与调控，心理健康教育中的团体辅导，心理健康的疏导与心理治疗进行分析；第六、七章突出实践性，研究了心理健康教育课程开发与实施、心理健康教育活动及其创新实践。

本书有以下两方面特色：

第一，结构清晰，本书从心理健康教育工作实际出发，从多个方面和角度对心理健康的途径和方法进行探讨，以增进读者对相关知识的了解。

第二，实用性强，本书的专业内容在不同程度上通过鲜活的实例进行了补充说明，理论联系实际，力求对相关从业者提供有效的借鉴。

本书共七章，其中第一作者（大学）负责第一、二章内容撰写，计 8 万字；第二作者（大众心理）负责第三、四、五章内容撰写，计 8 万字；第三作者（中学）负责第六、七章内容撰写，计 8 万字。

笔者在撰写本书的过程中，得到了许多专家学者的帮助和指导，在此表示诚挚的谢意。由于自身水平有限，加之时间仓促，书中所涉及的内容难免有疏漏之处，希望各位读者多提宝贵意见，以便笔者进一步修改，使之更加完善。

目　录

第一章　心理健康教育的理论支撑

第一节　健康与心理健康的认知

一、健康的认知

健康是人类生存和发展的基本要素，也是人类永恒的话题。人们对健康的认识也随着社会的不断进步而发生着改变，越来越趋于全面。早期的健康被定义为：人体各器官系统发育良好、功能正常、体质强壮、精力充沛，并具有良好劳动效能的状态。通常可以用人体测量、体格检验和各种生理指标来衡量。但是随着科学文化的发展，人们在满足物质生活的同时，开始对精神生活提出了越来越高的要求。人们开始意识到很多生理疾病的产生都离不开心理因素，心理健康问题成为社会的一种普遍现象，“亚健康”“灰色状态”等健康问题开始出现。

健康是多方面的综合，包含生理、心理，此外，还涉及社会适应能力等方面的内容。心理和生理健康密切相关，二者相辅相成促进健康的发展，其中任何一方出现问题都会对另一方产生干扰，从而影响整体的健康状况。心理上如果感受到压抑和焦虑，就容易影响生理健康；生理上如果出现问题则会对心理有负面影响，因而二者是不可分割的统一整体。

二、心理健康的认知

（一）心理健康的标准

“身体健康”是最常见的祝福语，反映了健康是每个人的愿望。对于健康的定义，传统观念认为健康就是身体没有疾病。因此，人们重视身体的锻炼与保养，而往往忽略了心理的保健。然而，随着科学文化的进步和社会的不断发展，人们对健康的理解更加深入。心理健康不仅是无精神疾病，更可视为一种幸福状态。在这种状态中，每个人认识到自己的潜力，可以应付正常的生活压力，有效地从事工作，并能够对社会作出贡献。从广义上来讲，心理健康是指个体具有一种持续、高效而满意的心理状态，在这种状态下，生命具有活力，潜能得到开发，价值得以实现。从狭义上来讲，心理健康是个体具有稳定的情绪、适度的行为，具有协调关系和适应环境的能力。关于心理健康的标准，可以从以下方面理解：

第一，心理健康标准可以包括：身体、智力、情绪十分调和；能适应环境，人际关系和谐；有幸福感；在工作中能充分发挥自己的能力，过有效率的生活。

第二，心理健康的判断依据包括：所具有的安全感能否满足自身所需；能否充分理解并客观地对自身评价；能否凡事从实际出发，制订计划向理想目标前进；能否保持良好的社交关系；能否在生活和外部影响下保持自身人格；能否从周遭环境和自身经历中不断学习；能否在不同情况下维持一定范围内的情绪稳定；能否在环境框架下合理展露自身个性；能否在所处环境规范个人行为的前提下满足自身需求。

第三，关于心理健康的指标，主要包括以下方面：

一是关于自我，能够了解自我并满足自我需求。对自我价值有客观实际的评估，并有能力体现自身价值是心理健康的重要表现。心理健康的人能够对自身的性格、情绪有客观认识，并对自身能力有准确评价，从而对自身提出合理的期望值，设立能够达到的要求，在迈向理想的道路上制订合理的计划，而不是脱离实际；此外，要能够在自身基础条件下发掘潜力，完成更高的追求。不论前行道路上走得如何都能够坦然接受。

二是人际交往方面，能够与周遭的人事物有良好的互动。在接受自我的基础上，能否接受他人是心理健康与否的重要衡量标准，完成自我肯定的同时也要能够完成对他人价值的肯定，能理解和接受他人，在与他人交往时能够保持和谐的关系，能融入集体中享受群体的欢乐，也能够在独处时享受自己的时间。不论是与他人交往还是在集体中，多以正向的态度面对他人，较少出现负面情绪，就能够更好地融入集体，获取安全感和适应度。

三是生活与工作。生活和工作是人们生命中的重要组成部分，在生活中保持积极向上的状态，享受生活中的美好与欢乐是热爱生活的表现；在工作中以达到目标作为准则，并从中获取满足感是热爱工作的表现。对工作和生活的热爱能使人从中获取智慧和能力，并在今后的生活和工作中更好地解决问题，提高生活幸福感，提升工作有效性。

四是对现实问题的看待。现实并不总是顺利，因此遇到与预期不符的现实状况时要正确看待。首先面对现实；其次再接受现实，适应后采取有效的措施对其进行改造，以使其能够合理存在。心理健康使人在面对现实时能保持客观的态度；接触现实时，能在客观实际的基础上设置理想，并妥善地处理在追逐理想过程中遇到的挑战。

五是对情绪的控制和心态的保持。控制情绪并非指没有负面情绪，而是在负面情绪出现时能够尽快地走出阴霾，重新拾回快乐和满足。保持心态体现在面对喜乐哀伤时能让自身的心态在一定范围内进行情绪表达，喜乐时不忘乎所以，哀伤时不沉溺其中。社交时能够保持平和的心态面对他人，尊重每个与之交往的人，并在一定的社交框架和规则中寻求自身利益的满足。

六是完整和谐的人格。人格结构由性格、气质、兴趣、信念等多个方面组成，这些人格结构的协调一致性是心理健康的表现。心理健康的人在各方面和谐共生。此外，思考问题也会考虑多方面因素，不偏激，灵活应对人际关系，既不固化交往方式，也不偏激应对，能与他人产生较为适中、合理的交往，也能顺利地融入集体中。

七是拥有正常的智力水平。智力水平决定了工作生活以及学习能否顺利进行，也是衡量心理健康的要素之一。

八是年龄与心理成熟度是否相符。根据不同年龄，人在不同阶段会出现不同的心理行为，绝大部分人在同一个年龄阶段都有相似的表现，如果心理行为特征与实际年龄大致相符，则无须担心心理健康程度。

以上列举了不同的心理健康的评判标准和尺度，个体可以此来大致衡量自己的心理健康水平。

（二）心理健康的意义

心理健康有着重大的意义，主要表现在以下方面：

第一，心理健康是健康的动力和保证。人体的健康是生理健康和心理健康的统一。生理健康是健康的基础，而心理健康则是健康的动力和保证。

第二，心理健康才能更好地适应社会。社会的环境是复杂多变的，心理不健康的人在面对纷繁复杂的社会环境时会表现得不够冷静。而心理健康的人则能对现实保持清醒的认识，有高于现实的理想，但又不沉浸在幻想当中，对生活中的各种问题、困难都能够积极面对，并努力地去处理而不是回避困难，从而更适应整个社会的变化。

第三，心理健康才能更好地学习和工作。心理健康的人能在学习和工作中得到满足感，并且能在学习和工作中将自己的聪明才智发挥出来，对于他们而言，学习和工作不再是负担，而是一种乐趣。

（三）心理健康的教育

人的心理是非常复杂和奇妙的，很多大学生对人的心理现象充满了好奇，因而对心理学也充满了好奇。实质上，心理学是一门研究人的心理现象和行为规律的科学，心理学与人们的生活密切相关。积极心理学是心理学新的生长点，又被誉为一门研究快乐和幸福的科学。积极心理学倡导用积极的心态对人的许多心理现象，包括对心理问题作出新的解读，用一种欣赏性的眼光去看待人类的潜能、动机和能力，从而激发个体自身所固有的某些实际的或潜在的积极品质和积极力量，并利用这些积极力量和优秀品质来帮助心理健康有问题的人、普通人或者具有一定天赋的人最大限度地挖掘自己的潜力，并获得良好生活。

随着经济快速发展，人们的生活节奏日益加快，竞争越来越激烈，人际关系越来越复杂，工业化、现代化、社会化、一体化的程度在不断提高，科学技术的飞速进步迫使人们不断地进行知识更新。作为社会人口的重要组成部分，生活和学习在大学院校里的学生们需要面对许多引发心理问题的情况，例如，对新生活、新环境的适应，对专业的选择和学习的适应，理想与现实的差异，宿舍、同学、师生等人际关系的处理，恋爱、就业等问题。

如何使大学生以积极的、正常的心理状态去适应环境，增进身心健康，预防心理和精神疾病的发生，使同学们能更好地发展自身的潜力，发挥自身的实力，开创美好的人生是目前需要解决的重要课题。因此，大学生心理健康教育就成了时代发展迫切的需要和学生成长的重要保障。

在大学生心理健康教育中，教师应该多与学生探讨诸如幸福的奥秘的内容，怎样保持生命的最佳状态，怎样拥有一种洋溢积极的精神、充满乐观的希望和散发着春天活力的阳光心态等这类促进学生思考和培养积极生活态度的问题。积极心理健康的核心理念是，心理健康不仅要关注人的各种心理问题或心理疾病，还要更多地关注人的积极品质或积极力量。例如，可以开展心理健康知识竞赛、心理健康文创作品征集大赛、心理成长故事大赛、心理电影赏析等活动，有效地提高学生对于心理健康的重视。

大学生心理健康教育的目的在于将积极心理学与传统的大学生心理健康教育进行有机结合，让学生们懂得利用积极心理学原理来反省、思考、实践，从而对其心理的健康发展有更大的帮助，能更好地挖掘潜能，发展技巧，以更好地工作、学习和生活。

总而言之，心理健康在人们的生活、学习和工作中都有重要的作用，它可以让人们全面、健康地发展，使人与人之间的关系更为和谐。随着社会的发展和进步，心理健康的重要性也越来越凸显，健康的心理也是一个人快乐和成功的保证，是社会稳定的条件。

第二节　学生心理健康的影响因素

大学生心理健康问题是在各种内外因素的共同作用下长期累积的结果，因此，我们有必要全面探讨在大学生成长过程中，特别是早期，影响其心理健康的各种因素。

一、影响学生心理健康的生物因素

遗传是个体心理发展的生物学基础，没有这样的基础，或者在遗传上有严重的缺陷，都会对个体心理发展造成不可弥补的或者极为严重的不良影响，遗传因素对学生心理健康有着重要的影响。学生某些心理健康问题与某些遗传因素有着不可否认的联系，有些心理疾病存在明显的家族性倾向。

神经系统的生化因素是影响心理健康的重要因素。精神病患者的脑组织、血液或尿中含有的一些化学物质，如果注入健康人体内，便会产生相应的精神症状。不同的神经递质对人的精神状态和精神疾病会产生不同的影响，如过多的肾上腺素能转化为一种致幻剂，影响神经传递而引起狂躁型精神病症状；一些精神分裂症状则与多巴胺过多有关。同时，母亲在孕期的营养、情绪及身体健康状况不佳，分娩过程异常，一些生理疾病、外伤及中毒、微量元素缺乏，神经内分泌系统异常等生理因素，都可能对子女的健康造成不利影响。

二、影响学生心理健康的家庭因素

个体的早期经验对其一生的心理健康具有重要的影响，而个体早期的生活环境主要是家庭。“家庭是每个人成长的第一环境，父母是孩子的第一任老师。”[①] 家庭的结构和生活氛围、父母的教养方式等均对子女心理发展和心理健康具有重要影响。

---

① 张冬梅，谷丹. 大学生心理健康教育［M］. 北京：北京邮电大学出版社，2018：11.

（一）家庭结构与生活氛围影响

家庭的结构对学生的心理健康有很大的影响，完整的家庭对子女的心理发展有良好的影响。父母对子女的带有差异性的教育是一种天然的和谐，是一种相互取长补短的巧妙配合。而不完整家庭则对子女的心理健康具有十分不利的影响。所谓不完整家庭是双亲的一方或双方死亡、离婚等家庭。在这样的家庭中，由于性别残缺，缺少父爱或母爱，而且父母对子女的作用不相同，两者不能互相代替，因此易使个体心理发展，特别是个性、情绪上出现缺陷或障碍，如孤僻、冷漠、焦虑、忧郁、退缩等。

家庭中的生活氛围也对学生的心理健康有直接的影响，孩子在家中生活，时刻感受和体验着家庭的生活氛围。如果家庭各成员之间互相尊重、互相爱护、坦诚、谅解、和气和忍让，家庭中会形成一种和谐、温暖的人际关系和积极向上、轻松、欢乐的生活氛围，这非常有利于个体情绪稳定和良好性格的形成，有利于其心理健康。相反，如果家庭成员之间经常有矛盾，则会导致个体焦虑不安和缺乏安全感，不利于其心理健康。

（二）父母对学生教养方式影响

一般而言，父母对子女的教养方式主要有三种：专制式、溺爱式和民主式。在专制式的教养方式下，子女的意见和愿望得不到表达，他们很少得到尊重和温暖，其行为常常会受到斥责和禁止，容易形成畏惧、缺乏安全感、缺乏自信等性格，会严重抑制其心理的发展，影响他们对社会的适应性。在溺爱式的教养方式下，子女受到过度的保护，得不到应有的锻炼，不承担应有的责任，同时，无原则地迁就，让使子女成为家庭的主宰会使他们容易变得任性、自私，并且自理能力差，缺乏应变能力和正确的自我观念，不易适应社会和学校中的人际关系。在民主式的教养方式下，子女既可以得到尊重和保护，又能受到良好的教育。家长对子女起到指导性的作用，既满足他们的正当需要，又对其不正当的要求和言行给予及时说服教育和帮助。在这种方式下，子女懂得关心人、尊重人、同情人，形成积极乐观和开朗的性格，能较好地适应社会和学校生活。

综上所述，民主式的教养方式有利于子女的心理健康，而专制式和溺爱式的教养方式则不利于子女的心理健康。

三、影响学生心理健康的学校因素

在大学生的成长过程中，学校教育对其心理发展和心理健康的影响占有重要地位。从学校教育的指导思想、组织形式和教学内容、方法到教师的态度、管理方式及对学生的期待，以及学习压力、人际关系压力和校风等，都会对学生的心理健康造成影响，主要有以下因素：

第一，教师的管理方式、期待的影响。与家庭的教养方式类似，教师的管理方式可以分为民主式、专制式和放任式。显然，民主式的管理方式最有利于学生的心理健康，而专制式、放任式的管理方式均不利于学生的心理健康。教师对学生的态度和期待也会对其心理健康产生效应。如果教师对学生有良好的、积极的期待，即使不用言语明确表达出来，学生也会不知不觉地感受到这些信息，并朝着教师所期待的方向健康发展。

第二，学习压力的影响。适当的压力会使学生产生适中程度的紧张，易于集中注意力，调动积极性，有利于学习。但是过重的压力会造成学生焦虑不安等，如果长期处于这样的状态，就会导致心理问题的出现。

第三，学校中人际关系的影响。学校中的人际关系是影响学生心理健康的重要因素，这是因为任何人都不能离开他人而生活，人有归属感和交往的需要。人际关系良好与否会直接影响学生的心理健康，人际关系本身就是心理是否健康的重要标志之一。一个有良好的师生关系和同学关系，在班集体中得到肯定、尊重、温暖、平等对待的学生，会产生安全感，这必然有利于其心理的健康发展。此外，校风、学校的管理制度、教育方法与奖惩措施等都会影响学生的心理健康。

四、影响学生心理健康的社会因素

人总是生活在一定的社会环境之中，社会文化背景、政治经济状况、社区环境、社会风气、风俗习惯及重大的社会事件等，都会对大学生的心理健康产生影响。近年来，人类在社会经济、文化和科技等领域取得了巨大的进步，人们的生活得到了很大的改善，但是同时也加剧了竞争，加快了人们的生活节奏，加大了生活的压力，因而导致人类的心理疾病的发生率呈不断上升的趋势。

（一）学生就业问题影响

职业是人生命中的重要组成部分，它决定着一个人的收入、生活水平、社会地位、个人的价值和生活的满足与否。而一个人在事业上的成功与否，关键在于他是否能在所选择的工作中发展自我和实现自我价值，享受他所选定的生活方式。因此，对于大学生而言，就业问题非常重要。许多大学生没有转变自己的择业观念和降低职业期待，对自己的个性、能力、兴趣等缺乏正确的了解，也缺乏求职的经验和面试技巧等，更加大了就业过程中的困难和挫折。

（二）网络方面问题影响

互联网跟其他科学技术一样，它既有助于大学生开阔视野，又给他们带来机遇，但与此同时也给大学生造成了许多不容忽视的消极影响，特别是在心理健康方面。

第一，互联网对大学生的人际交往有重大影响。网上的人际交往不是面对面的直接交往，而是符号化的间接交往。在网络交流过程中，大学生们会感到更轻松、更自在。在虚拟化的社交环境中，大学生们不用担心、掩饰自己的不足，可以通过网络塑造自己的新形象，展现自我，满足许多现实中不可能满足的愿望。但是这种交往方式在物理空间上隔绝和孤立了交流主体，缺乏现实交往所固有的丰富的人情表达和密切的人伦关系，导致人际关系数字化、非伦理化、非人性化，使得人际关系能力下降。导致一些学生一旦离开网络，置身于现实社会中，面对现实中的人际交往时就会出现人际交往的障碍。

第二，网络也会给大学生的人格发展带来影响。网络上所承载和传播的信息良莠不齐，这既为大学生带来了新的观念和信息，有利于大学生形成开放的心态，也给世界观、人生观和价值观正在形成中的大学生带来很大的影响，使大学生对本民族文化传统和价值观的认同、信任和自豪感受到影响。

五、影响学生心理健康的自身因素

生物因素、家庭因素、学校因素和社会因素对大学生心理健康的影响程度与其本身的内在心理素质有很大的关系。同样的生活事件对于不同的大学生个体而言有不同的评价和态度，且有不同的意义和结果，因此对大学生心理健康的影响程度是不同的。在大学生的各种心理特点中，最为重要的就是个性特点，那些性格开朗、乐观、自信、果断、坚强、独立的大学生，在面对各种得失、面对各种冲突与选择、面对各种困难与挫折时，他们能理性地对待，会有正确的态度和评价，而且会努力去克服困难，这样就会减少或消除这些应激源对其自身心理健康的不良影响。相反，那些悲观、焦虑、依赖的大学生在面对困难与挫折时会出现不正确的态度与评价，会感到不知所措，因此会感到心灰意懒。

第三节　积极心理学视角下心理健康教育

积极心理学主要致力于研究人的美德以及发展潜力，“在积极心理学视角下开展高校大学生心理健康教育工作，将高校大学生自身积极因素作为研究重点，可以有效优化高校大学生心理健康教育开展思路与实践路径”①。高校需要不断丰富大学生心理健康教育资源，加强心理健康教师队伍建设，提升积极心理学与大学生心理健康教育融合程度，推动心理健康教育质量与效率的有效提升。

一、积极心理学特征、功能、价值与研究内容

（一）积极心理学特征

积极心理学是对生活中的美好部分进行的科学研究，具体关注积极的主观体验（幸福、愉悦、感激、成就）、积极的个人特质（个性的力量、天分、兴趣、价值）、积极的机构（家庭、学校、商业机构、社区和社会）。积极心理学的研究重点是人自身的积极因素，其主张以人固有的、实际的、潜在的、具有建设性的力量和美德为出发点，强调心理学不仅要帮助处于某种“逆境”条件下的人们知道如何求得生存和发展，更要帮助那些处于正常境况下的人们学会怎样建立起高质量的个人生活与社会生活。积极心理学带来的好处在于：发现并发挥自身的优势；教人们从正面提出问题；培养积极的心态；塑造健康的身心模式。积极心理学特征主要有以下方面：

第一，倡导积极的取向。积极心理学是致力于研究人的发展潜力和美德等积极品质的一门科学，积极心理学从关注人类的疾病和弱点转向关注人类的优秀品质，将散落在心理学领域中的有关积极内容的研究集合在一起，用客观实证的方法来探索人类的积极品质和力量，倡导人类要用一种积极的心态来对人的许多心理现象作出新的解读，并以此来激发每个人自身所固有的某些实际的或潜在的积极品质和积极力量，从而使每个人都能顺利地走向属于自己的幸福彼岸。

第二，促进了价值回归。积极心理学在发展的过程中，除了注重挖掘个体的积极品

① 刘亚敏. 积极心理学视角下高校大学生心理健康教育策略分析运用［J］. 邯郸职业技术学院学报，2022，35（2）：68.

质、塑造个体的积极品质外，还非常注重个体价值的实现、个体在社会当中的发展，这转变了心理学的研究方向和范围，心理学研究不再执着于消极，开始研究价值层面。积极心理学除了属于技术科学外，还具备人文关怀，还属于人文关怀科学的范畴，它对人类幸福的关注使心理学重新具备了研究价值，直接促进了价值的回归。

第三，坚持科学的实证。积极心理学的研究方法是在“扬弃”其他心理学分支研究方法的基础上发展而来的，具有个性化的研究方法。另外，积极心理学的研究方法实现了人文思想和科学技术的双重结合，既凸显了以人为本的中心思想，重视探讨人性中积极乐观等正面心理机制，同时又将操作性定义、评估方法、实验方法、干预手段、结果验证等科学方法引入研究过程中，做到了科学性与实践性的有机统一。

（二）积极心理学功能

积极心理学具有积极增进、积极预防和积极治疗三大功能，这些功能都是通过积极干预即培养积极情绪和增强积极人格来实现的，具体如下：

第一，积极增进。不能将没有心理疾病等同于心理健康，心理健康的要求更高，它要求人的心理及人的精神应该处于有生机、有力量的强劲状态，积极心理学要帮助有心理障碍的人士以及心理正常的人过上幸福度高、生活丰富的人生。

第二，积极预防。如果能够在人的心理处于较好状态时积极预防心理疾病出现，那么在人的心理成长发展过程中将会避免很多麻烦。积极心理学通过研究发现，人的乐观向上、积极勇敢、诚实坚定、人的休闲、人对现实主义的追求、对未来的期待等，这些人格特质都能有效地预防心理疾病的出现，还可以缓解心理疾病的发展。如果个体能够认识这些人格特质，并且增强这些人格特质，那么将能够在很大程度上避免心理疾病。

第三，积极治疗。积极治疗是除了治疗创伤外，还要让个体意识到积极人格力量的影响。积极心理学指出，帮助个体认识优秀的人格力量，帮助个体培养诸如乐观、积极、勇敢这样的人格力量，能够缓解个体的心理疾病痛苦，有助于从根本上解决心理疾病。

（三）积极心理学价值

1. 平衡心理学价值

积极心理学在研究心理学内容、心理学的发展方向时，始终遵循科学的方法和原则，注重人们积极心理品质方面的研究，追求人类生活的幸福以及人类生活的和谐。它认为人们在经历困难时要注重思考，但是，人类在顺境的生活中也要思考自己周围的人和物。积极心理学对积极品质、积极力量的研究使心理学价值实现了平衡。

2. 完善心理学功能

积极心理学对当代心理学功能的完善体现在以下两个方面：

（1）通过正向的心理评估与测量实现对人的全面理解。评估与测量是心理学的重要功能之一，积极心理学的兴起使得心理学的评估和测量变得更加全面、更加准确。积极心理学提供的是正向的心理评估与测量技术和标准，因此，积极心理学的出现可以做到对人的全面理解，从而实现心理学功能的完善。

（2）通过积极心理或行为干预体现真正的健康关怀理念。人的发展主要依靠自身具有的积极的积累，而不仅是问题的消除。积极干预是通过增强人的积极力量或积极品质，来实现问题的消解以及对健康心理的维护。积极干预不仅帮助人们消除了问题，而且还开发出了人类自身的积极品质。

3. 拓展心理学应用

从当前的发展态势来看，积极心理学不仅在心理学领域里取得了巨大的成就，而且其思想已经渗透进了多个社会领域。

（1）积极心理学和管理学的融合主要注重积极组织行为学研究。积极心理学进行了大量实际研究，主要讨论员工乐观、坚韧及充满希望的积极心理状态对员工日常工作中的绩效、承诺及行为的影响。员工的三种积极心理状态会对员工日常工作中的绩效、承诺及行为产生积极的影响，状态越佳，积极影响越明显，而三种积极心理状态合并而成的心理资本与后者的影响同样呈现出正比关系。

（2）在经济领域中，积极思想也取得了卓越的贡献。收益和损失是经济学对经济行为结果的两种不同定论，同样可以反映出不同人的心理状态。在实际生活中，人们往往会在利益结果上作出两种选择：①为了获得高回报收益而铤而走险；②为了获得可接受范围内的理想收益而规避风险。

（3）积极心理学在教育学领域的应用主要表现在积极教育。从教育的初始阶段就充分“激活”并注意保护受教育者的积极因素——天生的求知欲、自我意识和自我实现的进取心，因势利导地进行适当的教育，通过得到积极体验从而开发受教育者更大的积极潜力，那么学习过程就会变得非常愉快，成为又一次的积极体验。在教育学领域积极引入积极心理学的方法，与过于关注培养、发现学生应试能力以及改进学习问题的传统教育方式形成鲜明对比，逐渐成为各学校积极探索教学新模式的首要选择。

综上所述，积极心理学是近年来具有长远积极现实意义、适应现代社会发展的新型学科，在释放负面情绪、负面压力，激发动力和正能量方面将发挥重要作用，并将逐步渗透到社会学、教育学、经济学、管理学等重要领域，成为心理健康培养的重要内容。

（四）积极心理学研究内容

积极心理学应该关注三个层面的内容：一是主观层面，就是研究积极的情绪和情感，即主观幸福感；二是个体层面，即积极人格特质；三是群体层面，即积极的团体和社会制度，包括关系良好的团体、幸福的家庭等。因此，主观的幸福感、积极的人格特质等就是积极心理学研究的主要内容。

1. 主观的幸福感

幸福是一种主观体验。心理学家以个体的主观判断标准来界定幸福，即认为幸福就是评价者根据自己的标准对其生活质量进行的综合评价。主观幸福感是指评价者根据自定的标准对其生活质量进行的整体性评估，它是衡量个人生活质量的重要综合性心理指标。个体主观幸福感的核心内容是对自己生活的总体满意感，即个人对自己的行为和整个生活质量是满意的，而且这种满意感是全面、深刻、稳定、长久的。另外，幸福虽然是主观的感受，但并不是主观感觉，幸福不是想出来的，而是做出来的，是在做事情过程中产生出来的积极情感与认知。

主观幸福感包括三个特性：第一，主观性，它存在于每个人自我的经验之中，对自己是否幸福的评价主要依赖个体自己制定的标准，而不依赖他人或外界的标准，人们可能具有同等程度的幸福，但它们的实际标准却是不一样的。第二，稳定性。个体的主观幸福感是一个相对稳定的值，具有跨情景的一致性，反映的是个体长期而非短期情感状况和生活满意度。第三，整体性。主观幸福感不是指个体对其某一个单独的生活领域的狭隘评估，而是指个体对其生活的整体评价。例如，要了解某个人的生活满意度，并不是仅仅询问其对工作或家庭等某个方面是否满意，而是要了解他对生活总体的满意度。总之，主观幸福感是个人所具有的一种独特的心理状态，是一个人积极体验的核心，同时也是其生活的最高目标。

幸福是一个人积极体验的核心，同时也是其生活的最高目标。幸福的核心内容是对自己的总体满意感，这种满意感是全面而深刻、稳定而长久的，所以对身心健康具有较大影响，幸福虽然是主观的感受，但它是行动产生的积极情感和认知，幸福在于在做正确的事情的过程中实现了自我潜能，获得了安全感、幸福感以及个人成长。同时，幸福有别于快乐，是一种比快乐更加高级和复杂的情感，快乐是即时的，与正面刺激有关的身体反应，在快乐面前人是被动的，快乐不一定幸福，快乐有时甚至是对幸福的损害。

心理学认为，幸福是人类的需求得到满足后或人类的理想实现时人类的情绪状态。幸福是非常复杂的，涉及多种层次的情绪，它需要心理因素，例如情感、兴趣、爱好等和外部的因素共同作用才能形成，每个人对幸福都有自己的标准，人们会对自己的生活质量有一定评估，对于生活质量的评定来说，幸福是一项非常重要的指标。

人情感上的幸福会对人的免疫系统产生有利影响，如果个体相比于其他人有更高的幸福感，那么个体能够获得的幸福体验也是更强烈的，个体的免疫系统也会更高效地工作。微笑能够让人获得更加积极的情绪体验，提高免疫系统的免疫功能，这足以说明情绪能够影响人的免疫系统，如果人的主观情感是幸福的、是积极的，那么人也会更加健康。幸福是个体获得的一种主观体验。个人一旦体验到生活的意义就产生了幸福感。

2. 积极的人格特质

（1）潜能。潜能也称能力倾向，是在当前发展阶段已经显现出的一种潜在的、有助于某项活动顺利进行的可能性。潜能不会自动成为现实的能力，这种可能性必须通过学习、培训及其他手段才会变为实际能力。潜能是人类具有但是暂时被人类忘记的能力，潜能存在于人类的潜意识当中，人类的潜意识中包含很多遗传基因，例如生存的本能、控制人类生存的自主神经系统功能。简单来说，就是人类过去掌握的最优质的生存信息都储存在潜意识中，因此，如果能将潜意识开发出来，那么愿望在理论上来讲都可以实现，但是潜能具有隐蔽性，因此导致潜能并没有被每个个体充分地利用。

人的潜能主要包括两方面：一方面是生理潜能，指的是人生理方面的组织状况，尤其是人的脑部神经结构、脑部神经机能，生理潜能具有的特点是它是人类演化过程当中对经验的积累、沉淀和浓缩，并且内化成生物基因的方式随着人类的繁衍而遗传，在遗传的过程中不断巩固，一直延续至今。对人的潜能来讲，生理潜能是基础，人潜能素质的提升必须依赖生理潜能。另一方面是心理潜能，是人心理活动发展依赖的稳定的心理品质、内在的心理品质及深层的心理品质。心理潜能是心理活动能够开展的根本动力，心理潜能主要包括两个层次：其一，内在驱动倾向性心理素质，主要包括个体需要、个体兴趣以及个体动机；其二，内在自我调控性心理素质，主要包括激励功能、调控功能，它的作用是对潜能结构活动的状况加以影响、制约。

如果个体的心理素质健康、优良，那么个体的心理也会处于积极向上、奋发图强的状态。健康的心理素质要求心理活动发展依赖的必须是内心深处的稳定的心理品质，健康的心理素质为个体的心理活动设置了标准的强度指标、任务指标、稳定性指标及灵活性指标。在潜能结构中，个体心理素质处于心理动力倾向性层面，是潜能结构发挥创造功能的动力，推动潜能结构充分创造。

（2）乐观。积极心理学强调人最难改变的是看待事物的视角，快乐与否在大多数情况下取决于主观意识；态度不同，心情自然也不同。乐观是世上人、事、物皆快乐而自足的持久性心境。心理学中对于乐观的定义主要分乐观人格倾向和乐观解释风格两种。乐观人格倾向也经常被称作气质性乐观。乐观人格特质相比于其他的人格特质是比较稳定的。乐观的状态表示人们始终对未来发展抱有期待。乐观人格倾向理论指出人是连续体，在连续体的两端分别是乐观者和悲观者，乐观者始终认为未来发展是好的，悲观者认为未来发展是坏的，他们表现出了非常明显的乐观倾向或者是悲观倾向。乐观型的人格特征能够让个体产生一种良好的自我激励。

乐观属于解释风格，解释风格是个体在解释成功或者解释失败时主观上的明显倾向。通常情况下，可以把解释风格分成两种不同的类型：其一，乐观解释风格，这种风格的个体会把自己遇到的悲观事件或悲观体验理解成是外在因素或者特定因素或暂时因素的影响，这些因素没有普遍意义；其二，悲观解释风格，这种风格的个体会把自己遇到的悲观事件或体验理解成是内在因素、稳定因素及普遍因素的影响，乐观解释风格理论强调人之所以乐观是因为它对事件产生原因的理解模式不同，每个人的认知不同会有不同的归因模式，进而表现出来的个体人格特征也不同。

乐观人格倾向与乐观解释风格的共同点是，乐观的人格特质是稳定的，它们的不同点在于对乐观的理解角度有差异，乐观人格倾向认为乐观是因为个体对未来发展抱有期望，从直接角度对乐观进行诠释。但是乐观解释风格从一个人对事件的归因模式来定义乐观，也就是从间接角度出发对乐观进行的诠释。总的来说，乐观是非常重要的人格特征之一，它受到归因模式的影响对未来发生的事情有了积极期待，能够调控人的心理和身体的健康，对于心理和身体的健康发展来讲，乐观是至关重要的内部资源。乐观的作用主要有以下内容：

第一，乐观能够让个体更健康。个体的健康与否在一定程度上取决于个体的认知，个体对健康的看法不同会导致个体采取不同的行动，如果个体始终保持积极的状态，那么个体能够在很大程度上避免疾病，从这个角度来讲乐观就像人的免疫系统将疾病阻挡在外。相比于悲观者，乐观者受到的疾病侵害更少，而且乐观者往往更加长寿。除此之外，乐观还能让个体的心理发展更加健康，乐观者比悲观者有更强的适应能力，也更容易感觉到满足，所以他们不会轻易变得抑郁。例如，刚步入大学的大一学生不会面临过多的压力，也不会感觉到过多的孤独，他们能够快速融入新集体。

第二，乐观可以让个体获得更多的成就。乐观的人和悲观的人之所以会有差异是因为他们在实现目标的过程中态度不同，乐观的人对接下来发生的事情始终抱有期待。此外，他们对完成目标更加执着、忠诚，他们一步一个脚印地慢慢完成很多小目标，然后实现最终的目标。但是，悲观的人没有较强的执着度，而且他们对目标能否实现不太确信，在完成目标的过程中总想停下来，因此这在一定程度上导致目标难以实现。

第三，乐观让人们获得更多的资源。乐观的人更愿意和人交往，这样他们便有可能获得更多的社会支持资源，如朋友的帮助、同事的支持、领导的赏识，从而拥有更多发展自身能力的机会。乐观的人自尊心更强，在遇到困难和打击时，他们会以积极的态度，迎接困难，会根据当前情况分析，寻求外界的帮助，采取相应的策略，最终解决困难并经受住打击。除此之外，他们还会自我改进、接纳，会积极地分析困难和打击，将自己的注意力放在爱好或兴趣上，以此能让自己获得更多资源，最终突破困难。

第四，乐观能够让个体得到更多的认同。在群体生活中，乐观的情绪更容易传播，人们也更容易被乐观的情绪感染，因此，乐观的人往往能够得到群体的认可，往往能够更容易成功。

乐观者具有的特征一般包括：①接纳、认可自己。乐观的人首先要对自己采取一种肯定的评价态度，能够自我认可、自我接纳。②包容他人。能够对他人采取包容的态度也是乐观者的一个特征。乐观者在与他人相处时，通常能够较多地认识到别人的优点和长处，体谅别人的情绪感受，并能乐于同他人交往，能够在与他人的交往中获取有益的知识和经验。③能够从积极的角度思考问题。乐观者常能够以辩证的态度看待周围世界和客观事物，从积极的角度思考问题，在低谷中看到转机。意志坚强的乐观者面对诸多问题，总是抱着仍有可为的态度，遭遇变故会变得更加坚强。④具有坚定的信念。乐观者对于自己认准的目标非常执着和忠诚，不会因为一两次失败动摇自己的信念。

（3）自我独立思考能力。自我独立思考能力是积极的人格特质中一项较为重要的特质，一个人对问题是独立思考还是依附于他人，对这个人的成长起决定性的影响。自我独立思考能力与先天条件、成长环境、后天学习与激励三个方面有着密切的关系。除此之外，后天的社会价值观念的影响和生活经历的磨炼也会影响自我独立思考能力的成长和提高。

（4）美德与力量的分类。积极品质研究的最大的成果是对人类美德与力量的分类，这不仅是对人类积极品质的明确，也是对不同版本的精神障碍与统计手册的正向补充，其展示的是跨文化背景中一致认同的力量与美德。

（5）自我决定理论。自我决定理论企图为人们的自我组织行为及社会行为设定一个基础，基础包括个体的基本动机、个体的发展、个体的社会心理，并为基础的规定提供准确的经验数据。自我决定理论先做了一个假设，如果个体存在基本需要，那么个体在社会当中的人际关系会影响个体心理需求的满足。如果个体不能够表达自主性，不能够表达自己的能力与归属，那么个体可能就不会出现表达内在动机的行为，他们的成长能力也会受到一定抑制和影响。

（6）创造力与天才培养。创造力是产生新思想，发现和创造新事物的能力，是成功完成某种创造性活动所必需的心理品质，也是现代社会人才培养的重要内容。作为积极心理学的重要研究内容，创造力主要表现为发散思维和变通能力，因此，天才往往具有极强的创造力，他们在自己擅长的领域能够表现出极强的积极主动性和创造性，而这种天生的能力和属性大多与生活和家庭环境有关。

二、积极心理学视角下心理健康教育的重要性

高校在心理健康教育的基础上对教育思想的更新以及完善工作的开展有助于高校大学生心理健康教育专业课程种类的丰富以及课程内容的完善，掌握行之有效的心理健康教育方式，不断优化高校心理健康教育开展形式，完善高校心理健康教育体系，帮助大学生树立健康的乐观的心态。

（一）有助于心理健康教育水平的提升

积极心理学在高校大学生心理健康教育工作中的运用，主要是倡导高校师生以积极的心态看待事物，是助力高校师生实现全面发展以及保持健康心理状态的一种有效方式。对高校大学生心理健康水平的提升主要体现在以下方面：

第一，有助于高校大学生掌握多种心理调节方式。高校大学生可以通过了解与掌握积极心理学相关知识应对自身在实际生活中遇到的问题，有效调节大学生自身的情绪。

第二，有助于高校大学生掌握丰富的心理学知识，积极心理学的引入丰富了高校大学生了解与掌握相关心理学知识的方式与思路，可以有效促进高校大学生心理健康知识储备。

第三，有助于高校大学生掌握积极心理学视角下课程学习方法，积极心理学的引入可以帮助大学生树立乐观的态度，掌握有效的情绪调节方法，对大学生学习能力的提升以及

综合素养的提高具有促进作用。

（二）有助于心理学专业相关建设完善

积极心理学视角的引入是对高校传统心理学专业课程建设思路的更新，可以有效优化高校心理学专业建设。

第一，积极心理学视角下高校大学生心理健康教育工作的开展有助于高校心理学专业课程类型的丰富，高校可以在原有心理学专业课程建设的基础上增加与积极心理学相关的课程类型，完善高校心理学专业课程的结构脉络，对于高校心理学专业建设经验的积累具有重要作用。

第二，积极心理学的引入可以进一步丰富高校大学生心理学课程内容，积极心理学的引入可以有效弥补高校心理学专业课程教学内容上的缺失，提升大学生在心理学专业课程教学过程中的注意力与积极性，对高校大学生心理学知识结构的完善具有一定的促进作用。

第三，积极心理学与高校大学生心理健康教育工作的结合有助于高校心理学专业建设思路的更新。传统高校心理学在专业建设上主要关注大学生对于心理学理论知识与实践技巧的掌握，心理学知识理论的教学主要以心理学实验为依托，而积极心理学的引入拓宽了心理学专业课程教学的实践路径，不仅有助于大学生学习、掌握心理学专业知识以及技能，还有助于大学生健康心态的培养。

（三）有助于心理学教学思路与模式优化

积极心理学视角下高校大学生心理健康教育工作的开展主要是在传统心理学课程教学以及心理健康教育中引入积极心理学，进一步推动高校大学生在学习以及生活过程中幸福感的提升。

第一，丰富了心理学专业课程教学模式。积极心理学这一视角的引入是对高校心理学教学工作开展的有益尝试，教师可以在原有教学模式的基础上优化心理学理论知识与实践知识的讲授形式，改变传统心理学教师教学切入点多集中于大学生自我发展以及自我完善的情况，对于大学生心理健康状况的改善具有一定的积极作用。

第二，改善了高校大学生心理健康教育过程中的主客体关系，积极心理学这一视角的引入需要教师站在大学生角度进行思考，可以促进教师与大学生共同成长、共同进步。积极心理学的引入还可以提升心理学课堂教学氛围的营造以及师生互动交流频率。

第三，提升高校对于大学生心理健康潜能的重视程度，积极心理学与高校心理健康教育工作的结合不仅强调大学生乐观心态以及情绪调节能力的培养，还关注大学生心理健康潜能的挖掘，有助于高校大学生保持健康积极的心理状态。

三、积极心理学视角下心理健康教育的实施策略

积极心理学这一视角的引入可以推动大学生积极健康心理状态的培养以及全面发展。在具体工作开展过程中需要高校完善教师队伍培训机制，更新高校大学生心理健康教师观念，完善高校大学生心理健康教育中心，丰富高校大学生心理健康教育资源，深化高校大学生对于积极心理学知识的了解和运用，促进高校大学生心理健康教育部门与其他部门组织间的交流以及配合程度，推动高校大学生良好心态的培养以及心理健康水平的提升。

（一）更新积极心理学视角下心理健康教育理念

积极心理学视角下高校大学生心理健康教育工作的开展需要高校心理健康教育工作者积极了解学科前沿的教学思路以及教学理念，并将其与高校心理学专业课程教学以及心理健康教育工作相衔接。

第一，教师要对积极心理学视角下大学生心理健康教育工作的开展设定明确且实际可行的目标。在总目标的指导下科学划分不同教职人员需要负责的内容，从而通过目标的分化进一步提升落实程度，推动高校大学生心理健康教育目标的实现。

第二，高校心理健康教育工作人员以及心理学教育专业课程教师要优化以及更新教育理念。高校可以通过组织积极心理学相关专家讲座、组织学术交流大会等形式增加高校教师对于积极心理学以及心理健康教育理念的认识理解。

第三，高校心理学专业课程教师以及心理健康教育工作人员要进一步优化教学方式，针对大学生个体情况，结合高校现有的心理健康教育资源开展教育活动，不断深化高校大学生对于心理学知识的掌握程度，进一步推动高校大学生心理健康水平的提升。

（二）优化积极心理学视角下心理健康教师队伍

积极心理学视角下高校大学生心理健康教育工作的开展离不开教师队伍建设，教师专业素养以及教育引导能力的提高对于大学生心理健康教育知识掌握程度的提升以及大学生心理健康水平的提高具有一定的积极作用。

第一，加强心理健康教育教师队伍培训机制建设，对心理学专业课程教师以及心理健

康教育辅导工作人员定期进行专业培训，帮助其了解心理健康教育专业前沿的教育理念以及心理引导方式，促进高校大学生心理健康问题的解决以及对积极心理学专业知识的掌握。

第二，高校要优化大学生心理健康教育教师交流沟通机制，高校可以组织心理学专业课程教师定期开展教学研讨，在关注学科前沿发展的同时对心理健康教育以及心理学专业课程教学过程中的困难与问题进行探讨交流，共同商议行之有效的教学策略。

第三，加强高校心理健康教育咨询教师队伍管理机制建设。高校大学生心理咨询工作主要由心理学专业教师承担，所以在鼓励教师运用积极心理学相关知识的同时，对教师在心理学专业课程教学中的表现以及心理健康教育过程中的咨询与引导进行进一步规范，促进高校大学生实际心理健康水平的提高。

（三）完善积极心理学视角下心理健康教育中心建设

心理健康教育中心的建设可以为高校大学生心理咨询过程的优化以及大学生心理状态的提升营造良好的环境，促进高校各项心理健康教育工作的有效落实。

第一，高校要进一步增加心理学专业课程教师以及大学生心理健康教育工作人员数量，为积极心理学视角下高校大学生心理健康教育工作的开展奠定人才基础。

第二，高校要加强心理健康教育过程中心理危机干预机制建设，在大学生心理健康教育工作中心的建设过程中进行功能分区，针对积极心理学视角下大学生心理健康教育的不同需求划分区域，为各项心理健康教育工作开展以及积极心理学知识的运用提供针对性的教学方案，提升积极心理学运用的实效性。

第三，积极心理学在各项教学活动以及心理咨询过程中的运用还需要充分挖掘高校现有的心理健康教育资源，丰富大学生心理健康教育中心的心理教育资源运用形式，为高校积极心理学视角下各项心理健康教育工作的开展奠定教育资源基础。

（四）重视积极心理学视角下心理健康教育配合

积极心理学视角下高校大学生心理健康教育工作的开展不仅需要高校心理学专业以及心理健康教育工作人员付出努力，也需要高校专业课程教师关注大学生健康心理状态的培养与调节，加强在学习以及生活中对于心理健康教育知识的运用。

第一，高校要促进高校图书馆心理健康教育书籍作用的发挥，将积极心理学视角下心理健康教育工作的开展与图书馆阅读活动进行有效结合，进一步促进大学生深入理解心理学知识，培养学生积极健康的心理状态。

第二，高校还要提升大学生社团活动中对心理学知识的运用程度。高校大学生社团负责人可以积极举办与积极心理学知识相关的社团活动，在活动流程的设计以及活动方案的讨论上充分征求学生的意见，了解学生关于积极心理学学习与运用过程中的问题与困惑，同时，高校心理健康教育工作人员以及心理健康教育教师要积极参与此类活动并给予建设性意见，促进心理健康引导工作的顺利开展。

第三，不同专业课程教师也要加强对积极心理学相关知识的了解与运用，在传授专业知识的同时鼓励学生保持积极健康的心态，推动高校大学生心理健康水平的提升以及全面发展。

第二章 心理健康教育的内容体系

第一节 自我意识与人格健康教育

一、自我意识教育

（一）自我意识的形成

自我意识是人类特有的，并非与生俱来，是个体后天在社会环境中与他人进行互动而慢慢形成的。通常而言，大学生主要通过以下四个方面形成对自己的认识：

第一，他人的反馈。一般情况下，别人能够对自己的能力、性格等给出较为清晰的反馈，从他人的评价中，人们可以加强对自身的了解。例如，当教师告诉学生要更加主动、更加勤奋时，学生就可以从中知晓，自己的勤奋度和主动性不足。特别是当不止一个人都表达相同的看法时，这种看法就会被人们相信，认为自己就是这样的，因此，激励格外重要。

第二，反射性的评价。在实际生活中，与自己生活关系并不紧密的人有时无法给出明确的反馈，但人们仍然可以通过对方的态度和反应来了解自己。“镜中我”理论指出，自己感知自身和别人感知自己是一样的，镜子中的“我”和别人眼中的“我”都是感知的“像”。常常以别人的看法为依据来看待自己的过程被称为反射性评价。

第三，自身行为的判断。自我知觉理论认为，当内部线索比较模糊或微弱的情况下，人们会根据外在行为推断自身，例如，学生参加学雷锋、植树等公益事业时，就会认为自身品质高尚。但是在大多数时候，人们了解自身的依据还是情绪、想法等内部线索，并且外部行为容易受到压力影响也更易伪装，因此，内部线索比外在行为更准确。

第四，社会的比较。社会比较理论认为，由于人们非常渴望准确地认识自我，因此，在没有明确的标准时，常常会将他人作为比较的标准。大学是一个人一生中十分重要的发展阶段，大学生的人生目标、生活态度、价值观念等都处在形成过程中，社会比较为大学生认识、了解和发展自我提供了重要标尺，同时也是个体认识自我的重要途径。社会比较能够使自我得到优化，然而，自我比较也并非都是积极的，它分为上行、下行和平行三种比较，个体具有不同的目的和动机时，所采用的社会比较策略也不同。

（二）自我意识的类型

1. 知、情、意方面的自我意识

（1）大学生“知”的自我意识。知是自我认知，自我认知是自身从主观方面出发对自身客观性的评价，具体涉及自我观察、自我分析、自我感觉、自我印象和自我评价。一个始终困扰着大学生的问题是“我是一个怎样的人”，自我认知能使这个问题迎刃而解。很多大学生对自己的要求较高，追求完美，设定的目标往往与现实的实际情况不匹配，因此，大学生们对自身的某些方面不满意。

（2）大学生“情”的自我意识。自我体验是大学生以自我认识为前提，从主观出发对自身客观情况的情绪体验。自我体验由自我认知决定，同时自我体验又被自我认知加强，主要体现在“对自我现状是否满意”“是否接纳自己”等。自我体验的具体内容包括责任感、荣誉感、优越感和羞耻感等。以往的大学生教育并没有重视学生的自我体验。实际上，自我体验对个人的健康成长至关重要。不同的人对同一件事有不同看法和体验。通过体验的方式得到的自我体验往往都高于理性的方式获得的自我体验。

（3）大学生“意”的自我意识。自我控制就是通过控制自身的思想、语言和行为实现自己既定的目标，如自我约束、自我管理和自我激励等，最终实现自我的人生规划。自我意识的最高层次就是自我控制，最主要的部分是“我要做什么，我要成为什么样的人，我要选择什么方法和途径去完成目标”，自制力是人控制自己的能力。心理学表示，人的自制力与大脑额叶部分的发展有很密切的关系，自制力由自我认知和自我体验决定，大学生能够通过转变自我意识、选择合适的认知角度、积极发挥主观能动性和提升认知能力等方式使自己更加积极主动，实现自我欣赏。

自我意识的核心是自我控制。大学生自我意识中的“知”和“行”的培养不是一朝一夕就能形成的，需要花费很长的时间。一些大学生想法很多但行动却难以跟上，只有加强自我控制才能实现知行合一。

2. 心理、生理与社会自我意识

（1）心理自我是人们对自己的心理品质、性格特点和心理活动的认知、感受和预期，是对思维、记忆、智力、感知、气质、性格和爱好等内容的认知与体验。随着个体的成长和发展，自身的智力、情感、兴趣和能力也随之变化或提高，并逐渐能够适当地评价和体验自己的心理自我。同时，社会角色也会随着个体的成长和发展而产生，并逐渐合成主要内容，生发对社会的义务感、责任感。

（2）生理自我是通过个体与其他人沟通交流的过程渐渐学习和形成的，个体通过生理自我将自己和别人区分。生理自我包括个体的身体和容貌、身高、体重等生理状态的认知和体验。生理自我是个体天生的，人生下来生理自我就被决定了，个体无法改变。随着个体的成长和发展，会对生理自我形成正确和清楚的认识，但是人生的不同阶段对生理自我的关注度不同。以青春期为例，很多学生更加关注生理自我，男同学往往更关注身高、体型或声音等，女同学往往更关注自己的身材、皮肤和相貌等，这是因为青春期的不确定性，使得青年通常更关注生理自我。

（3）社会自我是人们处理自己和外界客观事物之间关系的认知、感受和预期，具体有个体对自身所处的不同的客观环境和不同的社会关系中的角色、义务、权利、地位等的认知。心理自我、生理自我和社会自我具有紧密的关系，三者之间相互影响，又都涉及不同的自我控制、自我体验和自我认知。每个个体的这三者的比例和地位不同，导致个体间的自我意识有或大或小的差异，这就塑造了每个人对人、对事有不同的看法和感受。

（三）自我意识的功能

第一，决定个体行为的持续性与目标性。人是一种社会性动物，因此人的行为由很多社会因素决定，但人又具有独立的思想和性格，因此人的行为又与自我意识有着十分紧密的关系。在现实中，每个人的行为不仅与个体所在的情境有关，而且与自我认知和自我意识关系密切。有积极自我意识学生的学习的动机、投入和成绩都要优于消极自我意识的学生。个体如何看待和理解自己决定着个体的行为方式，例如，一些学生在遇到挫折的时候，就可能放松对自己的约束，放纵自己的行为。

第二，判定个体对经验的解释。不同的人可能会有相同的经历，并获得相同的经验，但每个人对经验的理解与解释却会出现巨大差异，这是因为解释经验的方式是由一个人的自我意识决定的。例如，认为自己学习能力很一般的学生，在取得很好的成绩后会认为取得了巨大的成功，成就感和满足感都会很强烈；但如果是自认为学习十分优秀的学生，在面对同样的成绩时，可能只是觉得正常发挥甚至是失败，他的挫折感就会很强烈。因此，当个体具有消极的自我意识时，任何一种经验都可能造成消极的自我评价；而当个体具有积极的自我意识时，任何一种经验就都有可能充满着积极的意义。

第三，影响个体期望水平。自我意识除了影响个体的行为方式、对经验的解释以外，还会在个体对未来的期待方面产生较大影响。“这是因为，个体对自己的期望是在自我意识的基础上发展起来的，并与自我意识是相一致的，其后继的行为也取决于自我意识的性质。”①

（四）自我意识的特性

经历青年时期，通过分化、整合个体的自我意识会在成年时期逐渐形成。经验积累、对人对事的态度、外界的评价和个体在社会中的角色变化、责任承担、义务履行都会影响自我意识的形成。大学生自我意识塑造和形成尤为重要。在青年时期，个体的生理和心理变化很大，例如，思维更加发散、更有想象力以及对外界更加敏感，因此，他们更加关注自己，关注自己的内心变化，渴望独立和张扬个性化发展。

在青春期，个人所积累的成功或失败的生活经验影响着自我意识的形成。经历的事情越来越多，积累的经验也越来越多，通过积累成功的经验和吸取失败的教训，对自己正确的做法加以肯定，改正自己的错误，最终形成自我意识。外界的正面和负面评价也影响着个体自我意识的形成。由于大学生的自我意识还没有形成，他们会更加关注外界的评价，也往往会根据外界的评价来衡量自身价值。

总而言之，大学生主要从三个方面关注自身：第一，生理发育。大学生要有时间和精力来关注自身的身体发育情况、心理需求。第二，人际关系外延。大学生在与他人交往过程中，会与其他人比较，开始关注自己的修养品质和天分能力。第三，随着自我认知的发展，大学生更关注自己做事情的动因和结果，思考自己的人生价值。

大学生自我矛盾的加剧促进了自我统一的形成，大学生自我认知的发展和明显的自我分化造成新矛盾出现，随着经历的事情越来越多，大学生会在思想和行动上统一，最终化解矛盾。大学生群体与其他同龄群体相比较，生活阅历和学习经历的特殊性使自我意识也具有独特性，具体有以下三个方面：

1. 自我意识在时间上的特性

时间上具有延缓偿付期，具体指有些年轻人在生理和心理上没有做好承担社会义务的

① 赵菊，李燕. 大学生心理健康教育［M］. 武汉：武汉大学出版社，2017：36.

准备，他们需要一段时间，或者外界必须要给他们一段时间。因此，讨论的心理延缓偿付期，是指对成人承担义务的延缓，然而它又不仅仅是一种延缓。作为大学生，可以利用这一段时间触及各种人生、思想、价值观，尝试着进行选择，经过多次尝试、反复循环，从而确定自身的人生观、价值观和职业理想，确立自我同一性，最终融入社会，进而适应社会。

一些大学生缺乏独立性，生理上并未成熟，经济上依赖父母，未踏入社会的他们思想存在滞后性。按照年龄要求，大学生应该具备独立和自立的能力，然而，大学生主要在校园生活，导致他们在心理和思想上不具备承担社会责任和义务的能力，在时间上有延后性。时间上的延后使大学生可以有更多时间思考人生、提升自身能力，并树立正确的人生观与价值观。

2. 自我意识在空间上的特性

空间上的特性主要表现为空间上的“自主性”。目前，大学生学习环境的文化背景更加多元化，互联网为大学生提供了更广阔的空间、更平等的学习权利和更自由灵活的学习方式。东方文明与西方文明的交融互鉴影响着大学生自我意识的形成和发展。首先，大学生的家庭背景、生活方式、接受的文化以及自我价值与追求均不相同。在生活和学习中，他们相互交流、相互学习、包容互鉴；他们在每次沟通中彼此影响，这有利于新自我的形成。其次，大学具有包容性，汇集了不同的文化。大学生在多种文化体系中学习和生活，必然会受到不同文化的影响，甚至会与自身建立的价值体系发生冲突。大学新生更为明显，他们从以前的文化环境进入崭新的文化环境中，通过提升思考能力和自制力重塑以前的价值观念和文化素养。

3. 自我意识发展的不平衡性

大学生的生理和心理状态与社会对他们的要求并不匹配，主观自我与他观自我不统一。尤其是高年级学生更为突出，高年级学生的自主意识较强，然而在工作中，他们的自我意识往往受到影响。主观自我与他观自我不一致，生理和心理状态与社会需要存在滞后性，这些都影响大学生自我意识的形成，导致不平衡和滞后性的原因主要包括：首先，大学生的人生观、价值观和世界观尚未形成，受外界的影响较大；其次，大学生的自我意识尚在发展阶段，大学生刚入学和毕业时对同一件事的看法和态度会有很大的差异，大学生在学习、生活和社会磨炼中会形成自我概念；最后，进入大学，在新的环境中面对新的同学和集体，必然会出现不平衡和滞后性。

（五）自我意识的发展

自我意识的培养是引导主体在社会要求的指导下对客体进行自我意识教育，是大学生完善自身个性、思想自身价值的重要途径，也是自我意识的最高表现。形成自我意识的基础是全面认识自我。能够正确、全面认识自我的人可以准确、客观地评价自己，也能确立恰当的人生目标并为之努力奋斗。因此，大学生应拓宽生活学习和交往的范围，积极参加各类校内活动和社会实践，从而找到多种参考系，并全方位、多角度地认识自我，做到不卑不亢、不骄不躁、不屈不挠，充分发挥自身优势和智慧，通过自己的努力实现人生价值。促进大学生自我意识的发展，可以从以下方面着手：

1. 以积极的态度认可自我

大学生的自尊心理来自以积极的态度认可自我，自卑心理则来自以消极的态度拒绝自我。自卑者通常都会片面地看待自身缺点并夸大缺点，甚至全盘否定自我的存在价值，这为形成正确的自我意识造成了巨大障碍。对自我的积极认可具体可以表现为以下方面：

（1）自我评价积极而准确。积极、准确的自我评价是自尊心产生的关键。任何人身上都同时存在优点和缺点，要充分发挥优点，对待缺点也不要灰心。通常情况下，人的缺点分为两种：一种是习惯、性格等方面的，如缺乏毅力等，这是可以改变的；另一种是生理、缺陷方面的，这是很难改变的。无论是可以改变的还是很难改变的，都要勇敢面对，特别是如果存在一些生理上的缺陷，那么就更应该从内在入手，通过提高修养和学问来培养内在美。

（2）正确对待挫折和失败。在人的成长过程中，失败在所难免。大学生是受过高等教育的群体，应该做到正确对待生活和学习中的挫折与失败，不断总结经验教训，快速走出困境，努力提升个人能力，通过奋斗实现人生理想。

2. 努力进行自我发展完善

自我完善指的是个体在认识、认可自我的基础上，主动自觉地规划目标、调节行为、改造个性，使自身全面发展，从而适应社会的要求。

（1）正确树立理想自我。树立正确的理想自我的基础是自我认识和认可，此外，要根据个人特点和社会需要来确立发展目标。大学生要树立正确的人生观、价值观和世界观，通过积极的探索来理解人生，从个体与社会的联系中认识人生的意义，努力地完善自我。

（2）认真进行自我探究。只有认真地进行自我探究，才能获得自我统一。自我统一是“主体我”和“客体我”的统一，也是自我认识、体验和调控的统一。大学生在追求自我统一的长期过程中，首先要正确分析理想自我，对理想的可行性进行客观判断；其次还要将理想自我与现实自我对照；最后制订有针对性的计划，解决理想与现实之间的矛盾，从而获得自我统一。

总而言之，自我意识的培养十分漫长。大学阶段是大学生培养自我意识最重要的阶段，因此，正确认识自我意识的特点，对引导大学生全面认识自我、积极接纳自我、努力完善自我具有至关重要的意义。

二、人格健康教育

（一）人格的发展与结构

"人格"是人们日常生活中经常使用的一个词，人格是构成大学生思想、情感及行为的特有模式，这个独特模式包含了大学生区别于他人的稳定而统一的心理品质。对于人格的内涵，可以从两个方面来理解：①人格是大学生的心理行为模式。换言之，人格是由内在的心理特征与外部的行为方式构成的，它不仅是单一的心理特征和行为模式，而且是这些心理特征和行为模式相互作用而形成的有一定组织和层次结构的模式。②人格不是生来就有的，而是在先天遗传素质的基础上通过后天环境的相互作用形成的。遗传因素是人格形成的重要基础和必要条件，而后天环境使遗传的作用得以发挥。并且两者的作用不是简单的相加，而是复杂的相互制约、相互作用，共同影响着人格的形成和发展。

1. 人格发展的特性

（1）整体性。人格是人的全面的心理面貌，是统一的整体结构。它由多种特质组成的一个有机整体，相互制约、相互联系，容易受到自我意识的控制，有着内在一致性的特点。但如果这些特质中间出现开裂，人格的整体性丢失，那么便不能将外界经验整合到自身的人格结构中，同时，特质之间也不能实现整合统一，其中，极端的代表就是精神分裂症。

（2）独特性。世界上不会有两个人格特征完全相同的人，大学生的人格是在遗传、环境、教育等先后天因素的交互作用下形成的。即使是同卵双生子，他们的心理面貌也不会完全相同。

（3）稳定性。人格特征一旦形成就相当稳定，但是个体在行为中偶然表现出来的心理倾向和心理特征并不能代表他的人格。例如，一个处事稳重的人偶然表现出轻率的举动，不能由此说他具有轻率的人格特征。正因为人格具有稳定性，才会有人与人之间心理上的差异，人们才能根据各人不同的人格特征，把一个人与另一个人区分开来。

（4）生物性。人格的形成和发展不仅受生物因素的制约，而且受社会因素的制约。生物因素主要指神经系统活动的特点、遗传的生理解剖特点等。人的生物因素虽然不能决定人格的发展方向，但却是人格形成的基础，给人格发展提供可能性。

（5）社会性。人在出生之时只是一个生物学意义上的个体，但出生也意味着从一个简单的生理环境进入了一个复杂的社会环境之中，就要掌握所处社会的行为道德规范、价值观念、信念体系、社会风俗等。如果离开了人类的社会生活，人的正常心理就无法形成和发展，社会生活条件对人格的形成和发展起到决定性的作用。

2. 人格的结构系统

人格是由不同成分构成的一个结构系统，这些成分从不同侧面反映了人格的差异。人格结构系统包括气质、性格、自我调控三个方面。

（1）气质。气质这一概念与人们平时说的“脾气”“秉性”或“性情”相似。“气质是指人生来就有的、典型的，表现在心理活动的强度、速度、稳定性和指向性等方面的稳定的心理特征。”① 人的气质差异是先天形成的，并受神经系统活动过程的特性所制约。气质在不同情境、不同活动中都会表现出来，而气质特点的不同组合就构成了气质类型。心理学上把气质划分为四种类型：胆汁质、多血质、黏液质、抑郁质。关于气质的类型，不同的心理学家有不同的分类方法，其中最为常见的是认为人体有四种体液：血液、黏液、黄胆汁、黑胆汁。这四种体液的组合形成了人体的特质，即血液占优势称为多血质，黏液占优势称为黏液质，黄胆汁占优势称为胆汁质，黑胆汁占优势称为抑郁质。

第一，胆汁质。胆汁质的人精力旺盛，做事勇敢果断，为人热情直率。但这种人做事急躁，情绪爆发快又难持久，容易冲动，遇事常欠思量。

第二，多血质。多血质的人活泼、好动、乐观、灵活。这种人思维灵活，行动敏捷，富有朝气，对各种环境的适应力强，情绪丰富且外露，喜怒哀乐皆形于色。但是他们做事往往缺乏耐心和毅力，稳定性差。

第三，黏液质。黏液质的人安静沉稳，喜欢沉思，表情平淡，情绪不易外露，但内心情绪体验深刻。这种人自制力很强，不怕困难，忍耐力高，外柔内刚。他们虽然思维灵活性略差，但考虑问题细致周到；虽然学习接受慢，但却脚踏实地；虽然交往的朋友数量少，但却常有知心朋友。

---

① 张冬梅，谷丹. 大学生心理健康教育［M］. 北京：北京邮电大学出版社，2018：120.

第四，抑郁质。抑郁质的人主导心境消极忧郁、多愁善感，情绪体验深刻，细腻而又持久。他们聪明而富有想象力，自制力强，注重内心世界，不善交际，软弱胆小，做事优柔寡断。

以上四种气质显示了人们四季般的天性。而事实上，单纯属于这四种典型气质之一的人并不多，在生活中多数人是四种气质互相混合、渗透、兼而有之的人。此外，气质是人的天性，并无好坏之分，每种气质都有其利的一面，也有其弊的一面。它没有社会道德评价含义，所以不能决定人的社会价值。任何气质的人，既可能成为具有杰出才华的人，也可能成为平庸无为的人。

（2）性格。性格是大学生的行为方式、对现实的态度，从中表现出坚固的心理特征，它是一种与社会相关最为密切的人格特征。性格体现在人的行为举止中，同时，体现了人们对周围世界、现实的态度。相较于气质而言，性格有好坏之分，但没有天赋性可言，性格是在后天的环境中潜移默化而形成的，与人的三观息息相关，所以，性格是有好坏的分别的，它体现了一定的道德性、社会性。如助人为乐、热爱祖国、诚实守信、见义勇为、廉洁奉公等体现了好的性格品质，而自私自利、唯利是图、冷酷无情等都体现了不良的性格品质。

（3）自我调控。人格中的内控系统则是自我调控。拥有自我认知、自我体验、自我控制三个子系统。自我调控的核心是对人格的各个部分进行统一控制，以保证人格的统一、和谐、完整。

第一，自我认知：是对自身的理解、洞察，其中包括自我评价、自我观察。自我评价指对自身的行为、期望、想法以及人格特征的评估、判断；自我观察则是指对自身的意向、所思所想和感知的觉察。自我调控的基础是自我认知。如果大学生不能够有正确的自我认知，就不能对自身有准确的自我调控。例如，人过高地评价自己，就会盲目自信与自大；反之，如若只看到自身的不足，就会产生自卑心理。

第二，自我体验：是跟随自我认知而产生的内心体验，同时，也是自我意识在情感上的体现。例如，人们对自身作出消极评价时，会产生自卑感；反之，作出积极评价时，则会形成自尊感。

第三，自我控制：是完成自我意识调配作用的最后步骤，同时，也是自我意识在行为上的体现。例如，当大学生认识到学习对自身的发展有着重要作用的时候，他们在行为上则会体现出坚持不懈的状态。

（二）健全人格及其培养

1. 健全人格的影响因素

塑造和培养良好的人格是个体成长与发展的关键。在一个人的人生发展历程中有许多因素会影响人格的发展，人格的塑造是先天、后天因素共同作用的结果。大学生健全人格的影响因素如下：

（1）影响学生健全人格的生物遗传因素。遗传是人格不可缺少的影响因素，但遗传因素对人格的作用程度因人格特征的不同而不同。通常在智力、气质这些与生物因素关系紧密的特征上，遗传因素较为重要；而在价值观、信念、性格等与社会因素关系紧密的特征上，后天环境因素更重要。人格发展过程是遗传与环境交互作用的结果，遗传因素影响人格发展方向及形成的难易。

（2）影响学生健全人格的家庭环境因素。父母不同的教养方式造就了具有不同人格特征的孩子。如权威型教养方式容易使孩子形成消极、被动、依赖、服从，做事缺乏主动性，甚至会形成不诚实的人格特征；放纵型教养方式容易使孩子形成任性、幼稚、独立性差、唯我独尊的人格特征；民主型教养方式则容易使孩子形成一些积极的人格品质：活泼、快乐、直爽、自立、彬彬有礼、善于交往、富于合作、思想活跃等。

（3）影响学生健全人格的自然物理因素。生态环境、气候条件、空间拥挤程度等这些物理因素都会影响到人格的形成和发展。对于自然物理环境的作用可以总结为：①自然环境对人格不起决定性影响作用，更多地表现为一时性影响；②自然环境对特定行为具有一定的解释作用。在不同的自然物理环境中，人可以表现出不同的行为特点。

2. 健全人格的培养途径

大学时期是优化人格的最佳时期：一方面，大学生具备了成熟的自我意识，能准确认识自己人格中的长处和不足，有着很强的优化自身人格特点的需要；另一方面，大学生具有良好的自我管理、自我约束的能力，能够主动采取行动，不断完善人格。大学阶段以后，人格品质相对成型，人格特点趋于稳定，人格的可塑性降低，人格的优化将成为困难的事。因此，大学生应抓住人格完善的关键期，积极主动塑造完美人格。塑造健全的人格要有三个途径，即早期教育，学校、家庭、社会协同教育，自我教育和终身教育。自我教育和终身教育则是大学生塑造健全人格的根本途径。大学生塑造健全人格的主要途径有以下方面：

（1）认识自我，优化人格整合。认识自我是改变自我的开始，为了有效地进行人格塑造，应该首先充分了解自己的人格状况，明确人格塑造的目标、内容、途径、方法。人格塑造就是为了实现优化人格整合，以达到人格的健全。整合是要使人格的各个方面逐渐由最初的互补相关，发展到一种和谐一致的状态的过程。优化的过程即选择某些优良的人格特征作为自己努力的目标，同时针对自己人格上的缺点、弱点予以纠正。

（2）努力学习科学文化知识。智慧是人格的基本要素之一，学习知识，增长智慧的过程就是人格优化的过程。现实中不少人格的缺陷是源于知识的匮乏。

（3）从小事做起，培养坚强的意志。人格的塑造是一个艰苦漫长的过程，因此，健全人格的形成要从眼前的每一件小事做起。一个人的所言所行往往是其人格的外化，反之，一个人日常言行的积淀成为习惯后就形成人格。诸如，一个人的坚韧、毅力、细致，乃至开朗、热情、乐观等健康人格特征都是长期磨炼的结果。

（4）锻炼身体，强壮体魄。人格发展的过程是体质、心理因素与智力因素协同作用、相互促进的过程，健康的体质是健康人格发展的物质基础。一个体弱多病的人是难以发展健康人格的，拖拉、懒惰、急躁、懦弱等人格发展缺陷与缺乏体育锻炼明显有关。

（5）与人坦率相处。保持自然纯真的自我，让别人看到自己的长处和短处，也让别人分享自己的快乐和痛苦。另外，能将内心对重视自己的人敞开是性格健全的重要特征。同时，要拥有健康的性格，向别人敞开自己的心扉是最好的办法，所以，健全人格的有效途径是多与他人沟通意见，对别人敞开自己的心扉。

（6）人格塑造过程中应把握辩证思维，掌握好度，否则就会过犹不及，适得其反。具体而言，应该自信而不自负，自谦而不自卑，稳重而不多疑等。度的把握还表现在不同的人格特质要协调发展，这样才能形成合理、和谐的人格结构。

（三）人格健康塑造策略

1. 树立正确科学的人生观

人生观是个体对人生的目的、意义和道路的根本看法和态度，包括幸福观、生死观、荣辱观等。在人生旅程中，人生观是人们行动的指路人和调节者。有怎样的人生观，便会有怎样的言语和行动。个人一旦形成正确的人生观，则会有明确的人生目标和坚强的拼搏斗志，能动地认识和改造世界，其主观世界也会得到改造。当大学生知道了如何做人，便能客观准确地评价他人、他事和自己，心理有正确的反应，人格也会朝着更加健康的方向发展。

人格优化和塑造的过程也受到学习知识过程的影响。其实，缺少科学知识的人的人格通常最容易出现问题。富有知识的人大都自信、坚强、谦逊、理智。人格能否健康发展在很大程度上受到知识水平的影响。但是，现在很多学习理工科的大学生大都缺乏人文知识，文科生科学文化素养也不高，这会使人格发展不平衡，所以大学生需要有意识地弥补和修复这种局限。

2. 掌握自我调适的方法

大学生要塑造健康人格，必须掌握一些自我调适的方法，主要有自我分析、自我评价、自我教育三种。

（1）自我分析：分析自己的人格结构的优势和不足，分析要做到客观，恰到好处，保持一种比较合乎实际的水平。

（2）自我评价：客观地评价自己的人格和行为表现，做到自知之明。

（3）自我教育：经常反思自己的思想、行为，总结优点，发现缺点，要经常自我提醒、自我警诫、自我约束，有意识地进行自我磨炼，锻炼意志品质。

3. 培养良好的行为习惯

习惯的养成最终会成为个人人格的一部分。习惯的保持并不需要付出很多自制力，但习惯的养成却需要付出许多努力，因为人们极容易退回到原来的习惯中去。养成新习惯最好的做法是一旦确定了新习惯的内容之后，就不要再犹豫，马上开始行动。刚开始可能并不容易，但是在坚持了21~30天时，一种新的习惯就可以固定下来。大学生养成新习惯有以下方法：

（1）找准目标，集中精神去做。最主要的是坚定自己的信念，并不断预见积极的成果。这样才能让自己增加勇气，找到自信，并下定决心、充满动力地坚持到习惯固定下来。

（2）制订周密的计划，并坚决完成这些计划。这样做便可以将自己的思想提高到一个新的水平。

通过人际沟通，个体可以获得一个深入认知自我的机会。交流应尽可能地扩大范围、层次、领域，为和谐的人格形成构建一个平台。因为拥有健康人格的人能面对现实，适应环境，能保持和谐的人际关系。在人与人的交往中，保持积极的态度多于消极的态度。在需要的满足中激发进取的力量和信心，发展自我价值感。这样，个体就会在交往中发展富有朝气、团结奋进的乐观品格。

健康人格是人的整体的重要组成部分，又是社会和谐的基础与载体。健全人格的培养和塑造既是大学生成长发展的要求，也是时代的呼唤。但健全人格的培养不是一朝一夕的事情，需要坚持不懈的努力，有些改变可以受自己的控制，而有些不能。所以最好先做好充分的准备，尽可能多地去了解哪些是能够改变的，以及该如何去实施这种改变。改变并不是一件容易的事，且往往比预期要难得多。鼓起勇气去改变能改变的，平静地接受改变不了的，智者能分辨出这两者的区别。生活是一个长期改变的过程。

第二节 适应心理与学习心理教育

一、适应心理教育

（一）适应心理教育的主要内容

适应是一个反映个体与其环境的相互作用情况，反映个体在环境中能否有效发挥其身心机能，从而有健全的个人生活的概念。从心理学的角度讲，适应是一个与人的需要与满足相联系的心理过程，是个人通过不断作出身心调整，在现实生活环境中维持一种良好的、有效的生存状态的过程。适应原本是生物学的一个基本概念，它指所有活着的有机体都要随着它们环境中的某些条件的改变而改变其活动。生物的机体需要必须通过其与外界条件相适应的行为来加以满足。适应是事物发展的基本条件，一旦持续地失去与周围世界适应的能力，机体就会被淘汰。有机体的需要应与环境中的某些条件协调，从而促进其自身发展。一旦产生某种程度的不适应，它的生存便要受到一定的影响和危害。

人类的发展之所以拥有了这么长的历史，正是因为拥有不断发展的大脑和智慧，使人类社会与客观自然之间产生辩证统一的关系，在适应中发展，在发展中适应。作为一名新入学的大学生，不仅要适应所在的大学的气候、地理环境，还要适应父母不在身边的生活环境，还要适应周围不同性格同学的人际环境，更要适应不同于高中的学习环境。适应性在很大程度上代表着一个人心理健康的程度。从心理学的角度而言，适应包含以下步骤：一种需要的存在；阻止这种需要得到满足的阻挠存在；个人提供的一个又一个克服这些阻挠的各种各样的行为反应方式；最后有一种反应导致了减轻紧张即解决问题的结果。

适应的根本问题就是心理适应，心理适应先要有对环境的认知和对自身的客观分析。有些人不论身处怎样环境下都感觉不适，并一味地抱怨环境，从而产生对生活的消极态度，甚至形成不健康的人格；但是，有些人身处逆境，仍然能与命运抗争，最后达到自我的实现，而且为社会作出了自己的贡献，这样的事例屡见不鲜。可见，适应心理对人们的自我发展有极其重要的作用。“大学生适应是心理健康的标准之一。要提高大学生心理健康水平，就必须引导大学生适应大学生活。”① 就大学生的适应心理而言，虽然个体之间存在着差别，但一般而言主要包括以下方面：

1. 生活适应心理

现在越来越多的学校招生不再仅局限于省内，往往是面向全国。一些大学生离开已经熟悉了的地方，跨越地域来到一个陌生的地方，面对新的生活，心理需要更多的适应。越是那些与原来生活习惯差别较大的学生，加上自身适应力、性格以及常用的适应方式等因素的影响越是容易表现出适应不良。

2. 环境适应心理

从大学生心理学范畴来讲，环境适应一般包括三种层面，即生物学意义上的、心理上的以及对社会生活环境的适应。生物学意义上的适应主要是指人们身体器官对味、光以及声等因素的适应，因此也可以称为生理适应；心理上的适应一般是人们在经历挫折、困难情况时，借助心理防御机制对自身进行调节的过程，是人们对环境适应的一种狭义定义；对社会生活环境的适应主要是人们为满足自身生存需要而进行的行为适应和环境适应过程，能够使个人得到更好的发展。大学生入学后或多或少地面临环境上的适应问题。

3. 学习适应心理

进入大学，大学生不得不面临学习上的适应问题，已经适应了原来的学习环境，面对新的环境难免会有不适应。首先，从学习目标来看，许多学生已经习惯于高中时期在外部条件的严格控制下所制定的具体目标，而不能马上适应这种由内在因素控制的，为长远目标而进行的自己控制的学习。其次，从学习内容来讲，想要获得毕业证和学位证，必须获得一定的学分，这就要求学生对自己的学业心中有数，自己制订好学习计划；另外，进入大学同时也是在为进入社会作准备，所以应当根据个人的理想，多阅读一些对走向社会有用的书籍。最后，从学习方法上讲，大学生是以自己主动学为主，教师指导为辅的学习，这是一个大学生主动学习、主动探索的阶段，而不是被动地等待教师的安排和督促。

4. 工作适应心理

有不少同学进入大学后发现，大学确实是一个更宽阔的大舞台，可以在舞台上尽情发

---

① 张冬梅，谷丹. 大学生心理健康教育［M］. 北京：北京邮电大学出版社，2018：63.

挥。大学里有多种多样的活动可以参加，大学里有各种各样的学生组织可以参加，甚至自己创建一个学生社团组织。于是，好多同学积极参与了多种活动，挑战了不少工作任务。其间，一些同学适应良好，在锻炼中不断学习、成长，学到了好多书本上学不到的东西；而也有部分同学，在一些问题上，不能够适应，从而产生了一些消极情绪。例如，一些同学不能处理好工作和学业之间的关系，导致成绩不及格；一些同学不能够很好地组织工作，调动同学们的积极性，对自己的工作能力感到怀疑。大学生如果认真总结经验教训，积极改正，一定会有所收获。在工作过程中，怎样赢得领导的支持，怎样同合作者交流，怎样安排工作的每个细节等，这都会为日后工作奠定良好的基础。

5. 角色适应心理

面对大学生活，大学生必须作出一系列的角色调整，过去看问题的方式、处理问题的方法、做人的观念都需要重新思考。大学生成为相对独立的青年，生活在同龄人中间，要确立一种与人平等、待人和气、为人热情、对人宽容、做人上进的新的大学生角色。与人相处时，不再是仅仅代表自己，而是代表着大学生的形象，代表着知识青年的形象，代表着母校的形象，因此要处处牢记自己的角色。在大学这个人才荟萃的地方，调整自我也是角色适应的需要。

6. 人际适应心理

人际上的适应心理也许是大学生中存在问题最多的一个方面。人是社会中的人，人际关系的适应是适应的一个主要方面。有了良好的适应，人才有了支持的力量，才有了安全感和归属感，才能愉悦地做其他事情。建立良好的人际关系，首先要对其有正确的认识；其次应注意和人交往的技巧。与人交往应当真诚、主动，友情是难得而宝贵的，应当珍视这份情感，应当主动去关心别人。另外，人际交往要心理相容，人与人之间毕竟是不同的，多学习别人的优点，包容别人的缺点，就会得到很多朋友。

（二）学习适应心理的特点分析

下面主要探讨大学生学习适应心理。学习动机是引发和维持个体进行学习活动，并使学习活动朝着一定目标进行的内部动力或心理倾向。学习动机的一种直接外在表现是学习积极性，是在学习活动中认真主动、投入的状态。如果学生对学习没有兴趣，缺乏求知的欲望，学习是很难长久地维持的。因此，在整个学习过程中。激发学习动机是至关重要的，但是这并不意味着学习动机越强烈越好。另外，动机的最佳水平不是固定的，依据工作任务的不同会有所改变。工作难度很小时，动机十分强烈，才能有较高的工作效率。工作难度很大时，适当地降低动机强度，有利于提高工作效率。

1. 学生学习动机的缺乏

大学生缺乏学习动机的主要表现是厌学。大学生厌学是指大学生对学习感到厌倦的心理和消极的学习行为倾向，具体表现如下：

（1）大学生缺乏学习动机的表现。厌学的学生一般都缺乏理想与信念，缺乏目标，具体表现在：上课迟到、早退、旷课；在课堂上听音乐、玩手机、看小说、睡觉；课前不预习，课后不复习。

（2）大学生缺乏学习动机的原因，既有客观方面的原因，也有主观方面的原因，这里仅从主观方面进行分析，具体如下：

第一，缺乏目标。很多大学生在高中时的目标是考上自己心目中理想的大学，于是很努力地去学习，走进大学校园之后，没有了积极的学习态度，这都是缺乏目标，对自己放松要求所导致的。

第二，理想与现实之间有差距。有的大学生对自身所考入的学校不满意，对所学的专业不感兴趣，理想与现实之间的差距使他们出现了很多的负面情绪，但是他们又不愿意去面对这种差距，不愿意去处理负面情绪，于是把大部分时间放在与学习无关的事情上，从而影响学习。

第三，自我管理能力差。很多大学生自我管理能力差，意志力薄弱。有些大学生仍旧采用之前的学习模式，希望老师对学习提出要求，否则就不知道该怎样学习，还有些大学生很容易受到周围不良环境的影响，影响正常学习。

（3）克服大学生缺乏学习动机的方法。针对厌学的原因，可以采取以下方法克服厌学：

第一，制定目标并付诸行动。进入大学后，每个人都站在了新的起点上，大学生要制定大学时期明确的学习目标，并且所制定的目标要有系统性，既要有短期的目标，如这个学期要争取每门课程的成绩都在 75 分以上，也要有长期的目标，如四年之后要考上研究生。

第二，提高适应能力，培养学习兴趣。大学生要提高适应能力，培养学习兴趣。人的一生中很多事情都不是一帆风顺的，理想与现实总是会有差距，人们要学会接受并适应。或许这所学校不是心目中理想的大学，或许所学的专业也不太喜欢，但是在无法改变现状的情况下，只能面对现实，努力地去发现这所学校的优势和拥有的资源，去了解自己所学的专业，进而喜欢上所学的专业。

第三，增强意志力和自我管理能力。大学生应当增强意志力和自我管理能力。学习任务没有完成却控制不住去玩网络游，这都是意志力薄弱、自我管理能力差的表现。意志力和自我管理能力需要在生活中慢慢地培养，可以制订一个计划，如果计划完成了，就奖励，没有完成，就惩罚。用这种自我奖惩的方法可以有效提高自我管理能力。

2. 学生的学习动机过强

学习动机固然对学习活动起着推动作用，但是这并不意味着学习动机越强，学习效果就越好。学习动机过强，不论是内部的期望过高，还是外部的奖惩诱因过强，都会使学生专注于内部的期望和外部的奖惩，而不是专注于学习，从而影响学习。

（1）学习动机过强的主要表现，具体如下：

第一，期望过高。有些学生由于缺乏对自身各方面素质的全面认识和对外界客观条件的认识，对自身有很高的期望，并确立了很高的目标。目标过高，而能力又达不到目标的要求，所以很容易失败，失败之后，很容易挫伤自尊心、自信心，严重的时候还会产生自卑、抑郁等心理问题。

第二，好胜心过强。学习动机过强的学生常把分数和名次放在很重要的位置上，这部分大学生争强好胜，在每次考试或竞赛中总想取得很好的名次。他们很想得到老师、长辈的肯定与表扬。

第三，学习强度过大。学习动机过强的学生常把学习看成是最重要的，很少将时间花在娱乐活动。他们在学习上废寝忘食，把全部心思都用在了学习上。如果长期这样下去，会影响身心健康，不利于个人发展。

第四，精神紧张。学习动机过强的学生由于长时间超负荷学习，情绪上很难放松，常伴随着学习焦虑和考试焦虑现象。精神紧张易引起学习过程中注意力不能集中、记忆力下降等问题，从而造成学习效率低，久而久之还容易引起头痛、头昏、耳鸣、心悸、肠胃不好等疾病。对于学习动机过强的学生而言，学习可能是一件苦差事，而不是一种乐趣。

（2）学习动机过强的原因，具体如下：

第一，学习目标设置得过高。如果学习目标设置得太高，实现目标的可能性很小，就可能造成学习动机过强，导致对自己的要求过于严格。

第二，不恰当的认知模式。努力是取得成功的必要条件之一，这是毋庸置疑的。但是，有的大学生把努力看成取得成功的唯一条件，错误地认为“只要我努力，就能取得成功”，这种认知模式容易使大学生产生过强的学习动机，容易使他们在学习中不顾自身的能力及各种客观条件，为了一个不太可能实现的目标盲目努力，却始终尝不到成功的喜悦，对身心造成一定的损害。任何事情要想取得成功，都必须考虑自身的能力和环境因素。

第三，他人不适当强化。在我国，多数人会更倾向于支持那些学习动机过强者，称赞他们学习劲头足、刻苦、有志向，并期望他们做得更好。因此，学习动机过强的大学生很容易得到他人的肯定和支持，这种不适当强化会使他们看不到学习动机过强的危害，并且会使他们对自己的要求更加严格。

第四，性格原因。学习动机过强与性格关系密切。例如，具有追求完美、好强、固执等性格特征的大学生很容易形成过强的学习动机，性格内向、沉默寡言、不善于交际的大学生也很容易形成过强的学习动机。性格的形成一方面与遗传因素有关，另一方面也与个体的成长经历、成长环境有关。在性格形成的初期，如果父母过于严厉，对孩子的期望过高，就很容易使孩子形成争强好胜的性格特征，导致日后学习动机过强。

（3）克服大学生学习动机过强的方法，具体如下：

第一，正确认识自我。大学生对自身的能力和水平要有客观的评价和正确的认识，制定目标时要量力而行，既不要好高骛远，也不要盲目攀比。

第二，科学地制定目标。学生制定目标时要考虑自身所具备的条件及实际环境，“跳起来正好够得着”应是目标制定的基本原则。还需要注意的是，制定的目标要清晰、具体，具有可操作性，是经过努力能够实现的，切勿把目标定得过高、过于模糊难以操作，否则会造成学习动机过强，影响学习效果和身心健康。

第三，关注学习本身。学习动机过强的大学生往往过分注重长辈、老师及周围的同学对自己的看法，这样会使得他们在学习中压力过大，患得患失。这样的大学生要注意把关注点放在如何学会学习以及学会了多少知识上，不要总是去想失败的后果，要增强自身的抗挫折能力。

第四，营造宽松的学习氛围。过强的学习动机，不是立即形成的，它是在个体成长的过程中逐步形成的。在这个过程中，环境的影响起着很大的作用。学习动机过强的大学生要注意争取父母的支持，让他们对自己有合理的期望，营造宽松的学习氛围。

（三）学习适应心理的提升策略

1. 学习适应心理提升的认知策略

认知策略是学习者加工信息的一些方法和技术，有助于有效地从记忆中提取信息。其基本功能有两个方面：一是对信息进行有效的加工与整理，二是按照类别对信息进行储存。常用的认知策略如下：

（1）复述策略。复述是指在工作记忆中为了保持信息而对信息进行多次重复的过程。在学习中，复述是一种主要的记忆手段，许多新信息，如人名、外语单词等，只有经过多次复述后，才能在短时间内记住并长期保持。常用的复述策略主要包括以下方面：

第一，在复述的时间上，采用及时复习、分散复习。因为遗忘随时都在发生，必须多次重复才能有好的记忆效果。

第二，在复述的次数上，采取适度的过度学习。过度学习是指在学习某一材料时，在达到勉强可以回忆的地步以后，再继续学习一定的时间。通常，学习程度以 150% 为佳，即过度学习 50%，效益最佳。例如一段文字，反复读 8 遍后勉强可以背下来，接着再读 4 遍，这时的记忆效果比较好。

第三，在复述的方法上，运用多种感官协同记忆。运用多种感官协同记忆，如边听边看、边读边写、边听边做等，可在大脑中留下多方面的回忆线索，从而提高记忆效果。人们的学习 1%通过味觉，1.5%通过触觉，3.5%通过嗅觉，11%通过听觉，83%通过视觉，而且人们一般可记住自己阅读的 10%，自身听到的 20%，看到的 30%，看到的和听到的 50%，交谈时所说的 70%。这说明多种感官参与，能有效提高记忆效果。

（2）精加工策略。精加工策略是指把新信息与头脑中的旧信息联系起来，从而增加新信息的意义，促进新信息的理解和记忆的深层加工策略。与复述策略相比，精加工策略是一种更高水平的、更精细的信息加工策略，其要旨在于建立信息间的联系。

学习者对材料加工得越细致、越深入，对知识的掌握就越牢固。是否使用精加工策略是成功学习者与非成功学习者的重要区别。成功的大学生常常使用精加工策略，而且频率很高，而不成功的大学生常常使用复述策略。常用的精加工策略具体如下：

第一，联想法。联想法包括形象联想法、谐音联想法、关键词联想法等。例如，记忆“计算器—书”这一组词，可以想象成“计算器印在书的封面上”。想象越奇特，加工得就越深入、越细致，记忆得就越牢固。有一种用想象来加深记忆的方法，就是编一个故事，将所有要记忆的信息联系在一起。

第二，提要法。这是一种去粗取精、删繁就简、提炼关键信息的方法，包括画线法和笔记法。例如，在学习的时候，在学习材料上圈出不知道的词，标明事件序号，用“?”表示有疑问的地方，画箭头表明关系，写下评论，表明自身的观点。做笔记是阅读和听讲时用得较为普遍的精加工策略。借助于笔记，学生可以有效地监控自己的学习过程，有助于发现新知识的内在联系和建立新知识与旧知识之间的联系，有利于知识的概括、总结。

第三，提问和回答问题。提问和回答问题是促进学生学习的一种很好的策略。在提问和回答问题的过程中，学生必须停下来评估自己对所学内容的掌握情况。

第四，生成性学习。生成性学习就是要求学生对学习材料重新进行加工，产生新的理解，将其变成自己的东西。

2. 学习适应心理提升的元认知策略

元认知是指个体对自己的认知过程的认知。元认知策略包括对自身的认知过程的了解和控制策略。元认知策略大致可以分为三种：计划策略、监视策略和调节策略。

（1）计划策略。计划策略是指根据学习活动的特定目标，在学习之前制订计划，预计结果，选择策略，想出解决问题的方法，并预计其有效性。计划策略包括设置学习目标、预计待回答的问题，以及分析如何完成学习任务。

（2）监视策略。监视策略是指在认知活动进行的过程中，根据认知目标及时评价、反馈认知活动的结果，正确估计自身达到认知目标的程度，并根据有效性标准评价各种认知行为、策略的效果。监视策略包括阅读时对注意力进行跟踪、对材料进行自我提问、考试时监视自己的答题速度等。这些策略可以使学习者发现自己在注意力和理解方面存在的问题，并及时改正。

（3）调节策略。调节策略是指根据对认知活动的结果的检查，采取相应的补救措施，根据对认知策略的效果的检查，及时修正、调整认知策略。

调节策略与监视策略有关。例如，当学习者意识到自己不理解课文的某一部分时，他会退回去重新阅读；考试时跳过难题，先做简单的题目。调节策略可以帮助学生矫正学习行为。

3. 学习适应心理提升的资源管理策略

资源管理策略是对可用的环境和资源进行管理的策略，主要包括时间管理策略、学习环境管理策略、努力管理策略、社会资源利用策略等。

（1）时间管理策略。时间管理策略要求分辨需求，根据需求的重要性排序，并根据重要性分配相应的时间和资源。

第一，统筹安排时间。大学生在安排学习活动时，要分清哪些事情必须做，哪些事情可做可不做，每天都要按照事情的重要程度来安排学习活动，确保每天都在做最重要的事情。大学生在执行学习计划时要避免拖延。

第二，高效利用最佳学习时间。大学生要根据一周内、一天内学习效率的变化来安排学习活动，把最佳学习时间用在最难的或者最重要的课程上面。

第三，灵活利用碎片时间。碎片时间大多是学习效率较低的时间，如饭前、饭后、等人、等车、乘车等。这些时间也可以灵活地加以利用。首先，可以利用零碎时间处理学习上的杂事；其次，可以利用零碎时间看杂志，拓宽自己的知识面；最后，可以利用零碎时间与他人交流。

（2）学习环境管理策略。学习环境管理策略是指通过选择或管理自身的学习环境，让自身能集中精力学习，取得好的学习效果。首先要注意调节自然条件，保持空气流通、温度适宜、光线明亮、色彩和谐；其次要设计好学习的空间，可以从空间范围、室内布置、用具摆放等方面进行设计。如果条件允许，应当有一个相对固定的学习场所，形成一个相对安静的学习环境。学习环境应该有利于学习，而不是有利于放松、娱乐。

（3）努力管理与社会资源利用策略。

第一，努力管理策略。努力管理策略是指合理安排自己有限的精力，取得最好的效果。一个人的精力是有限的，不可能一直保持旺盛的精力，过分努力会使人感到疲劳，从而使学习效率下降。对个人努力的管理如同对时间的管理一样，要分清事情的轻重缓急，要把有限的精力优先运用到重要的事情上。

第二，社会资源利用策略。学习总是需要与人交流的，老师和同学是大学生最重要的社会资源。大学生在学习中遇到困难时，要抛开顾虑，积极地向身边的老师、同学求助。

二、学习心理教育

（一）学习心理的体系认知

“学习心理主要是指学习者在学习过程中产生的心理现象及其规律等。”[①] 了解大学生学习中的心理特征和心理问题，对于培养大学生健康的学习心理，学习中做到事半功倍、提高学习水平和能力、成为学有专长的社会有用之才是非常有意义的。但是，目前仍有少部分学生存在着学习目的不明确、动力不足、厌学、焦虑、迷茫等问题。学生应以学习为本，学习是大学生的天职和主要任务，是大学生活的首要主题，学习活动也是大学生的主要活动形式。大学生在大学不仅能掌握知识、技术和发展智力，而且学习过程中能形成自己的人生观、价值观、道德品质和行为习惯，以适应社会的要求。学习是一种十分复杂的心理过程，它需要智力因素和各种非智力因素的积极参与。大学生的心理健康状况和发展

① 刘苍劲. 新时期大学生心理健康教育实效性研究［M］. 北京：北京师范大学出版社，2017：84.

水平直接影响他们的学习过程和学习效果。培养良好的学习心理是大学生心理健康教育的重要内容，它对于提高大学生的学习质量和效率也具有特别重要的意义。

一般而言，学习是个体在生活过程中通过实践积累经验引起的行为或者心理的变化。广义的学习既包括人类的学习，也包括其他动物的学习；狭义的学习仅指人在社会实践过程中，在与他人交往中，运用语言这一中介，自觉、主动地掌握社会和个体经验的过程。学习是大学生的主要任务。大学的学习是人类学习的一种特殊形式和特殊阶段，是在学校教师有目的、有计划、有组织的系统指导下，以掌握间接经验为主的智力实践活动的过程。

1. 学习心理结构

大学生正处于智力发展的高峰期，记忆力、观察力、逻辑思维能力与创造性都有很大的发展潜力，学生学习的好坏受很多条件和因素的影响和支配。

（1）大学生的智力因素。智力因素主要包括一个人的注意力、观察力、记忆力、想象力和思维力。学习就是通过智力活动感知客观世界、积累经验、掌握知识、解决各种问题，从而认识客观世界发展变化的本质和规律。心理学家把智力因素中的注意力、观察力比作智力的门窗，通过它们，知识才能进入大脑的房间，才能在大脑中进行整理、储存并在一定条件下输出。智力的各个因素是保障学习活动顺利进行的必要条件。

（2）大学生的非智力因素。非智力因素是指除智力因素以外的所有心理因素，包括情感、意志、需要、动机、理想、信念、世界观、人生观、价值观以及兴趣、气质和性格等。非智力因素对认识过程起着促进和调节作用，决定学习的价值取向、学习的动力、学习过程的调控和学习的效果。

对于一般的大学生而言，学习的好坏主要是由非智力因素决定的。对学习若缺乏足够的兴趣，又没有刻苦钻研的精神，即使拥有再高的智力水平，也不会有好的学习效果。

2. 学习心理特性

（1）学习的专业性。和中、小学基础教育相比，大学教育属于职业教育，大学生被各高校录取时就已经基本确定了专业方向，因此大学生学习的职业定向性已经比较明确，这就要求大学生掌握自己所学专业基础知识和专业能力，还要结合主、客观环境做好自己的职业生涯规划。

（2）学习的自主性。大学阶段的学习，教师的课堂教学大多是以讲座的形式进行提纲挈领的引导教学，除了传授知识本身之外，更重要的是教会学生学习的方法。这就特别要求学生要有学习的自觉性和主动性。

（3）学习的综合性。目前，高等教育不仅重视学生对专业知识的学习和掌握，更重视对学生综合素质和能力的培养。因此大学生除了参与专业知识学习，还应该积极参与各种社会实践活动，融入社会，了解社会，才能为自己顺利就业做好充分准备。

（4）学习的探索性与创新性。大学的学习既要掌握专业知识，还要钻研知识的形成过程和科学的研究方法，善于思考，提出问题，分析和解决问题。不但要知其然，还要知其所以然，这也是现代社会创新型人才培养的基本要求。

3. 学习心理层次

大学生的学习心理状态和学习水平大致可以分为三个不同的层次：①最低层次，即学习心态和学习状态都较差，经常处于考试焦虑和缺乏明确的学习动机甚至厌学的学习心态之中，没有良好的学习策略，机械被动地完成学习任务，勉强能应付学习和考试；②中间层次，即学习心态和学习状态中等，有较明确、强烈的学习动机及较大的学习兴趣，学习认真积极能较好地完成学习任务，考试成绩较好；③最高层次，即学习心态和学习状态健康、良好，学习目标非常明确，学习动机强烈，有旺盛的学习热情和浓厚的学习兴趣，积极进取、不怕困难，认为学习不仅是一种任务，而且是一种乐趣，他们不仅能较好地完成学习任务，而且能够发现式地学习、探究式地学习、创造性地学习。

（1）大学生的学习动机。动机是直接推动一个人进行活动的内部动力。学习动机是学生学习活动的主观意图，大学生的学习动机是影响大学生学习活动的重要心理因素。大学生的学习动机有发展成才的需要，也有个人利益的追求以及人生价值的实现需要等，这些动机一方面可以唤醒大学生对学习的准备状态，促进一些非智力因素，如集中注意力、坚持不懈、坚强的毅力等意志和情感方面品质的形成和提高，从而间接促进学习；另一方面，学习动机可以作为一种学习结果，强化学习行为本身，促进“学习—动机—学习”的良性循环。

（2）大学生的学习兴趣。兴趣是个体积极探究某种事物、力求参与某种活动的心理倾向。兴趣对于学习的影响在于它能让人产生愉快、轻松的情绪，付出自主的意志努力，使人集中精力创造性地完成学习任务。

（3）大学生的学习行为。一般而言，大学阶段的学生都知道学习和掌握知识技能的重要性，但个别学生由于中、小学阶段没有养成良好的学习习惯，是在教师、家长的监管、强迫下学习的。所以，到了大学，管理方式和学习方式给予学生更多的自由度和支配权时，这些学生在学习上就缺乏主动性、积极性，进而不能在行动上有计划地持续学习。

（4）大学生的学习方法。大学的学习不仅是学知识、学专业，更重要的是学方法、学策略，提升学习能力。学习方法不当会使学习效果事倍功半。长期的学习效率不高又会使学习动机减弱甚至消退。所以，大学生要始终维持良好的学习动机水平，就必须经过摸索、总结，掌握一套适合自己的良好学习方法。

（二）学习心理的潜能开发

潜能具有一个动态的操作指标，是需要外在与内在共同促进，需要一定的环境氛围才能表现出的优越表现。

1. 进行潜能的系统训练

（1）课堂实践——以教师为主体。通过改革课堂模式，更加重视教师自身素质提高以及教学方式的改变，重视学生的个体差异，在课堂上通过教师的指引和鼓励开发潜能。也有通过教师以潜能开发指导者的身份陪伴学生成长，教学相长，共同进步的实践模式。

（2）实践训练——以学生为主体。通过适合不同学生的不同个性制定相适应的训练方式，尊重学生的兴趣、特长，以兴趣作为潜能开发的动力，有利于发挥学生最大的能动性。尤其是在生理潜能的开发中，适当的训练计划对于循序渐进挖掘能力十分重要。

2. 重视内在的激发潜能

（1）心理暗示。皮革马利翁效应是指积极期待达到了主观的暗示，通过潜移默化的鼓励氛围促使学生逐渐接受积极的自我暗示，提高对自我的期待。有效的心理暗示可以显著提高学生的学习动机和自我效能感。而中等强度的学习动机和高自我效能感对发挥能力、取得良好表现密切相关。

（2）发展性心理辅导。发展性心理辅导的主要观点有三方面：一是人是理性的，取向是积极的；二是人都具有潜能；三是每个人都有接受辅导的需要，特别是成长中的个体。发展性心理辅导建立在人本主义咨询体系上，体现了一个健康的个体同样可以通过心理辅导获得更加完善的自我。

（三）学习心理健康的调整

消除大学生的学习心理困惑，培养健康、良好的学习心理，学校和学生两方面都要采取积极措施。学校应教育学生树立正确的人生观、价值观，建设良好的校风和学风，加强对学生学习心理健康的咨询、辅导、教育，帮助学生确立明确、合适的学习目标，培养其学习兴趣，通过开展学习经验交流会等活动加强对学生掌握科学的学习方法的指导，提高学生的学习能力和效率。从大学生自身而言，要从以下方面来努力提高自己的学习能力：

1. 树立正确的学习态度

态度决定一切，要想学习好，先得有个端正的学习态度，学习态度是指学生对学习的看法和情感以及决定自己行动倾向的心理态度。学习态度是由对学习的看法、情感以及行为倾向三个因素决定的，其中情感因素是起决定性作用的因素。有了端正的学习态度，还应该为自己的大学学习确立一个明确的长期目标和每个阶段的短期计划。目标是人们活动所追求的预期结果，是激发人的积极性使之产生自觉行为的必要前提。目标能指导人的行动，大学生进入大学后，中学阶段考取大学的目标已经实现，跨入大学后就应该给自己确立新的理想和目标，使学习的目的性更强，从而强化学习动机，这种新目标要结合自己的实际情况和大学的学习规律来确立，还应该注意长期目标和短期计划的有机结合。

2. 掌握科学的学习方法

学习方法就是人们在学习过程中为达到一定的学习目标或具体目的，根据学习的规律作用于学习客体而采取的步骤、程序、途径、手段等。有了科学的学习方法，才能达到事半功倍的学习效果，所以学习方法在学习过程中的作用是非常重要的。但学习又是一种个人的活动，大学生因个性特点、学科专业方向等不同，所采用的学习方法也各不相同。大学生可以从以下方面摸索和掌握适合自己的一套科学的学习方法：

（1）认识大学学习的特点。通过自己的实践，逐步养成自觉学习的习惯，培养自己的自学能力。部分大学新生存在着学习适应困难的问题，这是因为大学和中学的学习特点不同。大学的学习以自学为主，而且除了学习知识，还要学会学习，学会思考，掌握自觉、自愿学习的能力。

（2）克服学习方法的惯性。不仅要尽快改变中学时被动、死记硬背、听命于教师的学习方法，还要根据大学所学专业、课程、教学内容、教学形式、教学方法以及教师的个性特点，不断地进行调整以主动适应大学的学习。因为决定每个人学习能力的智力因素和非智力因素不同，因而学习方法也要因人而异。新生进校后，很多高校会组织开展学习经验交流会等活动来帮助新生尽快适应大学的学习，摸索建立科学的学习方法。听了学长学姐的介绍后，有些学生回去效仿却发现不怎么见效或见效很慢。如果遇到这种情况就应该根据自己的实际情况尽快调整，以免耽误和浪费时间，挫伤学习的积极性和热情。

（3）合理、科学地安排和支配时间。大学的生活除了学习，还有丰富多彩的校园文化活动和学生社团活动。如何在有限的时间里既能保证自己有效的学习和参加实践活动的时间，还能保证自己有充足的休息、娱乐、锻炼的时间就是摆在大学生面前的一个难题。在入学的最初阶段，应该把时间和精力集中在学好规定的课程上，要养成预习、复习的好习惯，掌握课堂教学中的听、讲、记笔记、练习、质疑等环节，学会利用工具书、图书馆等来辅助学习。还要处理好学习与工作、社团活动、体育锻炼、文艺活动以及休息的关系。这个过程要慢慢摸索，经过一段时间的协调、磨合，培养自己有规律的学习生活和习惯，就会逐步适应新的生活。

3. 培养合适的学习兴趣

学习兴趣是学习活动的认识倾向，它是学习积极性中最现实、最活跃的心理成分。兴趣是情感的凝聚，学习兴趣是可以在学习过程中逐渐培养的。一个人如果对某件事情感兴趣，那么他就会深入、持久地去做这件事，力争达到预期目的。换言之，兴趣是最好的老师，带着兴趣学习可以使大学生学习时心情愉快，长时间学习也不会感觉到疲倦，所以要培养和激发学生对专业学习的兴趣，带着兴趣学习才能消除学习疲劳和学习厌倦心理。

4. 重视预防与消除心理疲劳

不会休息的人就不会工作，不注意劳逸结合的学习只能是事倍功半。要消除学习疲劳，除了培养学习兴趣，大学生还应该根据学校的课程安排和自己的实际情况制定科学、合理的作息时间，养成良好的生活习惯，保证体力和脑力消耗的营养补充以及充足的睡眠，加强体育锻炼，做到劳逸结合才能有效地预防学习疲劳。还要创设良好的学习环境，嘈杂、脏乱的环境可能使人心烦意乱、焦躁不安，容易产生学习疲劳。大学生的学习，除了鼓励学生个体努力学习以外，还要加强班风建设、学风建设和宿舍管理，营造良好的集体学习氛围，使学生能在窗明几净、安静祥和的环境和氛围中学习。

（四）积极学习动机的培养

学习动机即指向学习的动机，是满足学习需要的一种心理状态，学习动机具有激发指向、维持调节的功能，其包含了内部动机和外部动机两种，内部动机是指对学习过程本身感兴趣，如对知识本身感兴趣；外部动机是指动机由外部因素引起，对获得内在的成果感到满足，如考试取得好成绩会获得奖学金和他人的表扬。外部动机不能转化为内部动机，真正推动和维持个人持续投入的是内部动机。

动机水平与工作效率呈倒“U”形曲线关系，即动机水平过高和过低都无法引起大脑皮质最佳的工作状态。工作的难易程度不同，所需的动机水平也不同。做相对简单的工作，需要较高的动机水平；而相对困难的工作，则需要较低的动机水平。如做一项实验，需要持久的努力，不能一开始动机过高；对于不逃课这个任务，则需要强烈的动机，控制自己即使老师不点名也要坐到教室。

学习动机对学习起着巨大的推动作用，控制着正确的学习方向。在学习中常会遇到困难和挫折，对专业没兴趣，对学校不满意，缺少学习动力，校园里高手如云等原因都会使人失去学习的动力和信心，学习动机会帮助寻找克服困难的途径，使得我们持续主动地学习，从而取得优异的成绩。不足的学习动机会降低克服困难的勇气和决心，但过高的学习动机会使得我们过于看重学习结果，制定目标产生偏差，甚至成绩的微小波动都将成为引起情绪紧张，造成效率降低的原因。

1. 培养良好的学习兴趣

学习兴趣是一种渴望认识世界、获得科学文化知识的意识倾向，这种意识倾向通常与个体的情感体验结合。学习兴趣是学习动机中最现实、最活跃、带有强烈情感色彩的因素，它分为有趣、乐趣、志趣三个阶段。我们初次看到某个事物，被其外在的新奇现象吸引，产生时间短暂的直接兴趣，成为有趣；当再次看到该事物时，若对其依然充满兴趣，有趣逐步定向且形成乐趣，此时为兴趣发展的中级水平；当乐趣能够与个人理想和奋斗目标结合时，乐趣转化为持续时间较长的志趣，志趣为兴趣的高级阶段，能够推动个体积极自学，当我们将专业兴趣提升到志趣阶段后，会自主地全身心投入学习中。将专业渴求转化为志趣，快乐地学习，并从学习中寻找快乐，学习兴趣的调节就至关重要。

（1）兴趣需要培养。有人喜欢打篮球、弹吉他，并不是因为学习这项技能很容易，而是因为这项技能看起来很酷、帮助交友、锻炼身体……对专业知识而言亦是如此，学好高等数学可以帮助学生分析实验数据，学好英语可以帮助传播中医药文化。鼓励自己，专业的积极暗示，了解和挖掘专业知识对自己的意义，在枯燥的专业知识理论中寻找与自己志趣相投的共同点，都是培养兴趣的有效方法。

（2）兴趣需要知识的积累与实践。兴趣是在知识的积累和实践中逐渐增长起来的。设法将每一堂课的内容都听懂，不懂的及时思考或提问，课后积极练习，尝试实践，从每一次努力开始。得到一次喜悦的回报，学习的兴趣就会增加一分，对专业的兴趣将逐渐增加。

（3）兴趣需要迁移。可以发现专业课老师身上能够吸引学生的地方，寻找老师讲课内容中与自己兴趣的联系，将自己感兴趣科目的愉悦心态转移到不喜欢的科目上，使自己在学习专业课时轻松愉快。

学习的兴趣早已包含在生活中，不过是我们过分关注学习成绩和别人的评价，而掩盖了我们对习得知识的乐趣。当我们放下成见，投入地学习时，就会察觉获取知识本身也充满趣味。

2. 妙用成就需要的策略

需要是一种激发我们寻求满足的紧张状态，而动机是内心需要的外在表现，因此，主动学习的基础是找到一种迫切的需要。著名的需求层次理论，将人的需要由低到高分为五个层次，分别为生理需求、安全需求、社交需求、尊重需求和自我实现需求，低层次需求满足后才能被高层次的需求所激励。大学生活已经基本满足了生理需求、安全需求，较为缺失的是归属和爱的需求，在此阶段需要正确认识自己，爱护和尊重自己，树立信心，正确将失败归因，保持积极乐观的心态和面对挫折的勇气。

人们通常不会满足于达到一种相对稳定的状态，随着一个层次的需求得到满足，将会开始追求下一个层次的需求，将这种需求定义为克服困难，锻炼力量，努力从事困难工作的推动力称为成就需要。随着研究深入，成就需要逐步发展为成就动机，成就动机主要指个人追求成功的需要或驱动力，即希望独立并成功地完成或掌握一些充满困难或具有挑战的事情的一种愿望。学习动机则主要反映在成就动机上。个人的动机水平依赖于其对目的的评价及达到目的的可能性评估，基于积极和消极的两种情感的占优倾向将成就动机分成了力求成功和避免失败两种动机趋向。

人在做某个事情时在受内心需求驱使的同时，也会评估成功的可能性和成功后所获得的奖励，如成就动机高的人会选择较为实际的工作，在成功和成功后的奖励（包含物质和精神两方面奖励）中寻求最大平衡点，而避免失败的人会选择极易成功的工作，使成功概率最大，或选择几乎不可能成功的工作，为自己的失败提供理由，这种力求成功和避免失败的心理倾向的两两组合组成了以下成就动机的类型：

（1）高驱高避。高驱高避类型的人被认为是过度努力者，兼具成功定向者和避免失败者的特点，既受到成功的奖励和成功本身的诱惑，又对失败充满恐惧，在面对一项任务时交织着追求和排斥两种情绪。这种类型的学生在他人面前常表现淡定、贪玩，不在乎考试，私下里却偷偷努力，尝试用成功来逃避失败，受到紧张和冲突情绪的困扰。这类学生需要调整自己的目标和价值观，鼓励自己放慢速度，逐步接近目标。

（2）高驱低避。高驱低避类型的人被称为趋向成功者，对学习有极高的兴趣，对事物充满好奇心，表现力强、自信、勇敢、机智，相信学习本身极具价值，能够自主学习，并在学习中获得乐趣。这种类型的人学习十分认真，课后也热衷于学习，面对事物不断尝试超越现状，发展自我。这类学生可着重发挥特长，在活动和比赛中获得鼓励，培养高尚的情操，积极热情地帮助他人，挑战更多可能。

（3）低驱高避。低驱高避类型的人被认为是逃避失败者，对成功的期望很低，习惯于逃避失败，怀疑自己的能力，担心被指责，常感到焦虑和紧张。这种类型的人学习并不存在问题，但学习兴趣很低，动机不强，表现得懒惰、无所谓，甚至抵触和逃避。这类学生需要在学习中多做尝试，增加成功的体验，需要寻找学习兴趣，培养自信心。

（4）低驱低避。低驱低避类型的人被称为接受失败者，不奢望成功，也不恐惧失败，拒绝有关挑战的任何事物。表现在对需要努力的事情直接拒绝，上课不听讲，下课不复习，逃避与学习有关的作业、实验、见习等。这类学生需要寻找更多表现机会，从简单任务着手，获得家长、朋友、教师的支持和鼓励，培养学习兴趣，强化内部学习动机。

目标的吸引力越大，个人的主观能动性发挥越大，成就动机越高；实现目标能够施展才华的机会越多，成就动机也越高；当具有一定挑战且成功概率较高时，成就动机则越高。因此保持信心和动力，设置合理的目标，主动思考，不畏挫折，敢于挑战，成功的可能性就会更大。

3. 合理地制定学业目标

目标是指个人从事活动所要达到的目的，分为掌握目标和成绩目标。掌握目标是个人从事活动的目的指向掌握、理解该项任务，发现新技能，提高自身能力；成绩目标是指个人从事活动的目的在于比别人做得更好，超过外界的要求标准，进而获得他人对自己能力的肯定和赞扬，避免他人对自身能力的否定评价。学业目标则指学生从事学习活动所要达到的目的，其中掌握目标是为了获取学习活动所要传递的知识和技能，在遇到困难时，设定掌握目标的学生更可能坚持努力学习；成绩目标定向在对学习者能力的测试结果上，而并非学习的机会。

学业目标是引发学习行为的主要动力之一，如大学生考前复习是为了不挂科，积极参加实习的目的是顺利毕业。大学生的现状是，我们都知道目标很重要，但是制定目标要花时间和精力去探索和实施，随之而来的麻烦和不确定的状态使得大多数学生不愿意贴合实际地去设定目标。没有目标和方向感，只能带来茫然的纠结，纠结的结果是时间的流逝，机会的丧失，失败的后果。所以，对处于人生职业探索期的大学生而言，精心制定的目标比随意确定的目标更重要，随意确定的目标比没有目标更有效。

学业目标的制定可以分为长期目标、中期目标、短期目标、小型目标和微目标。①长期目标：涉及个人想要的生活类型、事业、生活方式等。大学生在设立这类目标时最好保持目标的宽泛和灵活，进行多样探索。②中期目标：是人生今后5年时间的规划，包含寻求的教育类型，对事业的规划等。大学生要对这类规划有较大的控制能力。③短期目标：从下个月起至今后的一年时间。可设立为实际且通过努力可以实现的目标。④小型目标：

涵盖一天到一个月内所有的事情。大学生应对这类目标有很大的控制能力，且尽可能详细明确。⑤微目标：从现在起到几个小时的时间。这类目标可直接控制，大学生可设立清晰具体、具有明确时间节点的微目标。

此外，还有中长期目标，中长期目标包含了个人对整个生活状态的期待，是个人价值观、人生观、世界观的体现，在设立这类目标时，要维护自我和谐的状态，符合自身条件和观点，大学生在大学期间需要树立远大的理想，把个人的前途与国家的命运联系起来，把价值的实现和社会现实联系起来，多作审视探索，及时调整方向，让自己保持动力和信心，将目标转化为行动，坚持奋斗才会成功。短期、小型和微目标的设立遵循 SMART 原则：S 代表具体（Specific），指绩效考核要切中特定的工作指标，不能笼统；M 代表可度量（Measurable），指绩效指标是数量化或者行为化的，验证这些绩效指标的数据或者信息是可以获得的；A 代表可实现（Attainable），指绩效指标在付出努力的情况下可以实现，避免设立过高或过低的目标；R 代表相关性（Relevant），指绩效指标是与工作的其他目标相关联的；绩效指标是与本职工作相关联的；T 代表有时限（Time-bound），注重完成绩效指标的特定期限。

（1）目标必须是具体的（Specific），如将目标设定为“背完 50 个单词”比“背英语单词”要具体得多，操作性也更强。

（2）目标必须是可以衡量的（Measurable），如“背完 50 个可以默写出来的单词”，可以衡量的目标，具有核查功能。

（3）目标必须是可以达到的（Attainable），如“期末考试平均成绩达到 80 分”比“期末考试不挂科”和“期末考试门门考满分”要合理得多，设定的目标要符合自己的实力，满足实际条件，目标的难度适中具有一定挑战性，“努力一下就可以实现”可作为设立目标需把握的度。

（4）目标必须与其他目标具有相关性（Relevant），如同学习和生活不可分割一样，目标的设定也不能单独存在，要是一个目标群。

（5）目标必须有明确的结束日期（Time-bound），有一定时间压力的目标更利于集中注意力立即行动。

学业目标的制定是满足学业要求的手段，不配合行动永远无法实现。设立好目标后，必须采取措施，按计划行动，停留在只作出了改变还未发力就已经感觉良好的即时满足感，只能带来新一轮的后悔和懒惰。寻找真正感兴趣的事物，当遇到挫折时，要原谅曾经的自己，关注真正有价值的东西，着眼于创造未来，追求成长。

（五）良好学习策略的运用

科技迅速发展，信息社会不断变革，使得知识总有一天会变得陈旧无用，不断学习才能不被时代抛弃，而学会学习，掌握学习知识的方法才是真正重要的资本。目前，大学生对学习策略的应用水平普遍较低，大多数学生具有一定的学习策略知识，但对其的恰当选用显得盲目，同时对于知识本身，只关注课堂学习，而不重视对知识的深加工和资源的合理配置，巩固知识的方法掌握不好。面对当下的学习任务，找到知识的规律，遵循学习规则，避免拖延，将资源最大化利用来帮助我们提高学习效率，是大学生急需掌握的技能。学习策略是学习者为了提高学习效果和效率，采用的规则、方法、技巧和调控方法的总和。学习策略的使用是学生学会学习的重要指标，目的在于用较少的"能源消耗"有效地实现学习目标，进而提高学习效率和质量。学习策略具有四个特征：学习者为了完成学习目标而主动使用；是有效学习所必需的；其与学习的过程相关；主要体现在学习计划上，由规则和技能组成。

1. 学习策略的类型

学习策略可以概括为认知策略、元认知策略和资源管理策略三方面。认知策略对学习者的心理过程产生调节和控制作用，是一种特殊的程序性知识，如复述策略（简单的知识多重复，复杂的知识做标记）、精加工策略（做笔记，自我提问，利用已有知识背景与新信息产生联系）、组织策略（列提纲，画出关系图，制作表格，将新旧知识进行整合）等；元认知策略可对学习者的认知过程和结果进行有效的监视和控制，是个人关于自己认知过程的知识和调节这些过程的能力，如自我计划策略（制定学习目标，提出待回答问题，分析如何完成学习任务）、自我监控策略（自我提问，考试时监测答题速度，阅读时注意跟踪效率）、自我调节策略（做法与自我监控策略类似）等；资源管理策略辅助学习者管理可用的环境的资源，包含了时间管理、学习环境管理、努力状态和寻求支持策略等。

2. 学习风格的分析

学习风格是大学生对学习环境的感知和认知方式，这种学习方式结合了学习者的学习策略和倾向，表现出相对稳定且具有个体特性的学习方法。当个人的学习方式没有受到学习环境和内容的影响，始终保持连续和连贯的学习策略和倾向时，其所特有的学习风格便得以确定。

（1）学习风格特性。学习风格的形成受到先天生理因素和后天环境影响双重作用，学习者基于个人的生理特征，并在家庭环境和教育方式影响下，逐渐形成了具有个人特征的学习模式，其中个人性格、思维方式和观念意识等内部因素在学习风格形成中起决定性作用。学习风格具有四个特性：个人的生理特征和学习环境存在差异，学习风格具有独特性；学习方式一旦形成，不会轻易发生较大变化，学习风格具有稳定性；随着年龄和阅历的增长，学习风格也会改变，具有可塑性；学习方式在学习活动上得以直接体现，学习风格具有直接性。

（2）学习风格类型。学习风格从知识的加工方面可以分为活跃型和沉思型；从知识的感知方面可以分为感悟型和直觉型；从知识的输入方面可以分为视觉型和言语型；从知识的理解方面可以分为序列型和综合型。

第一，活跃型。活跃型学习者更倾向于积极地参与学习过程，乐于讨论、解释和应用所需掌握的信息，但急于求成，不能全面地细致地分析问题。这类学生多采用整体加工的方式，在完成需要做整体完成的学习任务时，表现较好，在面对阅读、推理等学习任务时，常表现不佳，甚至伴有学习能力缺失。这类学生人际智力突出，参与、分享和合作形式的学习效果最好。

第二，沉思型。沉思型学习者通常会在考虑周全后再做反应，精确度高，当面对熟悉且简单的问题时，反应较快，但当需要解决复杂问题时，反应较慢。这类学生善于细节性加工，在阅读、记忆、推理、创造力能方面都表现较好。这类学生内省智力突出，适合独立学习。

第三，感悟型。感悟型学习者对细节很有耐心，对知识的学习更加实际和仔细，擅长记忆事实，喜欢做现成的工作，但是面对复杂和突发情况，往往表现不佳。这类学生自然观察能力较强，通过直接观察和体验式的学习效果较好。

第四，直觉型。直觉型学习者善于发现事物之间的关系，对新概念和新知识有较大的热情，能够理解抽象的知识，更具创新能力，但当面对需要重复性的学习内容时，往往没有耐心。这类学生逻辑数学较好，利用抽象思维寻找一般规律的学习效果较好。

第五，视觉型。视觉型学习者擅长记住他们所看到的东西，如影片、图表、演示等内容，可以在同一时间段内接收多项信息，善于发现细微的细节，但易于被其他容易看到的事物干扰。这类学生视觉空间智能突出，对知识内容做标记，有助于这类学习者获取知识。

第六，言语型。言语型学习者善于通过文字和口头解释获取知识，喜欢用口述和笔记的形式表达信息，但当过多的观察文字和口头信息输入时，表现会受到影响。这类学生词语智力较为突出，用听说的方式学习效果最好。

第七，序列型。序列型学习者倾向于按部就班地寻找答案，习惯于按照线性步骤理解问题，每一步都相互关联，符合逻辑的逐渐深入学习，但一旦信息衔接不上，往往失去头绪，甚至影响前面获取到的内容，在面对需要将不同信息相联系时，往往表现不佳。

第八，综合型。综合型学习者能够快速地解决负责问题，喜欢没有特定计划，随意地接收信息，一旦找到了信息的主要部分，就会用新奇的方式将所有信息整合起来，但对知识的细节把握模糊。

学习风格不是绝对的，没有好坏之分，每个人都具备这些倾向，只是表现出的倾向程度不同，选择适合自己的方式，在最擅长的领域学习。没有人能够学会所有的知识，重要的不是喜欢或习惯采用某种方式，而是发现和接受自己，挖掘潜力，发挥所长。

3. 学习时间的管理

在学习中无论是拖延、纠结，还是低效，都与时间管理密切相关，它直接影响了我们的学业成绩和生活质量。大学生学习的改变首先从改变行动开始，而改变行动最主要的一点就是学会管理时间。

（1）时间管理作用。时间管理是指对时间计划、安排、控制、分配、使用、反馈等活动，以实现相应的目标。时间管理包含三个方面：时间价值感，即对时间的功能和价值的态度和观点；时间监控观，即利用和统筹时间的能力和观念；时间效能感，即对自己驾驭时间的信念和预期，体现了个人对时间管理的信心和行为能力的估计。

时间管理既是手段，也是能力。善于驾驭时间的学生对学习更有掌控力，有更强的自信心和自尊心，能够出色地完成学习任务，提升学习效率，提高学习成绩。此外，时间利用率越高，业余时间就越多，留给个人娱乐和休息的时间越多，良好的生活质量和身心健康就得以保障。

（2）时间管理阶段。掌握时间管理需要经过以下三个阶段：

第一，认识时间。在面对学习困难时我们常会选择逃避或拖延，在拖延和逃避的同时，已经失去了优势。尝试着计算以下拖延成本：写下一周内确认已经安排好的日程，详细记录每天确定要完成的事情，将记录间隔分为一个小时。回顾一下，在一周的非计划日程中，有没有未安排完的事情；一周内有多少时间用于完成目标；是否对要做的事情感到烦心；思考产生心理感受的原因。

第二，把握时间规划原则。所有要做的事情都可以按照紧迫性高低和重要性强弱分成类别，我们常将时间放在紧迫但不重要的事情上，但实际中，我们最应该分配时间的是重要的事情上。将事情划分等级之后，按照事情的等级分配时间，保证要事第一。

第三，体验与反思。时间管理还需要行动，在具体操作时可借助以下方法：明确真正要做的事情，同一个时间内只做一件事；向他人作出承诺，利用监督的力量克服困难；当我们感到不在状态时，告诉自己再坚持5分钟；注意力无法集中时，定好闹钟休息10～15分钟；回顾要做的事情和完成时间，反思还存在哪些问题；该如何作出改变。

时间管理是一种技巧，不要为此感到紧张或担心，每个人都有适合自己的管理方法和能力，只要开始行动，态度就会发生变化，加入专注力，方法也将随之变得科学。时间管理要给自己留有休息和娱乐的时间，无论是提高学习效率，还是专注于娱乐，目的都是成为一个期待的自己。

4. 学习的记忆方法

记忆是将获得的知识存储和读出的神经过程，也是认知系统的重要环节。所有推理、运算、语言、分析等的高级认知活动的基础都是记忆。三级加工模型将记忆分为瞬时记忆（又称感觉记忆）、短时记忆（又叫工作记忆）、长时记忆。瞬时记忆是信息进入大脑，刺激作用于感觉器官所引起的短暂记忆，其保持的时间在1秒左右，此时的信息都处于未加工的原始状态。短时记忆是当信息经过瞬时记忆的筛选进入登记阶段，是长时记忆的中转站，短时记忆的容量有限，只能一次记住7±2个无意义的组块，若不经过复述很容易会被遗忘。长时记忆是信息的存储中心，能够永久存储信息，它的容量是无限的，长时记忆以有组织的状态存储，主要由短时记忆复述而来。

（1）记忆的影响因素。系列位置效应使得我们对学习内容的开头和末尾记忆深刻，如在背课文时，前几句话总是印象最深，学习内容的中间部分由于受到了前面和后面内容的前摄抑制和倒摄抑制，导致中间部分记忆效果最差；记忆具有场合相关性，学习环境和记忆线索的匹配度会直接影响记忆效果；当学习内容既有意义又可理解时，记忆效果最好；当相关领域知识越丰富，情绪越正向时，记忆效果越好。我们可以利用记忆的特点和影响因素，强化大脑功能，提高记忆力。

（2）记忆的方法策略。

第一，及时复述，定期复习。经过瞬时记忆筛选的信息首先进入短时记忆，短时记忆中的一部分经过复述进入尝试记忆，未经复述的部分在短时记忆中保持1分钟左右后将被遗忘，因此需要及时复述，调动身体器官，集中注意力重复知识内容加强有效的记忆。人们遗忘的过程是先快后慢，在知识内容记忆20分钟后会遗忘40%，而在几天之后，记忆的内容将所剩无几，定期复习可以有效减缓遗忘进程。

第二，联想记忆，增强理解。长时记忆的内容是放射性地相互联系着的，在记忆过程中尽可能的提问，会加深记忆内容的理解，主动将现学的知识与以往的知识联系起来，采用图像、颜色标记、不同记号等手段可调动左右脑加深记忆。

第三，匹配环境，调节情绪。给学习内容想象一个尽可能详细的图像，反复练习可帮助大脑在想象中获得体验感，增强记忆。在考试前夕，模拟的考试环境下学习和识记，可帮助大脑提取与记忆情景一致的信息。紧张的情绪会破坏记忆和认知作用，调节好正向情绪，记忆效果才会提高。

除了以上记忆策略外，将学习环境和娱乐场所分开，布置学习环境，使桌布、墙壁等颜色具有寂静感，都可以帮助记忆。此外，在学习时不受干扰，提高注意力，专注在所要记忆的内容上是最基本、最重要的记忆方法。

5. 创造性学习策略

随着社会发展，科技进步，教育对大学生的创造能力提出了新的要求。我们通常把创造力与出类拔萃的天才联系起来，普遍认为自己的创造不够，但实际上，创新无处不在，策划一个活动，想到一个舞台剧的点子，排练一段舞蹈，改编一首歌曲，甚至组织一场学习交流班会，都是创造力的体现。在学习中，培养创造精神，将增强学生之间的合作意识和动机，增进学习交流，使得学习方法和学习能力都得到提高。

创造性学习指的是学生在学习的过程中不局限于教材上或教师所讲授的内容，能够提出独到新颖的观点和方法。创造性学习主要在个人的学习活动中体现：在实践中，能够找到不同的推导过程或思维过程来指导实践；在学习中，能够独立自主地思考，探索出与之前相同的或不同的推论和判断；在解决问题或分析问题时，具有批判精神，全面考虑，找到多种方法和途径。

创造性学习的核心是进行创造性思维，它包含了发散思维和聚会思维：发散思维的思路是面性的，主要依赖右脑的审美型生理机制，追求更多、更新颖的想法；聚会思维的思路是线性的，主要依赖左脑的分析型生理机制，追求更理想、更科学的可能性。当个人的思维进行发散到聚合，再发散到再聚合的活动，促使意识状态从不平衡到平衡，再从新的不平衡到新的平衡，此时新的观点和思想得以产生并发展。创造性学习能力可以从以下方面进行培养：

（1）积累知识。创新力的基础是认识对象，在事物尽可能多的角度上发现问题，分析相关联系，从而获取解决问题的办法。获取的知识越丰富，越容易将知识以有用的方式整合起来，获取的知识才会更有深度和广度，创造前景才会更广阔。

（2）培养创造性思维。首先，学会否定质疑的方法，对学习内容中已有的观点、结论和成果进行大胆质疑，提出问题，寻找突破点；其次，解放大脑，进行大胆想象，可以帮助我们冲破知识经验的束缚，反思过去，为创造力架起桥梁。

（3）拥有热情。无论是学习知识还是追求真理，都需要坚强的意志和持续的关注，积极参与学习交流、设计竞赛等活动，在激励环境中，吸取经验，保持求知欲和好奇心，在交流和激励中产生新思维。

（4）坚持实践。经验可以指导实践，实践反过来会完善经验。实践有助于巩固和理解知识，使抽象的理论变得生动具体，同时理论在实践中相互作用，联系整合，众多的新问题也在实践中应运而生。

在大学生的学习过程中，尝试新事物，开辟新道路，换个角度思考问题，不仅有助于找到解决问题的方法，获取实现目标的途径，还可以在这个过程中发现新思路、新办法，创新也随之而来。

第三节　情绪健康与人际交往教育

一、情绪健康教育

（一）情绪对学生的影响

1. 情绪对学生身心健康的影响

情绪会直接影响人的身体和心理健康。积极向上、乐观愉悦的正面情绪对身心发展大有裨益，不但会激活和增强人体免疫功能，增加身体对疾病的抵抗力，延缓衰老，使身体保持健康状态；而且还会使人对生活始终抱有热情和希望，拥有强烈的自信心、好奇心和求知欲，思维敏捷，反应迅速，善于创新，勇于尝试，性格积极外向，能与人保持良好沟通和交流等，进而会有效激发自身潜能，提升各项技能和能力，促进身心全面、健康发展。而紧张焦虑、痛苦失落等负面情绪对人的身心发展伤害较大，如果长期陷入负面情绪无法自拔，不但会降低人体免疫力，容易生病，带来一系列身体健康问题；而且也不利于日常学习和生活，甚至会出现严重心理疾病，危害个体发展。

2. 情绪对学生学习生活的影响

情绪会影响大学生的潜能开发和学习效率、质量等。良好的情绪会极大激发学生的积极性和好奇心，让学生敢于、乐于参与各种学习、实践活动，并且能较为长久、专注地坚持下来，从而有利于活跃思维、拓宽思路、提升想象力和创造力、提高学习和实践能力。因为轻松愉快、放松舒畅、适度紧张的情绪能最大限度调动人的思维，充分发挥创新能力，是智力活动的基础条件之一。在研究分析情绪对学习成绩的影响程度时，通常会把焦虑程度看作自变量，把学习成绩看作因变量，再利用自我评价和测定生理反应的方法来进行对比研究和分析。两者之间的关系呈倒“U”形发展趋势，即适度的焦虑有助于学习成绩的提高，而过高、过低的焦虑都对学习有一定的消极影响。

3. 情绪对学生人际关系的影响

拥有乐观向上、热情亲和、自信开朗等良好情绪的大学生通常更容易与他人融洽相处，并快速建立起良好、亲近的人际关系。而有自卑易怒、恐惧怯懦、冷漠压抑等消极情绪的大学生则很难建立起良好的人际关系，通常会给人难以亲近、无法交流的感觉。因为情绪存在强烈的互相感染性，所以经常保持积极稳定、阳光开朗等良好情绪的大学生通常更受群体青睐和喜爱，会不由自主地让人产生亲近之意，从而获得良好的人际关系。因此，大学生在人际交往中，注重提高自身修养，学会适度控制与调适自己的情绪，做情绪的主人，才能拥有良好的人际关系。

4. 情绪对学生行为目标的影响

积极正面的情绪通常会产生健康向上的行为。例如，当大学生的情绪处于轻松愉快、娴静舒适等良好状态时，与之相应的行为目标也会变得积极向上，如乐于勇敢接受新事物、对他人宽容理解、具有远大抱负和奉献精神等。当情绪处于愤怒焦虑、压抑失落等消极状态时，有些学生会及时进行有效的自我调节和控制，尽快消除负面情绪，吸取经验和教训，朝着积极正面的行为目标出发。但是也有部分学生会陷入这种消极情绪中无法自拔，对新鲜的刺激毫无兴趣和反应，进而越陷越深，出现严重心理问题。因此，大学生在日常生活中要不断培养和提升自己的情绪自控和管理能力，及时引导负面情绪向正面情绪转变，进而产生并长期保持积极向上、乐于奉献的行为目标。

（二）积极情绪培养方法

积极情绪是“指与个体需要的满足相联系的、伴随愉悦主观体验的情绪”①。积极情绪有很多种，最常见的积极情绪包括喜悦、感激、宁静、兴趣、希望、自豪、笑（逗趣）、激励、敬佩和爱等。大学生积极情绪的培养方法，可以从以下方面入手：

1. 努力增加积极的情绪

（1）真诚是重要的。现代生活节奏不断加快，人们往往关注外界，而远离了内心。假装的积极情绪和消极情绪一样是有害的。所以为了增加积极情绪，大学生需要让自己的步伐慢下来，带着真诚用心去看、去听、去感受周围的世界。这种真诚的态度能够给人们带来积极的情绪体验。

（2）找到生命的意义。提升积极情绪可以在日常生活中建构和寻找更多的积极意义。大学生常常要面临生活的磨难和考验，无法将消极情绪完全驱除，但是大学生仍然可以用积极的方式来定义这些挫折或磨难，建构和提升生活的积极意义，从而增加大学生的积极情绪。

（3）品味美好。品味生活中的美好能够帮助大学生获得积极情绪。品味美好实际上就是在美好的事情中寻找好的方面，让原本积极的事物变得更加积极。

（4）增加善意。有意识地增加个体的善意可以提升积极情绪。当大学生表达善意时，可以促进大学生对周围人表现出更多的善意，关注他人，乐于助人。一旦表达善意，大学生就能从周围的人那里感受到更多的善意，促使善意和积极情绪之间形成良性循环，而更多善意也就意味着更多的积极情绪。

（5）梦想未来。提高积极情绪的简单方法是更加频繁地梦想自己的未来。为自我构想最好的将来，并非常详细地将之形象化。通过这种形象化的梦想未来，可以获得更多的积极情绪。

（6）利用优势。了解和利用自身的优势可以让大学生获得生活中更多的积极意义，并感受到更多的积极情绪。能够利用自身的优势做事或者可以做擅长的事情的人更容易获得积极情绪。利用优势可以让大学生发现自己对生活的独特影响和贡献，体验到人生的价值。

（7）与他人走在一起。和谐的人际关系和积极情绪之间是一种相互的依赖关系。与亲

---

① 王振宏，王永，王克静，等. 积极情绪对大学生心理健康的促进作用［J］. 中国心理卫生杂志，2010，24（9）：716.

人、爱人、朋友等周围的人建立和谐的、温暖的和可依赖的关系，往往能给大学生带来积极情绪。而拥有积极情绪的个体，更容易与人建立联系，易于沟通，带给别人美好的感受，从而也更容易建立深入和令人满意的人际关系。

（8）享受大自然的美好。与大自然的相处可以让大学生拥有更多的积极情绪。而户外运动和活动是比较好的途径。当大学生沉浸在大自然的怀抱中时，感受到大自然的魅力。大自然的广阔可以让学生的视野变得开阔，头脑变得灵活，也让大学生将许多烦恼抛之脑后，从而拥有更多的积极情绪。

（9）打开心灵。保持开放性能够提升大学生的积极情绪。打开心灵，就会进入积极情绪所产生的开放性思维空间。当大学生的心灵对美好保持开放，并练习接受它而不是分析它时，积极情绪就会增加。

2. 尽量减少消极的情绪

消极情绪并不是来自大学生遭遇的不幸，而是来自如何看待遇到的不幸。大学生的情绪和行为与对事物的看法和想法有关，不同的想法导致不同的情绪和行为反应。在这些看法和想法背后是大学生对某些事物的共同观念，即信念。同样的事件，如果持有不同的信念，将会引发不同的情绪和行为结果。甲同学所持有的是合理信念，引发的是适当的情绪和行为反应；而乙同学所持有的是不合理信念，引发的是不适当的情绪和行为反应。如果大学生长期持有某些不合理信念，就会长期处于情绪不良之中，甚至导致情绪和精神障碍。

为了减少消极情绪，大学生要学会找到自身的不合理信念，并用合理的信念代替它。从一个典型的事件出发找到诱发事件，然后体会该事件发生后自身的情绪和行为反应。通过反思分析自身在该事件中持有了哪些不合理的信念，加以辩论并用合理信念代替它。大学生不仅需要从思想上改变不合理的信念，还需要在行为上作出改变。如果可以长期坚持，不合理的信念就会越来越少，由它所引发的消极情绪也会随之减少。除此之外，将自身的注意力转移到愉快的事情上也可以帮助大学生减少消极情绪。例如做一些喜欢的运动：慢跑、游泳、做瑜伽、冥想等。还可以做一些活动让自身完全投入其中，如和朋友聊天、旅行、读书、玩一些轻松的小游戏等，这些都可以帮助大学生从消极情绪中走出来。

3. 两者并存提高积极率

每个人的情绪都在随时变化着。同样的事件，不同的认识可能产生不同性质的情绪。事物对大学生的意义往往是多方面的，它常常是既有消极的一面，也有积极的一面，因此，积极情绪和消极情绪之间是相对的，可以相互转化。大学生可以通过改变自身的想法和对事物的态度将消极情绪转变为积极情绪，使减少消极情绪和增加积极情绪成为可能。因此，可以通过改变环境中的消极因素，加入积极情绪的因素，或者改变事物的意义，从而减少消极情绪感受，增加积极情绪感受。

每个人都是生活的主人，选择积极还是消极都是自身来决定的。如果总是看到事物不好的一面或者总是看到消极的事物，只会感到悲伤、压抑、自卑。如果换个角度，多尝试看到事物好的一面或者多关注那些积极的事物，多想想高兴的事情，就会自觉地用积极情绪代替消极情绪。而积极情绪一旦被调动起来，会使大脑皮层处于兴奋状态，逐渐减少或者抵消消极情绪的影响。拥有积极情绪的人往往是乐观的人，他可以变通地看待事物，感受事物的美好。生活的遭遇带给大学生消极情绪，但大学生可以创造积极情绪，具体方法如下：

（1）收集积极的情绪。最好将积极情绪进行分类存储，将每种积极情绪收集到一个盒子里。这些物品可以是照片、书籍、信件、礼物等，或者对自身而言具有特殊意义的物品。在盒子上标注这是哪一种积极情绪的收集。随着时间的推移，还可以不断给这些盒子中添加新的东西。最好能将收集的盒子放在手边。如果有一天感到被一些消极情绪拖累时，可以拿出这些盒子，以开放的心态来看它们。保持一种轻松的、心理上的接触，不特意分析。

（2）记录生活中快乐的事情。记录生活中的好事是培育和增加积极情绪简单直接的方法。一开始可能会比较困难，但坚持一段时间就会逐渐变得容易。

二、人际交往教育

（一）人际交往的原则与完善

1. 人际交往的原则

大学生要提高人际交往能力，建立、维系和发展良好人际关系，须了解和遵循人际交往重要的原则。

（1）真诚原则。真诚是做人之本，是美好品德的体现。真诚是打开别人心灵的重要方式，因为真诚使人产生安全感，减少自我防卫。越是好的人际关系，越需要关系的双方暴露一部分自我，也就是把自己的真实想法与人交流，如果完全把自我包装起来将无法获得别人的信任。大学生只有以诚相待，才能建立起信任感，才能促进人与人之间的交流与合作。

（2）平等尊重原则。寻求尊重是人们一种较高层次的心理需要。平等尊重是个体进行交往的基本前提。大学生自我意识和自尊心比较强，他们在交往中特别注重人格平等，希望得到别人的尊重。尊重包括自尊和尊重他人。自尊就是在各种场合都要尊重自己，不轻视自己。尊重他人就是要尊重别人的生活习惯、兴趣爱好、人格和价值，只有平等待人，才能得到别人的平等对待；只有尊重自己、尊重别人，才能得到别人的尊重。自我尊严得以维护，自我价值得到承认，这是许多人最强烈的心理需求。只有在交往中注意这一点，才能在交往中应付自如。

（3）互利互惠原则。只有交往的双方都能从交往中获得某种需求的满足，良好的人际关系才能建立和维系。若交往只想获得而不给予，只有单方获得好处的人际交往不能长久。互利互惠性越高，交往双方的关系就越稳定和密切，反之，交往双方就疏远。互惠互利不能简单地理解为等价交换或物质、经济上的相互给予，而首先应该理解为人际交往中的相互支持、相互帮助、相互爱护。好的人际关系是双方都受益的，交往双方要讲付出和奉献，既有物质上的相互扶持，更有心理及情感上的相互慰藉和满足。对大学生而言，互利互惠主要是指在精神方面的互利，如互相关心、互相爱护、互相帮助、互相理解、互相尊重等。人际交往是建立在相互需要的基础之上的，健康、成功的交往是人与人之间一种互利互补、双方受益的双赢活动。

（4）宽容原则。宽容原则是指在人际交往中对于非原则性的问题、矛盾要有耐心，持包容忍让态度，用豁达、开阔的胸怀来接纳别人的缺点。宽容就是指在心理上能容纳各种不同特征的人。每个大学生都是独特的个体，都有各自的性格、习惯、兴趣、爱好、优点和缺点，因此，不同的个体碰撞在一起，难免会产生矛盾，但若能经常换位思考，多站在对方的角度考虑问题，多体察别人的心境，人们就能对他人不同的观点、见解、行为方式及错误持宽容理解的态度，相互间产生的误会、委屈则会烟消云散。宽容是良好人际关系的“润滑剂”，有利于人们在学习、生活和工作中保持融洽的人际关系，并赢得更多的朋友。

（5）信用原则。信用是一个人诚实、不相欺、守诺言，从而取得他人的信任。人如果不讲信用，那他就不知道该怎样立身处世。守信就要做到说话算数，不轻许诺言，答应别人的事要尽量做到，做不到的要讲清楚，以得到对方的理解。在人际交往中，与言而无信的人交往时，人们内心会充满焦虑和怀疑。言而无信的个性品质很难取信于人，不利于人际关系的建立和融洽；言而有信的个性品质会产生人际吸引和安全感，利于良好人际关系的建立、维系和发展。

2. 人际交往的完善

（1）自身角度的完善。人类具有与他人进行沟通的愿望与潜能。沟通体现在两个个体之间的交流上，其形式包括言语和非言语形式，目的是使沟通的双方实现彼此理解。人与人之间的沟通是一门学问，沟通的知识与技巧十分值得研究与学习。

第一，留下好的第一印象。第一印象是知觉主体与陌生人在第一次接触后所得的印象，它像人们的门面一样，对人们总体印象的形成具有很大影响，并且它也会成为人们决定是否会继续与之交往的重要依据，这也是人们常说的“先入为主”。如果一个人给别人留下了不好的第一印象，那么他想在之后的交往中挽回形象就有一定困难。因此，在与别人初次接触时，应注重第一印象的形成，多争取印象分。尤其是当人来到一个全新的环境中，树立良好的第一印象能有效消除陌生带来的紧张感，帮助个体与他人实现有效交往。如何给他人留下好印象，可以从以下四个方面入手：

一是发挥长处。每个人都有自己的优势和劣势，如果能充分展现出自己的优势所在，便会更容易获得别人合作的意愿。因此，与人交往要充满自信，大胆地发挥出自己的长处。

二是适应场合。与人交往的环境并不是一成不变的，因此，人们也应该针对不同场合改变自己的表现，以避免展现出一成不变或不得体的状态。需要注意的是，变化要自然、不做作，人们要在言行一致的前提下，因时因地地展现出不同的自己。

三是放松心情。放松是与人交往中十分重要的环节，既要让自己放松下来，也要使交流对象感到轻松。和谐的沟通通常出现在轻松的氛围之中，因此，与人交往要由内而外放松自己，不要过于紧张和严肃，尽量使用轻松幽默的语调，避免苦闷生硬的交流。

四是使用眼神。眼神交流是人与人之间沟通的重要组成部分。人们在进行一对一交流时，眼睛可以望着对方，使自己看起来真诚且尊重对方；面对众多对象时，则可以自然地环顾四周，眼神落到每一个人身上，让自己看起来友善而从容。

第二，注意自我表露。人们可以从亲密关系中获得美好的感受。这是因为在这样的关系中，信任占据了人的内心，人们可以没有顾虑地展现自己、表达自己，不需要承受担心失去友情或爱情的焦虑感，这种特点在心理学上被归结为自我表露，自我表露的程度会随着相互关系的深入和发展而增加，同时越来越多的自我表露又可以促进双方了解彼此，这种循环会到一个适当的水平为止。

大多数人都喜欢能够彼此表露和倾听表露的亲密关系。一方面人们对于自己的表露能被倾听和接受而感到开心；另一方面也会因为自己被表达者信任而高兴。人们喜欢能够敞开胸怀的人，也愿意向喜欢的人敞开心扉，并通过自我表露加深对他们的喜爱。在生活中，如果人们自我表露的机会不多，始终未能发展这种亲密关系，则会在内心产生深深的孤独感。

当人们受到挫折或感受到沮丧、生气、焦虑等负面情绪时，通常会进行更多的自我表露；对于生活中那些期待与之有更多交往的人，人们也会进行更多的自我表露；此外，安全型依恋的人相较于其他类型的人会进行更多的自我表露。关于人们的自我表露，存在一种互惠效应：一个人的自我表露会引发对方的自我表露。

自我表露可以使人们卸去伪装，表现出真实的自我；对他人敞开心扉，并充分享受他人的自我表露带来的信任感；可以使人与人之间的交往更加顺畅、愉悦。

第三，注意微笑与倾听。让别人接纳并喜欢自己最好的方法就是常常微笑。人际交往是一个互动的过程，情绪是可以“感染”的。与人交流的时候，如果面带微笑，对方也会不自觉地被感染，而回馈同样的微笑。这样，双方的心情都会变得愉悦起来，事情也就容易谈成。同时，微笑还是一种特殊的语言——“情绪语言”可以和有声语言及行动相配合，两者起到“互补”作用，给人以美好的享受。

对人微笑是一种有礼貌的表现，它展现出一种力量、涵养，笑容代表一种希望，喜欢微笑的人具有一种温暖的力量。微笑可以向周围需要帮助的人传递光明与快乐，也可以使自己成为一个受欢迎的人。因此，人们要学会微笑，无论是在工作中还是在生活中，无论是在顺境中还是在逆境中，都应该保持发自内心的微笑。

在一般认知中，人们会认为能说会道、八面玲珑的人才是善于交际、更受欢迎的人。其实不然，真正为人们所喜爱的是善于聆听的人，真正为人们所接受的是表露与聆听的交际方式。善于聆听是一个成熟的人所应具备的基本素质。“倾听别人诉说时要保持心理平和，将注意力集中在对方倾谈的重点。要学会站在对方的立场多为他人考虑，不要用自己的价值观去指责或批判别人的想法”①。

第四，拥有同理心。同理心是站在对方的立场设身处地进行思考的一种方式，又被称为换位思考、神入、共情。在人际交往过程中，同理心可以使人体会到他人的情绪，理解他人的想法，感受到他人的感受，并站在对方的角度上分析和解决问题。同理心主要体现在情商范畴内的方方面面，如倾听能力、表达尊重以及情绪自控的能力等。

需要注意的是，同理心并不是同情心，二者不可混淆。第一，同情心是从自身的观点

① 郑华. 当代大学生人际关系优化研究［D］. 信阳：信阳师范学院，2014：21.

出发，用自己的认识去看待别人的困扰，并产生怜悯之心；同理心则是从对方的感受出发，站在对方的处境思考问题。第二，同情心产生于了解别人痛苦的具体原因之后；而同理心只要在情感上站在对方的角度上便可以产生，不需要太多同情。

人是独立的个体，人与人之间的思想差异巨大，因此，想要达到完全的同理心不可能。但是，人们仍然可以通过学习增强同理心，提升感受力，养成通过别人的眼睛看世界的能力。

第五，感同身受。人们通常会更加喜欢那些喜欢自己的人。这是因为，当谈话者感觉到来自倾听者的兴趣与理解，特别是无论他说的内容多么荒诞和离奇，倾听者仍然表现出这种理解和关注时，谈话者会产生强烈的心理安全感，能够更加放松、坦率地表露自己。长此以往，谈话者的态度会使倾听者以同样的方式对待自己。由此可见，以诚恳和接受的态度与别人交流，也能够促进对方进行自由自在的表达，这即是“同感”。同感可以营造良好的交流氛围，使双方能够无拘无束地探索自我、表达自我，加强彼此的沟通，增进彼此的感情。对感同身受的理解可以从以下两个方面进行阐述：

一是非言语行为。人类具有广泛的非言语行为，如姿态、表情、语气、目光等，这些都在人与人的交流过程中发挥着巨大作用。当言语及身体词汇表达信息不一致时，首要原因通常为表情，其次是音调，最后才是言语本身。因此，善于交流的人通常具有多方面沟通的能力，他们不会局限于言语，还会通过表情、姿态、目光、语调等非言语行为来表达对对方的理解与关注。同时，善于交流的人也能够敏感地捕捉到对方传递出的非言语行为，并有效解读出其中传递的信息，理解其中传递出的情绪。

二是言语交流。言语交流是人与人之间交流的主要方式，感同身受的理解最关键的是要理解谈话者的言语中的信息与情感。与别人进行言语交流有一些技巧，如可以通过重复别人的话语表达自身注意力的集中；通过鼓励别人进一步表达自己对谈话的兴趣；适时说一些支持的言语，恰当地运用沉默；对对方所表达的内容进行反馈等。其中最为关键的是不能将自己的观点带入交流过程，不能站在自己的角度上对对方进行指责或批评，而应该通过想象在自己和他人的体验间建立一种联系。充分理解对方的情感体验后，就能够更多地去喜欢、接受对方，更加愿意帮助对方，这可以使彼此的情感产生一种相互作用：当一个人理智、充分地理解对方的情绪时，便可以预期他人的行为，并作出恰当的反应。这对于人际沟通具有十分重要的意义。

（2）交往过程的完善。在人际交往过程中，掌握一定的人际交往艺术可以帮助人们在交往活动中增进彼此的沟通和了解，缩短心理距离，建立和维护良好的人际关系。

第一，主动交往并赞美他人。多数人的交往愿望很强烈，但是能够主动发起交往活动的人却不多，很多人不是主动去接纳别人，而是在等待别人来接纳自己，错过很多机会。许多交际成功的人往往是主动交往的人，而非被动地等别人来结交自己。要想得到朋友，就必须要主动，包括主动地接纳别人，主动与人打招呼，主动关心、帮助他人，主动化解人际矛盾等。热情是最能打动人和吸引人的特质之一。一个充满热情的人很容易用自己的良性情绪感染到别人，主动和人打招呼、微笑，让人感受到被尊重、被接纳的愉悦和轻松，从而喜欢和他们交往。

主动关心、帮助他人可建立良好的第一印象，缩短彼此的心理距离，快速建立起密切的关系。这种关心、帮助并非简单指物质方面的帮助，更重要的是出于真心的感情上的交流、精神上的慰藉，以及对痛苦的分担和对困难的解决。因此，日常生活中的“雪中送炭”“患难之交”往往能使人们建立起深厚的友谊。而当遇到人际冲突或矛盾时，主动交往的人常常能首先伸出橄榄枝，积极地想办法化解矛盾，及时消除隔阂，使人际关系得以维护和发展。

在生活中，很多时候，帮助别人其实是帮助自己。心与心之间架起一座桥，让对方先行，自己也能行得顺畅。帮助别人，总有一种快乐盈满心间，因此收获快乐的利息；帮助别人，总有一种感恩寄存在别人的心间，因此将收获感恩的利息；帮助别人，总有一种善念以循环的形式出现，让别人再去帮助别人，因此将收获回报的利息。渴望别人的赞扬和肯定是人的一种自然天性。当个体满足他人被欣赏的需要时，自身同时也能收获好的人缘。赞美他人既能带给别人快乐，也能带给自己快乐。

一是赞美要真诚、适度。在与同学相处的过程中，把握恰当的机会给别人以赞美，被赞美者心里会很高兴和感激，赞美是一种既激励别人又激励自己的人际协调技术。相处中因赞美而使大家自信、充满快乐，因赞美而化解了心中的积怨与矛盾，赞美使陌生人成为挚友，使朋友成为知己。不论关系的亲疏程度如何，适当的赞美都必不可少。需要注意的是，赞美一定要真诚、适度。如果不分时间、地点、场合，随意地赞美别人，或夸奖的内容是对方所不具备的，会令人感觉言不由衷、不真诚，反而会阻碍彼此之间的交往。

二是赞扬他人身上并非显而易见的特点、优点。赞美最好是在意料之外，又在情理之中。如果能设法赞美他本人都未意识到的优点，这份独特的重视就足以打动他。当然，一定要在情理之中。只要用心感受，留意寻找，就能发现每个人都有其特点和优点。

第二，学会赞美的艺术。赞美能给人以希望、信心和继续生活的勇气。赞美别人，就是肯定自己，由衷地表达对别人的欣赏是对自己有信心的表现。在别人的优点中，可以肯定自己的眼光；在别人的特色中，可以肯定自己的气度；在别人的表现中，可以肯定自己的观察。懂得赞美会使故事更动人。当赞美别人时，会发现自己拥有无限潜能去感动身边的人。赞美是人际交往中最能打动人心的语言。赞美别人是搞好人际关系最有效的“润滑剂”，是“于人有利、于己无损而有利”的事，赞美是一种非常有效而且不可思议的推动力量。赞美的时候应从具体的事情入手，善于发现别人哪怕是微小的长处，并不失时机地予以赞美。赞美用语越具体，越说明对他的了解、对他的长处越看重。让对方感到真挚、亲切和可信，彼此的人际距离就会越来越近。可以从以下方面学会具体化赞美：

一是指出具体部位，说明特点。这适用于对外表的赞美。例如，眼睛明亮，脸型好看，面带福相，气质儒雅，高贵洋气，身材苗条等。可以从他的相貌、服饰等各方面寻找具体的闪光点，然后给予评价。

二是列出事实，并给予具体的评价。就是向对方表明自己的感言发自肺腑。

第三，善用批评方式。对朋友在其得意忘形时的劝告，与对他在悲痛失望时的鼓励一样可贵。尽管人都不喜欢受到批评和指责，但批评又是一剂推动成长的良药。要使批评有效，必须注意以下方面：

一是注意场合。尽量在只有双方在场的情况下进行。而当着旁人批评他人，对方很可能首先意识到自己的形象和自尊受损，而不是自己所犯的错误，使得批评只会增加对方的反感和抵触。

二是对事不对人。不要将事情和对方的人格、能力牵扯到一起。因为人格、能力比具体事情更重要。在肯定对方人品、能力的前提下以提出希望的形式间接让对方知道应该改进的缺点。

三是不翻旧账，理性批评。在批评别人的时候，有的人爱翻旧账，令人无法心平气和地接受。理性批评应该针对现在、此情此景、就事论事，公正合理地指出他的好和不好，方能被批评的人接受。

四是批评他人前，先反思自己。人们往往容易原谅自己的缺点，而对他人苛刻。个体不妨反思自己使别人不满之处，不要试图去改变他人，先改变自己，自己先做好，可促使对方意识到自己的问题而自我改进。在人际交往中，总体原则应该是多赞扬、少批评。批评要有建设性，最好能以讨论问题的方式展开，这样既能解决问题，又对双方的发展有利。

第四，适当对待分歧。互相讨论对于思想交流十分有益，但讨论与争论具有本质上的差异。争论的重点在“输赢”，双方都力图改变对方的观点，证明自己是对的而对方是错的；而讨论的重点在交流，双方的目的是通过思想碰撞找到更加合理有效的方法，实现双赢。当自己的观点与他人出现分歧时，大学生可以以下原则为指导解决分歧、增进沟通：

一是平和对待分歧。人们要以平和的心态看待不同的观点，因为不同观点的出现很可能是使自己避免犯错、更加完善的好机会。因此，对于别人提出的合理观点应吸收为自身所用，并对别人表示感谢，要抱着“有则改之，无则加勉”的态度对待分歧。

二是不要急于辩护。人们遇到分歧时，第一反应通常是为自己辩护，但是，情急之下的辩护一般是强辩，而且辩护过后难以改变对方立场。这样不仅破坏关系，还会使自己丧失受益的好机会。因此，遇到分歧时，人们要保持冷静，不要被急躁情绪操控，不要急于作出第一反应。

三是控制愤怒情绪。愤怒会阻碍思想交流。而愤怒具有短暂的特点，只要稍加安抚，等愤怒过后再交流，矛盾就容易得到圆满解决。因此，当听到自己不能接受的想法时，人们不如选择沉默，先倾听，也给予对方平和讨论的暗示，这样有利于缓解自身和对方的愤怒情绪。

四是先听对方意见。在交流中，人们要给对方发表意见的机会，不要打断对方，不要急于表达自己的不同意见，否则只会对思想交流造成障碍。

五是寻找共同之处。在对方发表完看法之后，人们先要从中找到共同点，这样能在双方之间建立友好的关系，为后续交流并解决问题奠定坚实的基础。总而言之，人们在原则问题上要坚持自己的立场，但在细节上要做到灵活处理。

六是勇于承认错误。如果在双方交流中发现自己的观点错误，那么便大方地向对方承认。这样做能够营造出良好的交流氛围，使双方不是站在对立面上，而是可以共同找到对双方都有利的解决办法。

七是反复研究观点。人们对对方的观点要认真聆听、仔细思考，不要一开始就抱着否定的态度。经过反复思考后，如果对方是对的，便积极听取；如果是错的，不理会即可。

八是真诚地感谢对方对问题表现出兴趣。把对方设想成一个真心实意要帮助的人，感谢对方对这个问题感兴趣，那么通常对方会愿意花时间表达不同意见，最后还会成为好朋友。

九是暂缓行动时间。当出现不同意见时，人们应该给自己和对方充足的考虑时间，可以在进行二次讨论后再作决定，以便将问题处理得周全而合理。

第五，建设性交谈与换位思考。交谈是沟通信息与情感的主要方式。在交谈过程中，只有双方的兴趣和关注焦点汇聚在一起时，交谈才成为双方同等积极代入的过程，才能真正起到有效地沟通信息和增进友情的作用。所以谈话内容不是只集中在自己的需要，而是要符合别人的兴趣，鼓励对方谈论自己，而且要避免过早、过多地评论他人。

语言交谈不仅要谈，而且要学会听。倾听不仅是一种技巧，更体现了一种个人修养，表现出一个人的综合素质。交流时需要耐心地倾听，一边听，一边细细品味，感受对方的情绪和心理变化，同时要作出适当的反应，集中精神，表情自然，经常与对方交流目光，适当地嘉许点头，或是用微笑来表示很乐意倾听，真诚地与对方进行情感交流，这样别人才会更有兴致继续说下去。如果需要表达自己的见解，应该在对方讲话停顿时礼貌地插话；如有疑问，也可以提出一些富有启发性的问题，如此一来，对方会感到他的讲话很受重视而乐意交谈。善于倾听的人，也是善于沟通并赢得人心的人。

换位思考对沟通起着非常重要的作用。如果经常站在对方的角度去理解和处理问题，一切就会变得简单多了。一般而言，善于交往的人往往善于发现他人的价值，懂得尊重他人，愿意信任他人，对人宽容，能容忍他人有不同的观点和行为，不斤斤计较他人的过失，在能力范围内帮助他人而不是指责他人。

在大学生活中，人际关系的新特点还表现在不能仅以自己的标准要求别人，还应认识到自己的行为和生活方式也可能是别人所不能接受和喜欢的。因此，在彼此间发生冲突或不协调时，要逐渐学会设身处地为别人着想，做到相互谅解和彼此适应。大学生只有勇于在社交中锻炼，将人际交往艺术运用于实践中，个人交际能力才能不断得到提高，从而建立友好的人际关系，在人与人和睦的相处中获得更多的快乐。

（二）人际关系中的心理调适

在大学校园内，一些学生常常因为同学关系、师生关系、朋友关系等处理不当产生很多烦恼，或者因为与职场人士的关系处理不当而失去一些工作的机会。了解大学生在人际交往中常见的问题和调适方法，有助于大学生不断完善自我，建立和维护良好的人际关系。

1. 人际关系中的自卑心理调适

自卑心理是影响个体人际交往的重要因素。自卑是由于过低的自我评价而产生的消极情绪体验。浅层感受是别人看不起自己，而深层的理解是自己看不起自己，即缺乏自信。在人际交往中，自卑心理的外在表现为：一方面，总认为自己样样不如别人，从而失去进取心和竞争意识，导致情绪消沉；另一方面，认为别人会看不起自己，过于自尊、敏感，不轻易与人交往，逃避集体活动，用极强的自尊心掩盖极度的自卑，使个体的交际圈变小。长期的自卑情绪会严重影响大学生的身心健康，同时也会对大学生的学习和工作造成不良影响。因此，自卑心理需要及时进行调适，主要从以下两个方面努力：

（1）正确认识自我，提高自我评价。自卑心理的形成主要来源于社交中不能正确认识自己和对待自己。要改变自己，必须改变原有的认识，正确地评价自己。挖掘自己的优势，敢于正视自己的不足，接纳不完美的自己与不完美的生活，积极接纳自己。辩证地看待自己的优点和不足，取长补短，不断完善自我，提升自我。

（2）改变心态，积极与他人交往。一个人的接触面越广，越能促进其对自身的了解。通过与他人交往，人们能多方位地认识他人和自己，通过比较，正确认识自己，由此调整自我评价，提升自信心。同时，在积极交往的过程中，人们能够获得友谊和集体的温暖，体验到成功的喜悦，发现自己的优势和潜力，从而增强信心，有助于战胜自己的自卑心理。另外，自卑的同学在交往中一般都具有谦虚、善于体谅人、做事小心谨慎、稳妥细致等优点，因而容易取得别人的信任。所以，自卑的同学要看到自己在交往中的长处，增强自信，为消除自卑奠定心理基础。

2. 人际关系中的孤独心理调适

孤独是一种主观的心理感受，主要表现为沉默寡言，缺少知心朋友，在新的生活环境中难以适应；敏感多疑，不喜欢参加集体活动，在集体中找不到自己的位置；感情脆弱，自卑感强，抗挫折能力差，不善言辞，遇事容易冲动发怒等；孤独也会导致交往障碍，如孤芳自赏、自命清高，其结果是与人不合群，待人不随和。孤独产生的原因很复杂，主要是源于个人的自我感觉和评价。孤独心理调适可从以下方面着手：

（1）开放自我，积极主动与人交往。独自生活并不意味着与世隔绝，虽然客观上与外界交流困难，但仍然可以通过某些方式达到交流的目的。如主动亲近别人，关心别人，发现、欣赏别人的优点，真诚待人；当看到别人有困难时，主动伸出援助之手。助人和被助都是快乐的，可以从中赢得友情，摆脱孤独。

（2）正确评价自己，克服自卑情绪。人的自我评价与孤独存在因果关系，由于自卑而逃避与他人交往，会造成孤独状态，孤独使自卑感增强，形成恶性循环。如果不冲破自卑，就难以走出孤独。孤独者应该对自己进行一番冷静、客观、合理的分析，特别要找出自己的长处和特点，以增强自信心。

（3）培养广泛的兴趣、爱好。一个人活着如果有所爱、有追求，就不会感到寂寞和孤独。因此，要为自己安排丰富多彩且有意义的业余文化生活，享受生活带来的乐趣。

（4）大胆交往，不怕挫折。善于在交往和挫折中总结经验，吸取教训，改进方法，增强交往能力。

3. 人际关系中的自我中心调适

自我中心是指大学生考虑问题、处理事情习惯以自我为中心，将自我作为思考问题的出发点和归宿，表现为凡事从自我出发，只关心自己，从不顾及他人的需要和感受，因而不能赢得别人的好感和信任，人际关系紧张，做事很难得到别人的帮助，易遭挫折。要想改善人际关系，自我中心者可从以下方面进行调适：

（1）正确评价自己。摆正自己的位置，实事求是地评价自己，既不妄自菲薄，也不盲目自大，既要看到自己的长处和优点，也要找到自己的缺点和不足。

（2）走出自我小天地。自我中心者必须学会将自己与他人、自我与社会、个人利益与集体利益统筹考虑，从狭隘的小天地走出来。自我是自己的中心，而不是别人的中心。人际交往是相互的，要学会从他人角度或社会角度去思考问题或处理问题。

（3）尊重自己，尊重别人。重视自己更应尊重别人，只有互相尊重、互谅互让、以诚相见，才能形成良好的人际交往。

（4）主动与人交往。人们在社会角色互动中才能互相理解，才能改变以自我为中心的倾向。缺少与人交往的生活经验是自我中心形成的根本原因。大学生要学会积极与人交往，只有在与人交往中，才能学会理解别人、尊重别人，才能体会到别人的存在、利益和感受，有效克服自我中心倾向。

4. 人际关系中的社交恐惧调适

在众人面前说话、与陌生人交往等场合中感到紧张是一种正常的、普遍存在的人类体验。但是如果反应过度或不合理，并且导致了回避行为，损害了人际沟通和正常的学习、生活，同时持续了很长一段时间未能缓解，就成为一种心理疾病。大学生社交恐惧主要表现为：害怕见生人，害怕见老师，特别是在人多的场合或有异性在场的情况下，更显得紧张不安、手足无措、语无伦次等。有社交恐惧的大学生往往表现出明显的焦虑和回避社交行为。青春期是社交恐惧发展的关键期，如果得不到矫正或改善，可能会发展成严重的社交恐惧障碍，并持续影响到成年期的心理健康。社交恐惧按轻重程度可分为社交敏感（又称社交紧张）和社交恐惧症两种，是当前大学生人际交往中普遍存在的一种心理现象。

要克服社交紧张心理，先要注意调整好自己的心态，树立一些良好的观念：①接纳自己、树立自信；②放弃追求完美的想法，不对自己要求过高；③不要太在意自己的身体反应；④勇敢地面对社交。在有了以上认知的调整之后，结合心理学的方法技巧，将改变付诸行动。

（1）积极的自我暗示。每天睡前和早上起床时，接纳自己，相信自己。

（2）冥想放松训练。找一个安静、没有人打扰的地方，舒适地坐下来，闭上眼睛，想象自己来到一个青山环绕、绿树成荫的幽静地方，心境会变得平和。然后开始放松，从头部、颈部、手臂、胸部、腹部、背部、臀部、大腿、小腿、脚部依次想象它们变松变软。每天至少一次，通过经常做这样的练习，可以帮助个体控制自己的身体，有助于克服紧张的情绪。

（3）系统脱敏训练。改变是一个渐进的过程，不可能一蹴而就。大学生需要战胜自己的紧张心理。首先，根据自己的实际情况，列出若干个自己感觉紧张的社交场合，按由易到难的顺序排列。其次，按由易到难的顺序一项一项去进行社交实践训练。当感觉前一项比较轻松自如了，便可进入下一项。

（4）学习人际交往技巧。学习一些人际交往和口才技巧的知识，或者参加相关课程培训，用实用的知识来武装自己，提高社交能力。

第三章　心理健康评估、咨询与调控

第一节　心理健康评估与心理测验

一、心理健康评估

经过科学有效的心理健康评估来探讨心理压力反应的发生规律，并在此基础上制定切实可行的调控措施，对于维护群体与自身心理健康，保证良好的生活品质具有重要的意义。

（一）心理健康评估的内容

心理健康评估的对象既包括心理或行为方面存在缺陷者，也包括心理正常的个体。心理健康评估不同于医学诊断，医学诊断是对患者患有某种疾病的判断，而心理健康评估更强调生物—心理—社会医学模式，所以评估的内容必须涉及这三个方面。当然在某项具体临床或研究工作中，常常需要有所侧重，在分析结果时应全面考虑。

第一，对环境的适应能力。能否较快地适应变化了的环境，是心理素质强弱的标志。面对所处环境，尤其是对自己不利的环境，能够较快适应，或通过个体调节用较短时间适应的人，心理素质较好，抗压能力强；不能适应，或较长时间内仍难适应的人，心理韧性差，抗压能力弱。

第二，对压力刺激的抵抗力。这种抵抗力与认知水平和性格有关，不同的人对压力刺激的抵抗能力不同。一些抵抗力差的人遭遇变故，不仅当时情绪波动剧烈，而且很可能会产生反应性精神病；而抵抗力较强的人，多在较短时间恢复平静，也很少有某些心身疾病。

第三，对压力刺激的忍受力。这是指人对长期存在或时常出现的压力刺激的承受能力，与其意志力和人生观有关。如有的人在长期的压力刺激下出现精神异常、个性改变，甚至出现严重的躯体疾病；也有的人把这种刺激当作生活的动力，反而取得一定的成就。

第四，对精神活动的自控力。心理处于平衡状态时，逻辑严谨、思维敏捷、情感表达恰如其分、动机适度，容易达到心理满足。心理失衡时情绪控制能力就会下降，容易出现过分激动、亢进或过分抑郁、压抑的行为。因此，控制力水平也是心理素质好坏的标准。

第五，精神活动的协调性。精神活动协调性不强的人，对微不足道的小事表现特别激动，或对一次剧烈的心理刺激异常冷漠。协调的精神活动可使心理平衡或心理应激处于动态平衡。

第六，心理活动中的注意力。如果一个人因注意力不能集中而经常出现差错，可能就有心理问题，也可能思想上出现了难以摆脱的问题。注意力不集中的现象越严重，心理健康的水平越低下，心理问题就越重，心理素质也就越差。

第七，社会交往能力。与世隔绝或剥夺了社会交往，易使人心理失衡，精神崩溃。当一个人无缘无故地与亲友断绝来往，把自己孤立起来，变得冷漠无情时；或无选择地过度交往，过度热情和兴奋，也说明他的心理出现了问题。

第八，康复能力。人的一生难免会遇到这样或那样的挫折，有的人受了心理创伤后，能很快平复；有的人遭遇打击并不严重，但创伤久久不能恢复，每当忆起往事，仍会耿耿于怀，严重者会留下心理上的阴影和躯体上的疾病。

第九，暗示的感受性。很容易受周围的与己无关因素影响的人，其暗示感受性很强。这种人很敏感，情绪不稳定，易受环境因素影响，心理失衡概率大，心理素质较差。

（二）心理健康评估的任务

第一，描述个体或人群有关疾病的特征，主要是从疾病的行为表现或精神病理学水平进行评估，协助临床诊断分类，作为科研患者人组标准，寻找各类疾病的特征性表现。

第二，描述个体或人群的健康状况，从生理、心理、社会等方面对构成健康的诸要素进行评估，为研究如何增进各种人群的健康机制和方法提供依据。

第三，评估日常健康行为习惯和日常功能有效水平。

第四，评估疾病发展中的心理过程，包括认知、行为、社会、情感等心理过程。

第五，评估心理社会因素在疾病自然愈合过程中的作用。

第六，评估个体对不同压力刺激的反应，主要指在实验室控制条件下，观察个体对各种应激事件的心身反应性质和程度。

第七，评估疾病康复过程中的各种治疗方法的效果及其与心理社会影响因素的相互作用。

第八，评估生活方式对防治疾病和增进健康的影响。

第九，评估个体或人群的社会经济状况对健康的影响。

第十，评估各种生态学有害因素对健康的影响，包括噪声、环境污染、建筑风格等自然环境因素；人际关系、群体气氛、家庭结构和关系、人口流动、城市化等社会环境因素。

第十一，评估卫生保健的有效性，主要是指各种卫生保健设施和方法对提高人群健康的作用以及评估医嘱依从性对疾病和健康的影响。

（三）心理健康评估的过程

人的心理是非常复杂的，单凭一次测量所得到的一堆数据，是很难对个体作出准确评价的。评估过程往往强调几种不同的评估方法结合使用，采取“成套评估”的策略。只有这样，才能对个体行为作出准确的描述和适当的评价。实施心理评估不能只是停留在测验上，每一次评估都应该是一个系统的过程。

1. 确定心理健康评估目的

确定目的是整个心理评估的开端。心理评估的目的主要包括性格分析，职业匹配；探索病因，利于诊断；明确干预目标，为制订干预计划提供参考；评价干预效果；开展科学研究工作等。一般而言，不同的目的需要不同的评估方法或测量工具。

2. 全面收集有关信息资料

目的确定之后，接下来就要根据目的去收集各种有用的资料、信息，要通过直接或间接的方式尽可能地了解个体的基本背景资料，如身心健康史、与遗传有关的家族病史、家庭环境、重大生活事件等。收集资料越充分，对以后的诊断、评估越有益。资料可以通过会谈、观察、心理测验、个案分析等方法获取。会谈是收集资料的最基本的渠道之一，通过会谈可以直接了解到当事人的背景资料和问题情况。在实际操作过程中，可以有意识地对当事人进行观察，从而获得对方的行为表现、情绪状态、身体动作、言语特点等信息，如当前生理、心理状态如何，当前的行为反应是否异常或独特，学习态度如何，人际关系如何等。也可运用心理测验的方法，了解当事人的心理特征，获取可靠的资料。此外，案例和作品分析等也可以提供有益的信息。

3. 综合分析各种信息资料

当资料收集工作告一段落后，就需要对其进行综合分析。首先，要对资料的真实性进行评估。只有保证资料尽可能真实，才可避免在其他环节中出现不必要的失误。分析和综合过程没有固定的模式，但应遵循两个原则：一是整体性原则，即把当事人放到其生活环境中考察，从多方面因素入手，在整体上把握和探讨其心理问题的形成原因；二是具体化原则，即在分析综合过程中要找到外显的表层问题和内隐的深层问题，尽可能地从质和量两方面作具体分析，为干预目标的建立和干预技术的选择提供基础。

4. 进行心理健康诊断与评估

通过对资料的分析综合，干预者可以初步判断当事人心理问题的大致类型：是行为方面的、情感方面的，还是认知方面的。如学习困难、过度焦虑、交往障碍、神经衰弱等。当然，也有可能是以某方面问题为主，伴随有其他问题，如学习困难伴随记忆力减退，社交恐惧伴随焦虑抑郁等。确定问题类型后，还要分析问题是心理社会因素造成的，还是器质性因素造成的。关键在于对诊断对象的疑点、矛盾之处查找问题的症结和线索，根据已知现象、结果挖掘深层的原因和特征。如发现一位来访者工作积极性不高，就可以从是否工作动机有问题，是否工作方法不正确，是否有家庭原因，是否有特殊事件的影响等方面入手。只有找到真正的原因，才能对这位来访者工作积极性不高的行为作出准确的判断和解释，也才能有针对性地向其提供解决问题的方法及建议。

（四）心理健康评估的方法

心理卫生评估方法众多，有传统医学检查方法，也有心理测量学技术，还有社会学及其他学科检测手段，多种方法结合使用，收集的资料更为全面，评估结果更具科学性，从而在心理卫生工作中更有价值。

1. 观察法

观察是获得信息的最常用的手段，可分随机应变的方法（或称非正式的方法）和定式方法（或称系统方法）。前者是凭观察目的、观察者的经验来组织观察内容和程序；后者是按观察目的采用一套定型的程序进行观察，观察可以在自然情况下进行，也可以在有控制的环境下进行，观察既可由观察者对被观察者直接进行，也可根据有关文字材料（日记、病史、传记等）或知情人提供的信息间接进行，或者综合上述各种方式进行。观察内容有：仪表（穿戴、举止、表情）；身形体态（肥瘦、高矮及其他特殊体型）；人际沟通风格（大方或内向、主动或被动，可接触或不可接触）；言语和动作（言语方面：表达能力、流畅性、中肯、简洁、赘述；动作方面：过少、适度、过度、怪异动作、刻板动作）；在交往中表现出的兴趣、爱好、对人对己的态度；在困难情境的应付方式（主动或被动，冲动或冷静）等。实际观察中，应根据观察目的、观察方法及观察的不同阶段选择观察目标行为。对每种准备观察的行为应给予明确的定义，以便准确地观察和记录。一般而言，定式观察有固定的记录程序和方式，只要严格遵循即可；非定式观察常采用描述性记录方法，不仅要记录观察到的目标行为表现、频率，还要进行推理判断。

2. 晤谈法

通过与被试者晤谈，了解其心理信息，同时观察其在晤谈时的行为反应，以补充和验证所获得的资料，进行描述或者等级记录以供分析研究。晤谈法的效果取决于问题的性质和研究者本身的晤谈技巧。词语沟通在晤谈中要彼此理解，它取决于思想的明晰性和沟通的有效性。沟通有时无效，主要有以下一些原因：动机、认知能力、用词的恰当性。动机和认知能力是患者的原因，用词恰当与否是接见人的原因。

在许多情况下，为了使调查不至于遗漏重要内容，往往事先设计调查表或问卷，列好等级答案，供被调查者填写，然后收集问卷对其内容逐条进行分析和研究。例如，设计问卷调查人们对心理服务工作是否满意，哪些满意，哪些不满意及其等级程度等。问卷调查的质量取决于研究者事先对问题的性质、内容、目的和要求的明确程度，也取决于问卷内容设计的技巧性以及被试者的合作程度。例如，问卷中的问题是否反映了所要调查问题的实质、设问的策略是否恰当、对回答的要求是否一致、结果是否便于统计处理以及内容是否会引起被调查者的顾虑，等等。

3. 实验法

实验法是对某一心理行为变量进行客观的、直接的测量，获得绝对的量化记录。但是，在心理社会和行为领域，这种方法受到客观的限制，往往仅作为临床工作中的辅助变量。

为了使心理健康评估的过程更加科学、规范，达到评估的目的，在评估时无论使用何种方法都应该注意以下方面：一是客观性与主观性相结合；二是定量与定性相结合；三是理论与实践相结合；四是分析与综合相结合；五是评估与教育、辅导、咨询、治疗相结合。

二、心理测验

心理测验是心理评估最重要的手段，是一种依据一定法则对个体行为进行测量的技术。心理测验给人的心理现象提供了数量化依据，从而确定心理现象的性质和程度的差异，有助于自我了解、自我选择，同时也供用人单位、个人就业选择的参考，为心理咨询、心理治疗提供科学依据。

（一）心理测验的基本性质

1. 心理测验的客观性

测验的客观性实际上就是测验的标准化问题。测量工具必须标准化，这是对一切测验的共同要求。经过人们长期的努力探索，心理测验的标准化有了很大改进。测验的标准化，是指测验的编制、实施、记分、解释等程序的一致性。测验的编制要有一套严格的程序；测验结构的确定、测验项目的选择都必须要有根据，并要经过预测，当项目的难度、区分度和测验的信度、效度达到一定标准时才能使用；在测验实施过程中测试的条件要相同，如测试时间要相同，测试现场的亮度、温度等一切可能影响被试者的环境刺激均要一致；测试器材要规范，如字迹要清楚，字体大小适中；操作用的器材物理性能要稳定一致；测验的说明和主试者的指导语要统一，主试者不能有任何暗示，既不能协助被试者，也不能给被试者造成紧张气氛；有严格的测试程序和时间限制；测验的记分要有统一的标准；测验的解释一般要依据常模或统一的标准。一般而言，标准化程度越高的测验，其结果的客观性程度也就越高。

2. 心理测验的间接性

心理测验是一种间接测量。人的心理比较抽象，是无法直接测量的，只有通过测量人的外显行为来间接反映测验对象的心理状态。人的心理活动与行为具有因果关系，由“果”推“因”是科学研究的基本方法之一。我们可以根据人的行为来推断他的心理特点。心理测验就是通过一个人对测验题目的反应来推论他的心理特质。

3. 心理测验的相对性

物理测量需要一个标准，而在判断一个人的行为时，没有绝对的标准，有的是一个连续的行为序列，只有把他的行为与别人的行为加以比较才能作出判断。所谓测验就是看每个人处在这个序列的什么位置上，由此测得一个人智力的高低、兴趣的大小等，都是与所在团体的大多数人的行为或某种人为确定的标准相比较而言的。

（二）心理测验的不同分类

1. 按测验内容分类

（1）智力测验，这类测验的主要功能是测量人的一般智力水平。如比内-西蒙智力量表、斯坦福-比内智力量表、韦氏成人智力量表及瑞文测验等，都是现代常用的著名智力测量工具，用于测量人的智力，评估人的智力水平。可以帮助家长、教师了解儿童的智能，预测学习成绩，为智力开发提供指导。

（2）人格测验。根据心理学对人格的理解和看法，对一个人的人格可以进行测量和评估，这类测验的功能就是按这种要求对个体的人格特征进行测验。因为心理学界对人格的看法不尽一致，有关人格的测验方法也就不能统一。一般有两类：一类是问卷法，另一类是投射法。这两种测验可以在使用中相互印证。

（3）心理和行为测验。最常用的心理测验是利用心理行为测评技术测量人的心理行为功能状态。在测量过程中应用行为观察、测量技术来获取“待诊行为”的信息，通过一系列科学的信息处理分析方法，并结合实际情况对被试者的心理和行为进行判断。

另外，还包括特殊能力测验和成就测验，如测量人的学习效果及教育、培训目标实现的程度等。

2. 按测验目的分类

（1）描述性测验，这类测验的目的在于对人的能力、性格、兴趣、知识水平等进行描述、分析，并进行某种评价。

（2）诊断性测验，这类测验的目的在于对人的某种心理功能或行为特征及障碍进行评估和判断，以确定其性质或程度。

（3）提示性测验，这类测验的目的在于从测验的结果预示被测验者未来可能的心理倾向或能力水平。

3. 按测验材料分类

（1）文字测验，这类测验通常为文字项目组成，由文字说明做法和作出回答。明尼苏达多项人格调查表、艾森克人格问卷及韦氏成人智力量表中的言语量表部分等均属于文字测验。

（2）非文字测验，这类测验的项目多由实物、图片、模型之类的直观材料制作组成，测验也多以操作方式进行。如罗夏墨迹测验图、瑞文测验及韦氏成人智力量表中的操作量表部分均属于非文字测验。

4. 按测验方法分类

（1）问卷测验，这类测验是将文字组成的各种问题（项目）作为刺激呈现给被测验者，并了解、分析其应答反应的结果。

（2）投射测验，这类测验是用没有明确意义和比较模糊不清的图片、照片、云图或填充题等构成的测验项目，观察被测验者的反应特点。

（3）操作测验，这类测验是用实物的或模型的工具所构成的测验项目，让被测验者操作，观察其完成动作的速度和特点及准确性。

5. 按测验形式分类

（1）个别测验，每次测验过程是以一对一的形式来进行的。通常只选取一个被测验者作为测验的对象是临床心理诊断测验中最常用的测验形式。

（2）团体测验，每次测验过程中由一个或几个测验者对数量较多的被测验者（一个群体）同时实施测验。这种测验形式一般用于广泛的心理健康调查，而在临床诊断测验中不太适用。

在各种心理测验量表中，有些适用于个别测验，有些适用于团体测验，有些则可适用于两种测验形式，这需按测验的目的和要求来定。

（三）心理测验的误差来源

要想使测验准确可靠，必须减少误差，而要控制误差，就必须了解误差的来源。像物理测量那样，心理测验的误差也主要来自三个方面：测验工具、测验对象和测验过程。

1. 测验工具

心理测验工具通常是一套以测验为核心的刺激反应系统（通常称为量表）。测验工具所造成的误差主要来自测验的编制过程，其中项目取样影响最大。当测验的项目较少而取样缺乏代表性时，被试者的反应很难代表其真实水平。同时，如果测验的问题带有欺骗性、测验题目模棱两可、形式令人费解或测验过难、题目太少、题目内容不同质，就会带来测验误差。最后，因为测验是从某一既定群体中选出的行为样本，所以即使是同一测验的样本也不能产生完全相同的测验结果。由于题目内容的不同，同一个个体在不同样本中的成绩可能不同。换言之，这些内容上的差异也会成为误差的一个重要来源。

2. 测验对象

测验对象即被试者本身引起的误差是测验工作中最复杂和最难控制的一类误差，被试者真实水平是否得到充分发挥是造成测验误差的主要原因。影响被试者真实水平充分发挥的原因既有个体长期的一般变化，也有与特定测验内容和形式以及特定施测条件相联系的暂时的特殊变化。

（1）测验焦虑。测验焦虑是被试者在应试前和测试中所出现的一种紧张的、不愉快的情绪体验。焦虑的产生既有认知因素的作用，也有生理因素的作用。测验焦虑会影响被试者的反应水平，从而影响被试者的成绩。但是，测验焦虑并不是只具有消极作用。如果被试者没有一点焦虑，则容易采取满不在乎的态度，成绩大多数会较低。一般而言，适度的焦虑会让人的兴奋性提高，注意力增强，反应速度加快，从而对测验产生积极的影响。但凡事有度，过高的焦虑就会使工作效率下降，注意力分散，思维狭窄，反应速度减慢，从而影响测验成绩。

（2）测验经验。测验经验也是影响成绩的一个重要因素，如果不同被试者对测验的程序和技能熟悉程度不同，所得分数便不能直接进行比较。任何时候只要引入一种新的题目形式或一种新的反应程序，由于被试者对其较为陌生，同时在理解上也可能产生错误，这样就会在最终的测验中带来误差。但是如果对被试者提供足够多的练习和演示，测验成绩就会提高，同时误差也会减少。总而言之，在测验前，应尽可能使每个被试者都对测验程序有所了解：这里也存在另外一种情况，有些被试者经历过多次测验，掌握了一定的答题技巧，他们善于察觉正确答案和错误答案之间的细微差别，会合理安排时间，容易适应新的测验形式，因此经常比那些能力相差不多但缺乏测验经验和技巧的人获得更多的分数。

（3）学习、发展和教育。由一般的学习经验或发展变化所引起的测验分数上的差异，在大多数情况下，只构成恒定误差。但有时，大多数人对于某个测验没有准备，只有个别人获得了特殊训练，或者在两次测验的间隔期中，有的人获得了特殊的教育和训练，而其他人没有，在这种情况下，第二次测验所得的分数，既反映了第一次施测时所测量的东西，也反映了在两次施测之间所学到的东西。由于被试者所受的训练量不同，他们的分数就会受到不同的影响，而表现出随机误差。

（4）应试动机。被试者对测验的动机不同，会影响其作答态度、注意力、持久性、反应速度等，从而影响测验成绩。例如，当个性调查表用于选人时，雇主感兴趣的是申请者的典型行为，但有的申请者为了给人留下好印象，在回答时可能考虑雇主期望或社会道德等因素，而不按自己的真实情况作答，从而给测验分数带来误差。应试动机会影响成绩的各个方面，如果动机效应在反复测量中以一种恒定的方式出现，就会导致系统误差，从而使测验的有效性降低；如果动机效应引起了偶然性的不稳定的反应，这是一种随机误差，会使测验的有效性、可信性都降低。

（5）反应倾向。独立于测验内容的反应倾向，也会使得本来能力相同的被试者获得不同的成绩。对于速度测验，由于测验时间有限，而题量又较大，求快与求准两种不同倾向会对测验成绩产生影响；对于是非题，某些人可能有偏好选“是”或选“非”的倾向；对于选择题，有些人可能有偏好选择某个位置或偏好选长项的倾向；对于人格测验题目，有人可能会掩饰自己。所有这些都会给测验成绩带来影响，因此在测验编制时一定要注意控制这些倾向的影响。如在编制是非题时，应使选择“是”或“非”的答案比例大致相等。

（6）生理变因。不但心理因素会影响测验成绩，生病、疲劳、失眠等生理因素，以及在智力、情绪、体力等方面的生物节律也会影响测验成绩而带来误差。

3. 测验过程

在三种误差来源中，与施测过程有关的误差可能是最容易控制和检验的。通过长期实践，特别是计算机在测量中的使用，测验的标准化水平越来越高，大部分施测条件能够得到控制。

（1）测试环境。施测现场的温度、光线、桌面高低好坏、噪声和座位安排等对受测者都有影响。例如，在测试过程中，光线充足，有利于受测者正常的作答；光线暗淡，则会影响作答的效果。因此，施测者必须注意控制温度和湿度、照明、座位状况和摆设以及避免任何会导致受测者分心的事物。

（2）测试时间。时间安排也是影响测试准确性的一个重要因素，如果时间安排不当或时限不统一，必然会引起测验结果的改变。

（3）主试因素。主试者的年龄、性别、外表、施测时的言谈举止、表情动作等均能影响测验结果。不同的主试者可能会提供给被试者不同数量的信息。例如，有些主试者会暗示或告诉被试者猜测，而另一些主试者则没有告诉被试者这些。这样被试者的分数就会随着主试者提供的信息量而有所变动。同时，施测者对测验重要性所传达的观点，情绪上支持被试者的程度，以及监考的方式均可能不同。如果这些变异对被试者的影响程度不相等，就会引起测验结果的改变。

（4）意外干扰。在测验环境复杂，特别是当受试人数较多时，容易发生出乎预料的干扰或者分心事件。例如，停电、有人生病、有人作弊、临时发现题目或作答纸印刷不清或装订错误等，无论哪种情况，都会引起不安和扰乱，导致成绩不准确、不一致。

（5）评分记分。随着电脑记分的来临，记分的误差已显著地降低。然而，即使使用电脑记分，也可能发生误差。电脑是高度可信的机器，不太可能是这种误差的原因。但施测者和其他测验实施者准备的记分卡，以及提供给设计者与操作者的指导，均可能造成误差。并且被试者有时不能正确填写答题卡或者在答题纸上做记号，也是造成记分误差的另一个潜在来源。当然，如果测验用手记分，就像许多随堂测验那样，误差的可能性就会大量增加。一般而言，客观题的评分准确客观，而问答题、论文题等自由反应型的题目，评分标准很难掌握，再加上阅卷者的风格、情绪等各不相同，因而很难保证分数的一致性。

第二节　心理健康的咨询及其技巧

一、心理健康咨询的认知

心理健康咨询是一个涵盖非常广泛的概念，涉及职业指导、教育辅导、心理健康咨询、婚姻家庭咨询等生活的各个方面。各种各样的咨询虽不尽相同，但具有某些共同的特征。

心理健康咨询体现着对来访者进行帮助的人际关系。心理健康咨询过程是建立在咨询者与来访者良好的人际关系基础之上的。经过专业训练的咨询工作者利用其专业技能及所创造的良好咨询气氛，来帮助人们学会以更为有效的方式对待自己、他人和生活中的难题。定义心理咨询必须涉及与来访者的关系，这与在咨询中使来访者产生变化同样是不可缺少的，心理咨询中最根本的核心条件就是共情、理解和尊重来访者，不仅要关注咨询者的技能，而且也要注意咨询者对来访者的基本的态度或对他人关心的能力。

心理健康咨询是一系列心理活动的过程。从咨询者的角度看，帮助来访者更好地理解自己，更有效地生活，包含着一系列的心理活动。心理咨询过程中，咨询者所运用的有关理论与技术，也是以心理学为基础的。从来访者的角度看，来访者在咨询过程中需要接收新的信息，学习新的行为，学会理解问题的技能及作出某种决定，这也涉及一系列的心理活动。

心理健康咨询属于一个特殊的服务领域。在咨询过程中，咨询者可以帮助来访者认识自己、确定目标、作出决定、解决难题，还可以提供有关职业、学业、疾病康复、心理卫生、事业的发展以及其他一些有关问题的咨询服务。咨询心理学家活跃在社会的各个领域，帮助人们在个人、社会、教育、职业等方面更有效地发展并取得更大的成就。

综上所述，心理健康咨询就是通过人际关系，运用心理学方法，帮助来访者自强自立的过程。心理咨询需要建立良好的人际关系；心理咨询是在心理学的有关理论指导下的活动，心理咨询是对来访者进行帮助的活动过程；心理咨询的根本目的是帮助来访者自强自立。这一目标着眼于帮助来访者认清自己的问题所在，通过咨询，提高应对挫折和各种不幸事件的能力，使之能够面对和处理自己人生中的问题，即使其能够自强自立。在这里，帮助的过程实际上就是一种教育的过程和使来访者产生某种转变、促使他们成长的过程。

二、心理健康咨询的技巧

心理健康咨询“是通过会谈和人际沟通来实现的”①，在心理健康咨询中，怎样建立良好的咨询员和来访者的关系，怎样进行倾听和询问，怎样仔细观察和分析，以及怎样发现来访者的阻抗并学会运用心理学的方法和技术来处理阻抗，进而协助当事人解决自己的心理问题，是心理咨询的技巧。

（一）咨访关系的建立

咨访关系是贯穿心理咨询始终的重要内容，良好的咨访关系不仅能给当事人提供一种安全感、温暖感，同时也能促进当事人对咨询员的信任，减少其防御心理，使其认真地进行自我探索，进而增强自尊心和自信心。因此，良好的咨访关系是心理咨询能否顺利进行的重要保证。在建立良好咨访关系的过程中，咨询员的态度和技术往往起着主导作用。建立良好咨访关系的基本条件是咨询员对当事人的认同感、尊重和真诚。

1. 初步建立关系

（1）寒暄。咨询之初，咨询员可以通过和来访者握手、亲切询问其名字以及热情的问候和简单的寒暄等来减轻来访者的紧张情绪，同时给来访者留下良好的印象。

（2）询问。咨询员可以先询问来访者的目的或来访者遇到的困惑，让对方倾诉，也可以用来访者感兴趣的话题来引起共鸣。咨询员要注意提问的技巧，尽量用开放性的语句提问。如用含有“什么”“为什么”“怎么样”“能不能”这样的句子来提问，以给予来访者较大的回答空间。但不论采取哪种方式进行询问，咨询员一定要注意语气的柔和。

（3）构成咨询场面。场面构成是咨询初期所要达成的。所谓场面构成，就是让来访者明确咨询的目的、原则和任务，明白自己在咨询中要做的事情、可以期待的内容，明确双

---

① 李智慧. 心理咨询的理论与方法［M］. 北京：北京理工大学出版社，2019：16.

方的角色、责任等。在咨询初期把这些问题加以说明，有利于咨询过程的顺利进行。当然场面构成也要自然，需要咨询员掌握一定的技术。场面构成技术也称结构化技术，是指咨询员就咨询过程的本质、目标、原则、自身的角色与限制、来访者的角色与责任等作出恰当说明的一种技术。具体地说，包括四方面的内容：一是说明心理咨询的性质；二是说明心理咨询的保密性原则；三是说明咨询员的角色和限制；四是说明来访者的角色和责任。

（4）自然的态度与坐姿。咨询室的环境布置要温馨而宁静，沙发要比较舒适，咨询员的坐姿要自然、放松，使来访者有安全感。一般而言，咨询员和来访者的座位不是面对面的，而是成直角，两者的空间距离大约一臂之隔，这样既能听清来访者的讲话，又不至于导致来访者的拘谨。

2. 深入关系建立

咨询员主要通过真诚的关怀、接纳的态度、准确的反映和设身处地的同感，来与来访者建立彼此信任和深化的关系，具体而言，包括以下方面：

（1）接纳与反映。所谓接纳，就是在正式开始话题后，咨询员要神情专注，对来访者谈话的内容要不带价值评判地用“嗯”“哦”“请接着说”之类的短句进行鼓励。接纳是对来访者的宽容和积极关怀。当来访者对自己的有关问题和处境进行陈述时，咨询员要像一面“会说话的镜子”，不时地用略为不同于来访者的词语“接话茬”，或进行简单的附和、评述、提问，将来访者话语之下那些没有表达出来的情感、态度或思想点明或者映照出来；或者将对方以第三人称表达的情感态度或思想逐渐引回其自身，使其用第一人称进行陈述。这样的做法就是情感反映的技术。

（2）同感。所谓同感，是在咨询过程中，咨询员不但要有能力正确地了解当事人的感受和那些感受的意义，同时还要将这种了解准确地传达给对方，从而促使当事人对自己的感受和经验有更深的自觉和认识。可见，同感包含两方面的内容：一是充分理解；二是准确传达。对当事人的充分理解，体现在咨询员不仅要反映当事人说话的内容，还要反映当事人言语中所隐含的情感和内心的矛盾。同感程度的高低，不仅反映咨询员本身的专业水平，而且直接影响当事人对咨询员的信任程度，影响咨访关系的建立和发展。

首先，咨询员要暂时放下自己的参照标准，将自己放在当事人的地位和处境中，尝试感受他的喜怒哀乐，经历他所面对的压力，并体会他作出此种决定和行为的原因，即咨询员要设身处地去了解当事人的思想、情感和行为，而不是站在自己的立场去主观猜测。其次，咨询员要善于观察，善于从当事人各种表情的线索中增进同感的准确性。咨询员若能在日常生活中也进行观察的训练，在不同环境中操练自己的敏感度和观察能力，那么就可以通过观察、了解来增进咨询中的同感。最后，咨询员要有丰富的词汇储备和准确的表达能力，以便将自己对当事人的充分理解反馈给当事人。咨询员对当事人的充分理解，需要通过语言表达出来。作为咨询员，需要不断丰富自身的语言词汇，做到用准确的语言表达自己的意见，这样才能有效地开展咨询。

（3）尊重。尊重就是咨询员对来访者的接纳态度。在咨询过程中，咨询员要接受对方，能忍受对方不同的观点、习惯等。首先，咨询员要明确尊重的重要性。要经常自我反省，检查自己是否能宽容地接纳他人的人生态度。心理咨询的目的就是要帮助来访者自我成长。所以，接纳的态度是每个咨询员所必需的。其次，对待当事人，着眼点应放在“人”上，而不是“他是怎样的人”。咨询员应该经常这样提醒自己：“他能坐在咨询室，就说明他尊重我的专业身份，同时希望改善自我。基于这一点，我就应该尊重他，接纳他这个人，包括他的缺点与错误。”最后，通过关注聆听的行为和非批评性的语言来表达对当事人的尊重。所谓关注聆听，主要是咨询员要全神贯注地留意当事人的一言一行。在这个过程中，咨询员的眼睛要注视当事人，要有视线上的接触。关注聆听既有助于咨询员充分了解当事人，同时也是咨询员用身体语言来体现自己对当事人的尊重态度。

此外，咨询员在说话时，要注意避免使用批评性语言，因为批评性语言表现出对当事人的不接纳态度。有时，批评性语言还会令咨询员只在意表达自己的不满情绪，而忽略对当事人关键问题的关注。

（4）真诚。真诚是在咨询过程中，咨询员应该以“真正的我”出现，而不是让自己隐藏在专业身份的后面，扮演十全十美的咨询员角色。相反，咨询员应该很开放、很自然、很真诚地投入咨询过程中。具体而言，真诚的表现就是咨询员开诚布公地与来访者交谈，直截了当地表达自己的想法，而不是让来访者去猜测谈话中的真实含义，或去想象所说的是否还提供了其他信息；咨询员清楚自己的价值观和人生信念，在咨询中应该心口一致、言行一致；咨询员应该自由地表达自我，大方自然。

真诚对于咨访关系是非常重要的，因为咨询员的真诚不仅给当事人一种安全感，而且为当事人提供了一个榜样。看着咨询员的真诚开放，当事人也会慢慢摘下自己的面具，诚实地面对自己，表达自我。同时，咨询员的真诚表达，也有助于当事人正确地认识自我。真诚是成功咨询的关键因素之一，但真诚不是强求的，而是咨询过程中的一种自然表现。另外，真诚也不是用一些手段或计策来操纵当事人，而是对当事人有一种真实而可靠的关心和爱护。

（二）咨询会谈的技巧

心理咨询的会谈比一般性交流要复杂得多。从功能上看，咨询的会谈不仅仅要交流信息，而且会谈双方还具有特殊距离的人际关系。从作用上看，咨询中的会谈可分为收集材料式会谈、诊断式会谈和心理治疗式会谈。整个会谈过程要求咨询员和当事人双方都全情投入，而咨询员的会谈技巧对咨询过程起着主导作用。

1. 注意倾听的技巧

所谓倾听是咨询员对当事人的谈话不仅仅是听听而已，而且要借助各种技巧，真正听出对方所讲的事实、所体验的情感、所持有的观念等。这种倾听，有人称为“投入的倾听”，它要求咨询员在听的时候，不仅仅带耳朵去采集信息，而且要全身心地投入，包括肌体、感情和智力的整体投入；不仅要听当事人说出来的，还要解析“弦外之音”，有时还必须听“无声之音”，这样才能达到高度的同感。同时，它要求咨询员善于借助言语的引导来启发、鼓励当事人自我表达，以达到对当事人的问题有广泛、深入的了解。好的倾听本身就是治疗，会直接产生治疗作用。这种特殊的引导就是我们下面要谈的注意倾听的技巧。通常，咨询员所采用的注意倾听的技巧有开放性提问、闭锁性问题和反映的技巧等。

（1）开放性提问。开放性提问是咨询员运用包括“什么”“怎么”“为什么”“能否”等词在内的语句发问，让当事人对有关的问题、事件给予较为详细的反映，这是一种最有用的倾听技术，它可以引导当事人讲出更多有关的情况、想法、情绪等。在开放式提问中，每一种问题都可能引出对方较为特殊的反映，使咨询员得到想要了解的有关资料，因为开放性提问往往给当事人的回答以较大的自由度。虽然开放性提问可能会得到不同来访者的千百种不同的答复，但开放性提问的目标始终是趋向于来访者问题的特殊性。通过这类提问，咨询员能获得与当事人问题有关的、全面系统的资料，有助于分析当事人的问题之所在。

咨询员在使用开放性提问时，要注意让当事人充分表达他们的感受和想法，即使有离题现象，也不要责怪或露出不耐烦的神情，可以用提醒的方法来引导他们朝着主要问题的方向来谈。有些问题要注意语气语调的运用，以免咄咄逼人。辩论式、进攻式、语气强调式的发问与共情式、疑问式、语气温和的发问可能在当事人心里产生两种完全不同的印象，前种发问会让当事人认为咨询员有责怪、反对自己之意，后种发问则会被认为咨询员是真心实意地想知道事情的真相、帮助自己。

（2）闭锁性问题。闭锁性问题是咨询员引导当事人用“是”或者“不是”，“有”或者“没有”，“对”或者“不对”等语句来回答问题。闭锁性问题有助于缩小讨论范围、澄清事实和帮助当事人集中注意某个主要问题。闭锁性问题的采用要适当。闭锁性问题通常在咨询会谈的中后期才采用，而且应用次数不宜多，因为闭锁性问题不能提供较大的自由度给当事人，甚至限制了当事人的思路和自我表达，这样不仅妨碍咨询员对当事人资料的收集和对问题的广泛深入了解，而且可能破坏咨访关系。

（3）反应的技巧。在倾听过程中，咨询员除了全情投入和言语直接引导之外，还需要通过对当事人谈话、情感的及时反应，来促进当事人的自我表达。反应的技巧包括：

第一，鼓励。咨询员在倾听时，不仅要听出对方的观念和感受，还要让对方知道你在认真地听他讲话。所以咨询员应该专心地看着当事人，还要不时地用点头、微笑或者简短的词语如“嗯……嗯”“是这样”或“还有吗？”等来鼓励当事人讲下去。

第二，复述。重复当事人所讲的一些重要的话，也是一种很有效的反应。它可以表明咨询员对当事人所讲内容的重视，也有助于引导谈话向某一方向的纵深部位进行。

第三，情感反映。情感反映是把来访者所表明的感情由咨询员加以把握，并反映给对方的意思。情感反映的使用，关键要看咨询员能否从当事人的身体及语言的线索中体会其真正的情感，并用适当的话表达出来。咨询员也可以从当事人的反应中觉察其效果。如果情感反映正确的话，当事人就会点头或以“对啦，就是这样”的词语回答。所以，在咨询过程中，情感的反映是很重要的，它不仅有助于对方对自己情绪的觉察和了解，也体现着咨询过程中的人情味。

第四，摘述。摘述即总结，是在咨询会谈中，咨询员把当事人所说所讲的事实、信息、情感、行为反应等进行分析、综合，并以概括的形式表述出来。摘述是会谈中咨询员倾听活动的结晶，他把当事人的有关资料清理清楚、分门别类，并将其主要问题反馈给当事人。摘述是咨询者每次会谈必用的技巧之一，可以在结束会谈时进行，也可以在会谈中随时运用，只要判定对对方所说的某件事情的有关内容已基本掌握即可运用。

第五，引导和澄清。引导就是咨询员在倾听过程中，针对来访者的问题给予具体化的、紧扣主要线索的询问。引导可以是直接的询问，也可以是间接的引导。使用引导技术时，要注意以下方面：①引导必须是顺着来访者谈话的思路、针对来访者某些重要的信息来引导，切忌随意打断来访者的谈话或随意转换来访者的话题。②引导的语句要清晰，能让来访者理解；引导的声音特征也很重要，尤其要注意语音、语调的恰当。③引导要酌情变化。在咨询员和来访者的关系确立前，应避免使用引导技术；当建立初步的信任关系后，使用间接引导比较好；只有在双方比较了解、彼此信任的情况下，才可使用直接引导技术。

有时当事人处在强烈的困扰中，他的言谈与思考常常不够清楚、明确，此时，咨询员就需要采用澄清的技术，将当事人所说的或想说的破碎资料连接起来，或把当事人模糊的、隐含的而且未能明白表达的想法与感觉说出来。澄清的目的可能是为当事人，亦可能是为咨询员自己，总而言之是为了使两人之间的沟通更加顺利、更加深入。不过，在咨询过程中，往往因为双方接触不够深入，咨询员可能亦无法明确了解令当事人困惑不解的思想，所以咨询员在作澄清时应使用弹性的语气，留给当事人肯定或否定的余地。

2. 影响对方的技巧

咨询过程除了需要良好的咨访关系和较好的倾听、观察技巧外，还需要咨询员更为积极主动地通过自己的专业理论知识和技术、个人的生活经验及对当事人特有的理解来影响对方，促进对方在认知、行为上的改变，进而获得心理上的健康。常用的影响对方的技术包括以下方面：

（1）解释。解释是咨询员在充分理解当事人的基础上，以自己的观点而言明当事人所述事件的意义，让对方能从新的角度去了解自己的问题。解释是一种重要的影响技术，因为当事人来咨询时，往往是因为有自己解决不了的问题、困难和苦恼，感到难以解决和应付，而这往往是由于他们总是从自己的参照体系出发导致的。解释通过向当事人提供另一个参照体系，帮助他们在认知上作出改变，进而改变不良的情绪和行为。在具体应用时咨询员都必须注意以下方面：①解释必须在充分了解当事人问题的基础上进行；②解释要深入浅出，简明扼要，避免冗长和过多地使用专业术语；③解释要有真实性和合理性，不可用偏激的解释，造成对当事人的伤害；④解释要尽量采取试探性的保留态度，以便当事人有思考、接受或拒绝的余地。总而言之，解释是影响技术中最为复杂的技巧。咨询员要合理、灵活、富有创造性地运用解释技术，在当事人能够接受的范围内，达到帮助当事人认清自己“庐山真面目”的作用。

（2）宽慰、安心和承诺。使用让当事人感到宽慰、安心和承诺的关键技术，是向当事人提供支持（再次）保证，对其行为及有适应性的信念系统进行强化性的奖赏，并培植对将来奖赏的期望，使其对不断深入探讨问题、解决问题保持兴趣。宽慰、安心和承诺技术的直接作用是降低焦虑和不安全感。宽慰、安心和承诺技术可以在当事人已经对问题有所领悟而尚不敢行动时，鼓励其开始尝试新的行为模式。

（3）自我暴露。自我暴露技巧是咨询员在必要的情况下适当地将自己的感觉、经验和行为与当事人分享，以增进当事人对自身问题的了解和获得自我改变的有益信息。咨询员在使用自我暴露的技巧时必须把握以下原则：①咨询员必须在认定自己的经验对当事人有所帮助的情况下才自我暴露。自我暴露不是咨询目的，而是一种促进当事人自我探讨、自我认识、自我改善的手段。②咨询员自我暴露的次数不宜太多，否则会使当事人怀疑咨询员的真诚性，或者加重当事人的心理负担。③咨询员的自我暴露必须适可而止，避免长篇大论，反客为主。要知道，咨询的历程是以帮助当事人为前提，不可让重点转移到咨询员的发泄情感上来。

（4）提供信息与忠告，这是指咨询员借助为当事人提供建议、给予指导性信息、提供具有指导意义的思想观点等办法而达到帮助当事人的目的的技术。通常，提供信息与忠告在职业心理咨询中最为重要，因为来访者进行咨询的目的就是获得有关方面的重要信息，并希望能借咨询员丰富的资料和经验来帮助自己作出抉择。咨询员在提供信息与忠告时，应注意以下方面：①为当事人提供的信息与忠告要完全以当事人的利益为出发点，并尽可能使对方了解自己提出有关信息与忠告的根据。如果对方不以为然，咨询员应重新检查自己对对方问题的了解，帮助他寻找另外的解决方案。②为当事人提供忠告时，要注意言语的措辞，如可以采用这样的语句："如果我是你的话，我可能会……""如果那样的话可能会对你更好"等。③忠告或建议不宜过多，使用该技术时应持慎重态度，在大多数情况下，当对方询问咨询员的意见或建议时再给予忠告、建议，咨询员一般不应该主动提出过多的建议。

（5）影响性总结。影响性总结一般在会谈即将结束时进行，咨询员可以先总结一下本次会谈发现当事人都有些怎样的问题，然后讲一下此次咨询中重点对哪几个问题进行了工作，之后可以概括一下本次会谈的要点。影响性总结有助于会谈双方对此次会谈的情况有更为清楚的了解，更重要的是有利于当事人抓住会谈要点，加深其在会谈中所学到的东西的印象。影响性总结可以通过咨询员提问、当事人回答的形式进行，这样效果会更好。如问对方"让我们回头看一下，这次会谈对你有什么帮助""试试看把你对这次会谈的感受说出来""对刚才我们讨论的如何改变胆怯行为的方法，你是怎样想的？打算怎样去实践？"等。通过这样的总结，有助于当事人清楚自己的行动方向。

第三节 心理调控与心理危机干预

一、心理调控

“心理调控是指在一定的思想体系指导下，有意识、有计划地预先采取相应有效的手段和方法，使心理达成预期的状态，并使预期状态根据意愿在一定时间段内得以相对稳定地保持，同时采取措施避免其他心理干扰状态的出现或加剧。”[①] 心理调控包含两层含义：一层是调，另一层是控。调是调整心理干扰状态的出现或减弱其对预期心理状态的影响；控是达成预期的心理状态，并使预期状态根据意愿在一定时间段内得以相对稳定地保持。

心理调控先必须要明确一个预期的心理状态，也就是心理调控所要达到的目标。这就为心理调控工作提供了目标和方向，所有的心理调控工作都要围绕这一目标来进行。同时也为评价心理调控工作的质量提供了评价标准和依据、心理调控工作必须在一定的思想体系指导下来进行，心理调控工作不能像人们在日常生活中遇到各种压力所作出的自发的、朴素的行为反应。如果只是凭借主观感觉而没有深邃的理论基础来作心理调控工作，就会使心理调控工作缺乏力度和深度。这一思想体系不仅包括心理学专业理论，而且还包括与心理发展有关的价值观念、伦理道德、传统文化、身心医学等各种思想。通过心理调控提高个体心理素质，使人们具有很强的随机应变能力、优秀的心理稳定性、坚强的心理承受力，迅速消除心理障碍或问题，减少精神疾病的发生。

（一）心理调控的原则

心理调控应该按照平时或紧急情况下的需要，采取相应措施帮助恢复人们的心理机能平衡，减少心理问题及后期延迟性心理反应的发生率。心理调控工作是一项复杂、系统的工程，具有很强的科学性、知识性、专业性和技术性，在实际开展过程中，必须采取科学的方法和态度，还要遵循心理调控自身所特有的原则。

1. 预防性原则

居安思危、未雨绸缪的预防性原则是心理调控的首要原则。在人们未出现心理问题之

---

① 高存友，任秋生，甘景梨. 心理压力与调控［M］. 北京：九州出版社，2018：84.

前，有计划、有步骤地进行系统的心理保护，使之心理素质得到提高，从而减少或避免压力背景下的心理疾患的产生。这就要求我们心理调控的各项工作必须具有前瞻性和积极主动性。

2. 全体性原则

全体性原则是指心理调控工作要面向全体受到事件影响的群体，所有人都是心理调控的对象和参与者。心理调控的设施、计划、组织活动都要着眼于全体人群的发展，考虑到绝大多数人的共同需要和普遍存在的问题，以绝大多数直至全部受影响者的心理健康水平和心理素质的提高为工作的基本立足点。

3. 保密性原则

保密性原则主要是在心理调控过程中，工作人员有责任对服务对象的个人情况以及谈话内容等予以保密，服务对象的名誉和隐私权应受到道义上的维护和法律上的保障。保密性原则是心理调控工作中极其重要的原则，是建立相互信任关系的心理基础。当然，保密也不是绝对的，在某些特殊情况下，为了服务对象和他人的利益或免受伤害，个别情况应该特殊对待。

4. 人性化原则

心理调控必须坚持人性化原则，坚持以“人”为核心。所谓人性化原则是指心理调控工作以所服务的人为主体，所有工作要以为其服务为出发点，要使被服务者的主体地位得到实实在在的体现，把心理工作者的心理辅导和被服务者的积极主动参与真正有机结合起来。如果服务对象没有主动意识和精神，处在被动的地位，心理调控就成为一种强制性行为，变得毫无意义。

（二）心理调控的内容

心理调控工作具有阶段性特征，根据压力心理损伤发生的演变规律进行适当、适时的调整和干预，主要包括以下内容：

1. 心理预防

人的心理承受能力与心理素质成正比，对同等强度的刺激，心理素质越高，心理承受能力就越强，所感受到的心理压力越小。心理素质是人的整体素质的组成部分，是以自然素质为基础，在后天环境、教育、实践活动等因素的影响下逐步发生、发展起来的。心理素质是先天和后天的结合，情绪内核的外在表现。肖汉仕教授认为，心理素质是在遗传基础之上，在教育与环境影响下，经过主体实践训练所形成的性格品质与心理能力的综合体现。其中的心理能力包括认知能力、心理适应能力与内在动力。对内制约着主体的心理健康状况，对外与其他素质一起共同影响主体的行为表现。平时采取一定的方法手段，有目的、有计划地对个体的心理进行评估并施加影响，可以增强个体在遭受压力情景下心理应激反应的免疫能力，有效减少各类心理损伤和疾病的发生。

（1）系统性心理筛查。系统性心理筛查可以判断个体目前的心理健康状况，为其调整心理状态提供依据，如果个体的心理状态严重偏离心理健康标准，就要及时就医，以便早期诊断与早期治疗。在心理压力条件下，有相当一部分的心理损伤是由于个体心理素质过差或本身患有心理疾病引起的。所以，个体在进入某一特定的心理压力/应激环境前，专业人员应采用心理晤谈、量表测试等形式进行全面、系统的心理筛查。筛查内容主要包括适应能力、性格偏差、心理疾病等项目。心理筛查结束后应形成书面评估报告，分析个体的心理素质情况，提出心理调控建议，如心理倾向性问题、强化心理素质的方案、需要重点关注的对象等。

（2）针对性心理教育。心理教育目标是培育良好的性格品质、开发智力潜能、增强心理适应能力、激发内在动力、维护心理健康、养成良好行为习惯，即育性、启智、强能、激力、健心、导行。针对压力条件下个体可能产生的心理问题，设置相关教育内容，如地域自然环境、民俗文化、宗教习惯可能对个体带来的心理影响；压力强度与个体承受能力对比；自信心、个体社会、家庭支持情况；可能出现的压力刺激预期；心理调控常用方法和技巧等。通过教育使个体提高心理调控阈值，增强面对各种复杂情况考验的心理准备，预防或减少心理障碍的发生。

（3）社会性心理支持。社会性心理支持指的是一组个人之间的接触，通过这些接触，个人得以维持社会身份并且获得情绪支持、物质援助和服务、信息与新的社会接触。一个人所拥有的社会支持网络越强大，就能够越好地应对各种来自环境的挑战。个人所拥有的资源又可以分为个人资源和社会资源。个人资源包括个人的自我功能和应对能力，后者是指个人社会网络中的广度和网络中的人所能提供的社会支持功能的程度。

对那些社会性心理支持不够或者利用社会性心理支持能力不足的个体，专业心理干预人员致力于给他们以必要的帮助，帮助他们扩大社会网络资源，提高其利用社会网络的能力。如在个体经历某种巨大压力前，在条件允许的情况下可适当满足部分需求，帮助他们与主要社会关系成员取得联系，如父母、妻儿等。通过与家人沟通解除后顾之忧，稳定其情绪，增强其信心。

2. 心理救治

在经历压力刺激后，个体心理问题陆续暴露，心理疾患人数增多。特别是在重大事件应激刺激下，容易出现大批由于巨大心理压力冲击而出现的心理损伤者，而且由于人群相对分散，不易集中，心理调控工作应紧跟救援节奏，争取第一时间、第一地点对心理损伤人员提供心理帮扶和支持。

（1）及时提供信息，稳定心理状态。在经历重大事件过程中，让经历者始终了解和掌握事件进程、政府态度、即将采取的救援手段等，能够满足人们的知情需求，有效消除迷茫、恐慌心理。但由于个人对信息解读和判断能力的差异，将全部信息真实公布，有可能对个别经历者心理造成影响。所以信息公布的基本原则是：尽可能提供全面准确的信息；尽可能提供有利于鼓舞经历者士气的信息；尽可能以人们易于接受的形式提供信息。

（2）开展心理互助，强化心理归属。经历者之间的相互信任与鼓励能够有效化解各类心理危机。在紧急心理救治过程中，应成立心理互助小组，小组成员相互支持、紧密合作，共同应对各种心理困境。当某位经历者的应激水平过高，出现心理问题时，小组成员应当及时给予情感抚慰和精神支持，通过解释、疏导、安慰、启发、鼓励等方式，使他尽快调整心态，走出阴影；当小组成员出现重度心理损伤时，其他人员应尽早发现，及时上报，使心理疾患得到妥善处理，进而防止个体心理问题对其他人员产生影响。

（3）加强生活保障，增强安全感受。要创造一切条件，改善经历者生活，确保吃好、睡好、娱乐好，缓解高强度应激和恶劣生存环境带给灾难经历者的心理压力。在救灾过程中，可根据需要安排组织丰富多彩的文娱活动，如读书、听音乐、文艺演出等，调剂单调、枯燥的生活，增强他们内心的安全感。

（4）先实施心理救护，后送危重病员。针对心理反应明显的经历者，各级心理调控专业人员应该应用心理压力紧急心理干预技术快速展开心理急救工作，使之最终战胜危机，重新适应生活。症状较轻的，可以通过鼓励安慰、宣泄疏导，补充饮食、水分和睡眠等帮助恢复；症状严重的，及时后送后方医院系统进行治疗。

3. 心理康复

重大事件后，部分经历者难以走出灾难阴影，容易继发持久而强烈的心理障碍，出现茫然失措、激动、易怒、多疑、固执等非理性情绪和思维，对正常生活产生影响。此时，心理调控工作的重点应放在帮助其调整心态、寻找归属、释放压力、回归正常上来。

（1）提供情感支持。专业心理调控人员应发动家庭成员、社会关系之间谈心交流，增进彼此感情。对出现心理问题的经历者给予更多体贴和关怀，及时给予他们理解、尊重、支持和开导；积极帮助经历者联系家人、朋友，必要时可以开展家庭团体治疗，通过情感的关怀缓解不良心理反应。

（2）干预缓解压力。针对重大事件后经历者心理出现倾向性问题和共性表现，积极给予心理干预，如开设心理教育课堂，讲授应激后抑郁、焦虑及自杀自伤等不良心理和行为的应对技巧；设立专门心理咨询门诊，定期进行心理普查，开展个体心理咨询，帮助经历者尽快缓解压力、平复心态；加强重性心理疾患监护、治疗和管理，运用专业技术手段进行系统康复。

（3）技能恢复训练。重大事件强烈的心理刺激和创伤，有时会造成个别经历者丧失工作技能和社会适应能力。针对这部分人员，应进行工作和社会环境的再适应训练，如认知训练、自我控制训练、应对策略训练、人际交往训练和社会工作技能训练等。

二、心理危机干预

心理危机一般指心理的一种严重失调状态，心理矛盾激烈冲突而难以解决，也可以指心理面临崩溃或失常，还可以指发生精神障碍。心理危机的产生、发展及激化经历着复杂而微妙的心理过程。几乎每个成长中的个体都不同程度地经历过心理危机，但心理危机并非必然导致极端行为。心理危机从一定意义上讲是每个人成长过程中都会遇到的事。虽然在人生中危机是不可避免的，但是只要我们把握机会、设定目标、形成计划、妥善处理，是可以渡过危机的。

（一）心理危机干预技术

1. 应激晤谈技术

应激晤谈又称紧急事件应急晤谈（CISD），是危机干预的基本技术，是一种系统的、通过交谈来减轻压力的方法。CISD 是一种心理服务的方式，并不是正式的心理治疗，面对的大部分是正常人，可以减弱精神创伤事件对个体的损害，减少个体应激反应甚至 PTSD 的发生，是一种非常有效的心理干预方式。对于灾害幸存者、灾害救援人员、急性应激障碍的患者，可以按不同的人群分组应用 CISD 技术进行干预。CISD 的目标：公开讨论内心感受，支持和安慰，动员资源，帮助经历者在心理上（认知和感情）消化创伤体验。

（1）技术组成。CISD 是通过专业人员引导，公开讨论内心感受达到心理平衡的过程，一般主要由情感宣泄、支持和安慰、调动资源三部分组成。心理冲击后的 24~48 小时之内是最理想的干预时间（一般而言，在24小时之内最需要的是生命生存方面的安慰），6周之后效果甚微。正式的CISD通常由受训后的专业人员指导，专业人员必须对应激反应综合征有很好的理解，正式的CISD干预一般纳入8~10名经历者，围成圈，设置成一个封闭的环境，进行公开讨论。

（2）阶段划分。CISD一般划分为六个阶段，但在特殊情况下可以把第二、第三和第四阶段合并进行。

第一，导入期（介绍期）。CISD实施者自我介绍姓名、职业、单位、对事件的了解等，并讲明某些人可能觉得不需要来接受晤谈，觉得自己能应付，可能确实如此，但相互交流对其仍有意义。强调应激晤谈过程中的规则，不能记笔记，把纸笔放在椅子下，不要评判别人，关闭手机等；小心解释隐私问题，不允许录音，出门后不要传播，既是尊重别人，也是尊重自己。

第二，事实陈述期。实施者请参与者描述一些有关自己在紧急事件中所进行的活动的情况；询问被干预者在处理紧急事件的过程中身处何处、所听、所见、所闻及所做（这样做以便避免某些东西夸大化，使事情更加客观）。引导语如：“你在事故现场看到了什么？听到什么？闻到什么？采取了什么行动？”每人谈话需要2~5分钟。相互补充事件的细节，最终使整个事件得以重现，让每个人全面了解事情发生的真相。实施者要打消参与者的顾虑，参与者如果不愿意参加讨论，可以选择沉默。选择沉默同样适用于其他阶段。

第三，重现感受期。在此时期引导被干预者交流自己的感受，如“发生紧急事件时你有何感受？你现在有何感受？在你过去的生活中，有过类似的感受吗？（这么问以便调动参与者应对效能感即自信心，调动激发参与者既往成功应对经验）”。每个人都有需要分享和被接受的感受，重要的原则是不批评他人；所有的人都要倾听在每个人身上曾经发生或正在发生的事情。

第四，探索症状期。参与者描述自己应激事件后的躯体、心理、认知、行为等方面变化，依据出现的先后顺序回顾性探索和确定自己在事件中的痛苦症状；并请被干预者讨论他的经历正导致家庭、工作或生活发生怎样的变化。引导语可以是：“你现在正体验什么不同寻常的事情？自从紧急事件发生之后，你的生活发生改变了吗？”

第五，辅导干预期。实施者向参与者介绍正常的应激反应模式，强调人的适应潜能，讨论积极的适应和应对方式。帮助参与者认识到，其经历的应激反应是面对非正常情况的正常的和能够被理解的行为，本质上不是医疗问题，从而减轻其心理压力。鼓励参与者坚强起来，并努力调动参与者利用现有社会资源，同时教授和提供必要的应激管理技能和积极应对技巧。

第六，再入期或总结期（总结）。在此阶段的主要工作包括拾遗收尾、回答问题、最后安抚和制订未来行动计划等方面，告诉参与者更多资源信息（例如，如果还有需要的可以求助心理热线、心理医院、心理咨询室等）。干预者按顺序问每个人还想谈什么，回答问题并安抚。“我还活着，没什么呀”，如果有参与者说出了此类语言，干预者可以非常敏锐地及时表扬肯定。全程需 2~3 小时，紧急随访可在事件发生后数周或数月进行。

2. 情绪稳定技术

多数遭受过创伤的个体是不需要应用情绪稳定技术来进行干预的。然而，个体一旦出现影响睡眠、饮食、决策以及工作的高强度的唤醒、麻木或者高度焦虑状态，应考虑实施此类紧急心理干预。情绪稳定技术的运用要点如下：

第一，倾听与理解。以理解的心态接触被干预者，给予倾听和理解，并作适度回应，不要将自身的想法强加给对方。

第二，增强安全感。减少被干预者对当前和今后的不确定感，使其情绪稳定。

第三，适度的情绪释放。运用语言及行为上的支持，帮助被干预者适当释放情绪，恢复心理平静。

第四，释疑解惑。对于被干预者提出的问题给予关注、解释及确认，减轻疑惑。

第五，实际协助。给被干预者提供实际的帮助，协助重点人群调整和接受因灾难改变了的生活环境及状态，尽可能地协助重点人群解决面临的困难。

第六，重建支持系统。帮助被干预对象与主要的支持者或其他的支持来源（包括家庭成员、朋友、社区的帮助资源等）建立联系，获得帮助。

第七，提供心理健康教育。提供常见心理问题的识别与应对知识，帮助被干预者积极应对，恢复正常生活。

第八，联系其他服务部门。帮助被干预者联系可能得到的其他部门的服务。

3. 支持性治疗技术

通过精神支持和社会支持等方法给予那些心理脆弱者以心理支持性陪伴。支持心理治疗尤其适合那些经历了严重心理创伤，心情极度低落，处于精神崩溃的边缘，难以支撑或有轻生意念者。

（1）增强经历者的安全感。增强经历者即刻的和持续的安全感，提供身体上和情感上舒适的感觉，可以降低痛苦和担忧的程度。安全感和舒适感可以有许多不同的方式提供，包括：做一些积极的（相对于消极等待）、实用的（利用可获得的资源）和熟悉的（根据过去的经历）事情；获得当前的、精确的、及时更新的信息，避免让经历者暴露于不准确的或者特别令人不安的信息；与可获取的切实可用的资源建立联系；了解有关局势在相关人员的努力下正在变得越来越安全的信息，确保立即提供人身的安全感。

（2）促进社交活动。鼓励经历者参加适当的小组或社交互动，如艺术活动、玩扑克牌、棋盘游戏或运动等。一般而言，接触那些能很好地应对环境的人可以使人更平静、更安心。但接触那些表现得非常焦虑不安和情绪不能控制的人，会让人心烦意乱。在小组中如果被干预者听到了令人不安的消息或者谣言，要帮助澄清和更正错误的信息。

（3）倾听理解悲伤情绪。对于遭受冲击，极度悲伤的经历者，要善于倾听和引导他们释放自己的悲伤情绪。在倾听时干预实施者需要注意以下方面：一是不要操之过急，被干预者需要一定的时间来处理所见所闻并提问；二是对被干预者一开始的强烈反应要有所准备，但这些反应很可能会逐渐趋于缓和，被干预者关注的是倾听者是否在努力理解他们的感受；三是人和人的强烈悲伤情绪，会有不同表现；四是悲伤会导致人们失去希望，要让被干预者意识到：照顾好自己的重要性，以及能够获得的职业心理医生的帮助；五是每个表达悲伤情绪的方式是不一样的，他们其中一些人可能希望独处，如果足够安全，请提供给他们一些不受干扰的独处空间；六是当被干预者想讲述他伤心的事，应安静地倾听，不要觉得说得太多，也不要探究太多。

（4）帮助建立社会支持。帮助被干预者与主要社会支持人员或其他支持资源建立短暂或持续的联系，包括家人、朋友和团体等。社会支持关系到人们在灾难和恐怖事件发生之后的情绪安定和复原。社会关系较好的人更倾向于参与到为灾难后复原的支持性活动中来（包括接受和给予支持）。如果个体不能与他们的支持系统取得联系，鼓励他们尽可能地利用即时可用的社会支持资源（如自己、其他救助者、其他被干预者）。提供阅读材料（如杂志、报纸）也有一定的帮助，并与他们一起讨论这些材料。

（二）心理危机干预方案

心理危机干预方案一般包括以下方面：

1. 心理危机干预工作目标

心理危机干预工作的主要目标包括：一是积极预防、及时控制和减缓灾难的心理社会影响；二是促进灾后心理健康重建；三是维护社会稳定，促进公众心理健康。

2. 心理危机干预工作原则

（1）内外协调。心理危机干预是医疗救援工作的一个组成部分，应该与整体救灾工作结合起来，及时调整心理危机干预工作重点。

（2）有始有终。心理危机干预活动一旦进行，应该采取措施确保干预活动得到完整的开展，避免再次受到创伤。

（3）先后有序。优先抢救急重心理损伤者，对急重心理损伤者，必须坚持优先抢救的原则。此类受灾人员心理损伤程度高，如不能及时有效地进行救治，将给以后救治带来困难，进而影响整改心理救助的进程。

（4）综合处置。对有不同需要的受灾人群，应综合应用干预技术，实施分类干预，针对受助者当前的问题提供个体化帮助。严格保护受助者的个人隐私，不随便向第三者透露受助者个人信息。

（5）辩证对待。以科学的态度对待心理危机干预，明确心理危机干预是医疗救援工作中的一部分，不是“万能钥匙”。

3. 心理危机干预工作内容

心理危机干预工作主要内容主要包括三个方面：一是综合应用基本干预技术，并与宣传教育相结合，提供心理救援服务；二是了解受灾人群的社会心理状况，根据所掌握的信息，发现可能出现的紧急群体心理事件苗头，及时向救灾指挥部报告并提供解决方法；三是通过实施干预，促进形成灾后社区心理社会互助网络。

4. 心理危机干预目标人群

根据心理危机状况，可以将心理危机干预目标人群分为普通人群、重点人群。

（1）普通人群。普通人群是指经过评估没有严重应激症状的危机事件经历者。对普通人群采用心理危机管理技术，开展心理危机管理。从当时的救援，到整个事件的善后安置处理，都需要有心理危机管理的意识与措施，以便为整个救援工作提供心理保障，包括：对普通人群进行妥善安置，避免过于集中；依靠各方力量参与；利用大众媒体宣传；积极与救灾指挥部保持密切联系与沟通，协调好与各个救灾部门的关系；在合适的时机也可以应用 CISD 技术进行团体式的干预。

（2）重点人群。重点人群是指目标人群中经过评估有严重应激症状的危机经历者。对重点人群一般采用情绪稳定、放松训练、支持性治疗等技术，进行心理危机干预。在实际操作中，一般将重点人群分为现场紧急干预和紧急后送两类。

5. 心理危机干预计划制订

心理危机干预计划一般包括评估分类、现场急救、专科救治三个方面。

（1）规范评估分类。对目标人群评估分类，应由救灾指挥部统一组织实施。参加评估分类的工作人员数量，应根据心理危机干预队伍的规模和心理损伤涉及人群的数量而定。评估分类人员应具备一定的心理防治知识和经验，确保分类迅速准确。不同重点人群的分类形式，通常有现场紧急干预和紧急后送两种：现场紧急干预需要根据陷入心理危机者的心理损伤程度和救治的急缓，确定心理治疗的措施和次序，以便组织救治；紧急后送应根据心理危机者诊断、预后及下一步救治需要，确定后送的地点、次序、运输工具等，以便组织后送。

（2）快速现场急救。做好心理危机者现场紧急救治，可以极大地减少心理危机所致各类精神障碍，并为以后各级心理救治打下基础。大灾中的心理急救与各种危险伴行，任务艰巨，情况复杂，通常需要在发挥专业人员骨干作用的前提下，并广泛开展群众性的自救互救来完成。

（3）及时专科救治。对重度心理危机者实行针对性的专科救治是缩短治愈时间、提高治愈率的有效措施，也是实施指定性后送救治的重要依据。专科救治一般由后方的心理医学专业机构来实施。在大型灾难事件发生后应依据心理损伤统计，组织一定数量的精神医学专科医生或专科救治单位，建立医学心理救援机构，提高专科医生的工作效率和设备利用率，使重度心理危机者能及时得到专科救治。

6. 心理危机干预的时间表

根据目标人群范围、数量以及心理危机干预队员人数，安排工作，制定工作时间表。工作时间表应以 1 周为一个周期，以半天为时间单元；时间表的制定应充分考虑工作流程、救治缓急等因素；每天有日工作总结，每周有周工作总结。

第四章 心理健康教育中的团体辅导

第一节 团体心理辅导功能与要素

团体心理辅导，“又称团体心理咨询，是相对一对一的个体心理辅导而言的，是一种在团体情境下提供心理援助与指导的一种咨询形式，由领导者根据成员问题的相似性或成员自发组成课题小组，通过共同商讨、训练、引导，解决成员共同的发展或心理问题”①。

团体心理辅导的优越性在于将团体作为一个微型社会，为成员提供一个宽松的环境，在充满理解与支持的团体氛围中，参与者愿意尝试各种选择性的行为，探索自己与其他人相处的方式，学习有效的社会技巧；团体成员之间能讨论彼此之间的相互察觉，并获得其他成员在团体中对其察觉的反馈，使之经由别人的观点来审视自己；培养成员的信任感与归属感，从对团体的信任到信任周围的其他人，从对团体的归属感扩延到对学校、社会的认同感与归属感。团体心理辅导可用来满足各种特殊群体的需要，是当代发展最快的心理咨询和治疗的形式之一。

一、团体心理辅导的功能

“团体心理辅导之所以被广泛应用是因为它具有积极的功能，一个人要了解自己、改变自己、实现自我最有效的途径就是以团体为媒介，在团体历程中进行学习与探索。”②一般而言，团体心理辅导具有发展性、教育性、预防性以及治疗性四个功能，这些功能之间相互联系、相互渗透，在辅导过程中共同起作用。

---

① 刘勇. 团体心理辅导与训练［M］. 广州：中山大学出版社，2007：6.

② 刘视湘，朱小茼，贺双燕. 团体心理辅导实务［M］. 北京：首都师范大学出版社，2015：3.

（一）发展性功能

团体心理辅导的积极意义主要体现在它的发展性功能上，这也是咨询心理学遵循发展模式的直接体现。通过团体辅导，可以改善团体成员不成熟的偏差态度和行为，促进其智力与非智力因素的良好发展，从而培养团体成员健全的人格。尤其是学校的团体心理辅导，更可以对正常状态下的个体加以启发和引导，满足他们成长发展的需要，增进他们的自我了解与接纳，改善人际关系和人际交往技巧，以积极的态度应对问题，对自己充满信心，对未来满怀希望。

（二）教育性功能

团体心理辅导是一个借助成员之间的互动而获得自我发展的学习过程。团体心理辅导非常重视成员的主动学习、自我评估、自我改善，有利于参与者的自我教育。另外，团体心理辅导还有助于培养个体的社会性，学习社会规范、适应社会生活的态度与习惯，以及相互尊重、相互了解，促进个体德智体的全面发展。成员在团体中可以进行信息交流，相互模仿，检验现实，尝试与创造，学习人际交往技巧等，这些都具有教育的意义。

（三）预防性功能

团体心理辅导具有预防的功能，它是预防心理问题最有效的途径之一。团体心理辅导可以使成员加深对自己的了解与认识，懂得什么是适应行为，什么不是；可以提供更多的机会，使成员之间相互交流，交换意见，共同探讨今后可能会遇到的难题以及解决的办法，从而增强团体成员处理问题的能力，这可以预防或减少心理问题发生的概率。成员在团体中可以更好地了解他人、接纳他人，满足归属感和互谅互爱的需要。这些都具有预防的功能。

（四）治疗性功能

团体心理辅导还具有治疗性的功能。一般而言，治疗是减轻或消除已经表现在外的问题行为。心理治疗学家强调人类行为的社会交互作用。团体活动的情景比较接近日常生活与现实状况，以此处理情绪困扰与心理偏差行为容易收到效果。另外，在团体中，个人的问题或困扰可以借助一般化作用而勇敢面对，借助其他成员所给予的反馈与澄清来获得对自己的了解，同时也能够借助净化作用与良好的洞察力来使问题获得解决。

二、团体心理辅导的要素

（一）团体心理辅导的原则

在团体辅导的过程中，能否遵循团体心理辅导的基本原则，关系到能否有效发挥团体辅导的最大作用，以及能否完成团体辅导的既定目标，决定着辅导工作的成败。团体心理辅导的基本原则可以概括为以下方面：

第一，保密原则。无论是个体还是团体咨询与辅导，保密原则都是第一位的。尊重每一位团体成员的权利及隐私既是团体的领导者和团体成员确立信赖关系的前提，又是辅导得以顺利开展的基础。保密原则要求领导者在团体开始时向全体成员说明保密的重要，并制定保密规则，要求大家遵守，不在任何场合透露成员的个人隐私。离开团体要承诺对团体中发生的人和事不传不议，保护成员个人的隐私。如果需要研究、发表或者作为教学案例，必须征得本人同意，并隐去真实姓名，确保当事人的权益不受到损害。但也有例外，当团体成员的情况显示他或其他人确实处在危险边缘时，应采取合理措施，通知有关人员或组织，或向其他专业咨询人员求助。但从根本上讲，仍是为了保护当事人的权益。

第二，专业原则。团体心理辅导是有组织、有计划的活动，应由接受过心理学专业训练的人员负责，事先应制订周详的实施计划。团体领导者应具有丰富的能力与经验来引导团体发展。此外，对团体的过程和效果要有客观的评鉴与记录。

第三，民主原则。民主的原则有助于促使团体保持轻松的气氛而有秩序，增强团体的凝聚力。为此，团体领导者应以团体普通一员的身份，尊重每一位参加者，并参与团体活动，鼓励成员发挥自己的创见，与他人平等沟通，共同关心团体的发展。

第四，共同原则。团体是一段时间内的共同体。团体辅导是针对团体成员共有的各种问题而组织的。因此，团体辅导进展过程中始终要注意成员共同的兴趣和共同的问题，使个人与团体相互关注，保持共同的信念、共同的利益和共同的目的。

第五，启发引导原则。团体辅导的任务是助人自助。因此，在实施过程中，应本着鼓励、启发、引导的原则，尊重每个团体成员的个性特征，鼓励各抒己见，重视团体内的平等交流与各种细节反应，适时地提出问题，激发成员思考，培养成员分析与解决问题的能力。

第六，发展原则。在团体辅导过程中，领导者要从发展变化的观点看待团体成员的问题，用发展变化的观点把握团体的过程。不仅要在问题的分析和本质的把握上善于用发展的眼光做动态考察，而且在对问题的解决和咨询结果的预测上应具有发展的观点。

第七，综合原则。团体辅导的理论、方法、技术多种多样。只局限于某种理论和方法往往难以使团体辅导取得满意的效果。因此，团体的组织和领导者应该了解各种理论和方法，根据团体辅导的任务和性质，综合选取有效的技术，以达成团体辅导的目标。

（二）团体心理辅导的特征

团体心理辅导充分重视与利用人类的乐群性本质特征，应用范围广泛，是一种最经济、最有效的方法。团体心理辅导与个别心理辅导相比具有以下四个优势：①团体心理辅导的感染力强，具有广泛的影响性；②团体心理辅导效率高，省时省力；③团体心理辅导的效果容易巩固与迁移；④特别适用于人际关系适应不良的人。团体心理辅导的特征，具体表现为八个方面：第一，团体中发展信任气氛以促进彼此态度和情感的分享，能将这种信任应用到日常生活中；第二，增进自我接纳和自我尊重；第三，澄清生命的价值并探索人生哲学；第四，能容忍他人并能接受和尊重不同的个体；第五，学会解决问题和正确决策的技巧，并坦然接受这些决定的结果；第六，能敏锐地感知他人的需求；第七，增加关心他人的能力；第八，学会将团体中学习到的经验运用到自己的日常生活之中。

第二节　团体心理辅导准备与实施

一、团体心理辅导的准备工作

团体领导者带领团体辅导先要做好准备，充分的准备是成功的一半。如果没有任何准备，在带领团体辅导的过程中缺乏方向和目标，也不清楚团体会给成员带来哪些改变，就失去了带领团体辅导的意义，因此，团体心理辅导的准备工作很重要。

（一）团体心理辅导准备的流程

在团体心理辅导准备阶段有两项重要工作：一是设计团体方案。要根据成员的发展需求，设计有助于他们问题解决和行为改变的团体辅导方案，换言之，要根据成员的需要来设计团体方案。二是组织和招募成员。有方案就像有指南针和导航图，知道怎么来带领一群人，有一群人才能实施团体辅导。可以用“三个 P”来概括准备工作，每个团体领导者在带领团体辅导前都必须考虑“三个 P”（Person、Purpose、Process）。第一个 P 指团体成员。谁适合参加这个团体，他的心理发展特点和需求有哪些，在生活中面临的困扰有哪些，引发困扰的因素有哪些，他的期望有哪些。第二个 P 指团体目标。要带领这个团体的原因，想让成员在团体中发生怎样的变化，用哪些方法能促进变化发生，期望经由团体达到怎样的目标。第三个 P 指团体过程。怎样安排、设计、带领团体；团体实施的方法丰富多样，可以安排简短的讲解活动（10～15 分钟），或者播放视频、组织讨论、组织团体练习和活动等。

（二）团体心理辅导准备的任务

第一，确定团体领导者。确定团体领导者就是确定谁来带领这个团体，以及团体领导者的背景、专业训练方向、理论取向、过往经验等。确定团体领导者后，可以开始考虑团体要达成怎样的目标。

第二，拟定团体辅导目标。拟定团体辅导目标就是确定带领这个团体想达到怎样的目的，要帮助哪类人，促成哪些改变。团体辅导目标特别重要，团体领导者需要根据目标来设计团体辅导方案和确定团体成员。团体辅导目标还有评估团体效果的功能。

第三，设计团体辅导方案。团体辅导目标确定后，团体领导者需要设计团体辅导方案。“团体辅导方案设计是团体领导者必备的能力，也是团体辅导准备阶段最重要的任务。有了团体辅导方案，团体领导者才能更有方向地带领团体，促进团体成员的积极改变。”①

第四，确定团体成员。团体成员的选择必须符合团体目标，团体领导者需要确定成员人数、团体规模、怎样招募和确定成员。可以通过设计广告来招募成员，招募以后甄选；也可以在班级辅导中以班级为单位整班参加。设计广告是招募的前提，也可以用手机应用程序招募。

第五，安排团体辅导场地。在团体辅导中，不管是心理环境还是物理环境，都会影响团体动力。虽然团体动力是成员之间关系的一种呈现，但是物理环境同样重要，要特别精心地挑选和安排适合团体辅导的场地。充分考虑场地的大小、环境的整洁、隔音的程度、私密的空间、椅子的舒适、室温的高低、灯光的亮度等。一般场地要宽敞，能够活动得开，但是也不能太大，太空旷让人感到不安全，太狭窄让人感到压抑。如果是小规模的团体需要有 8～10 个围成圈的椅子，如果是超过 20 人的团体，需要更大的空间，既可以大团

① 樊富珉．团体辅导与危机心理干预［M］．北京：机械工业出版社，2021：36.

体活动，也可以分成多个小团体交流。

第六，组织团体辅导预备会。组织团体辅导预备会的目的是让准备进入团体的人理解团体辅导这种体验式、互动式、参与式的学习方法与教师讲授式的课程有哪些不同，需要怎么参与，需要做好哪些准备，以便积极投入团体辅导。一般单次的团体辅导较少安排预备会，但对于多次、连续的团体辅导，需要团体课开预备会，而不是直接进入团体辅导。

二、团体心理辅导的操作实施

（一）团体心理辅导开始阶段实施

1. 团体心理辅导开始阶段的目标

任何一个团体心理辅导都会经历从启动、过渡、成熟、结束的发展过程。在整个团体过程中，每个阶段都是连续的、相互影响的。团体心理咨询开始阶段的目标是使成员尽快相识，建立信任感；订立团体契约，建立与强化团体规范，重申保密的重要；鼓励成员投入团体，积极互动；处理焦虑及防卫或抗拒等情绪；及时讨论和处理团体中出现的问题。

2. 团体心理辅导开始阶段的话题

团体开始时，互不相识的个体一方面很想认识其他成员，另一方面会有点恐惧感、焦虑感，不知道团体可以做什么。指导者在自我介绍后可以提出一些建设性的话题，例如，“大家彼此认识吗？让我们各自找一个同伴，询问他的姓名以及他最想做什么样的人，然后把他介绍给大家认识。”“以后每周这个时间我们都会一起活动，互相帮助来处理我们共同关心的事情和困难。在这个团体中，我们可以自由畅谈我们所关心的任何事情。”

3. 团体心理辅导开始阶段的技术

（1）环境创设。良好的开始是成功的一半，团体指导者对于第一次团体活动不能掉以轻心，必须精心规划，以使后续的团体活动得以顺利开展。开始时，指导者可以将团体室布置得活泼生动些，安排一些自然、简单、容易吸引来访者的活动，以亲切愉悦的态度欢迎成员的到来。

（2）制作胸卡。为了协助成员互相认识，指导者可以事先将胸卡制作好，成员一到团体中就戴上，以方便相互认识。胸卡内容可以标示姓名，并附上有特色的图案。为了增加归属感，胸卡的图案可以让成员自己选择并涂上色彩。如团体人数较少，则不一定要戴胸卡，但一定要进行相互认识的活动，并安排一些简单有趣的人际活动，以协助成员相互认识熟悉。

（3）热身活动。在团体开始之初，为克服陌生感，增进成员之间相互了解，拉近彼此距离，可用一些热身活动，激发个人参与团体活动的热忱。例如，座位可以采取圆形方式，以产生团体动力，使每一位成员都能面对面，平等交往；可以从唱唱跳跳等游戏开始，也可以从非语言的身体运动开始，如“微笑握手”“寻找我的伙伴”等。在游戏中体会团体的作用，在活动中放下紧张、焦虑和不安的情绪，不知不觉地融入团体中。

（4）建立团体规则。为保证团体活动顺利进行，需要团体成员共同遵守一些规则。团体开始阶段，可以要求成员自己讨论团体契约，便于自觉遵守和互相提醒；也可以由指导者提出，得到成员的附议，如准时参加、集中注意力、坦诚相待、保守秘密、全身心投入等。团体的基本规则有：①保守秘密；②不可攻击他人；③不在团体心理辅导时间吃零食；④当别人发言时要注意听，不随便插话和打断；⑤准时出席，中途离开团体必须告知。

（5）团体初期的活动。团体初期的非语言活动：轻松体操、微笑握手、拍打穴位、信任之旅等。相识活动：两人组自我介绍、四人组相互介绍、六人组关注练习、八人组连环介绍、句子完成法、组歌等。

（二）团体心理辅导中间阶段实施

1. 团体心理辅导中间阶段的目标

团体心理辅导中期的目标是：增强团体凝聚力；激发成员思考；促进团体成员互动；引发团体成员讨论；通过团体合作，寻找解决对策；鼓励成员从团体中学习并获得最大收益；评估成员对团体的兴趣与投入的程度。

2. 团体心理辅导中间阶段的特征

团体中间阶段是团体心理辅导的关键阶段，尽管各类团体心理辅导依据的理论不同、目标不同、活动方式不同、实施方法各异，但成员间相互影响的过程是相同的，即成员彼此谈论自己或别人的心理问题和成长体验，争取别人的理解、支持、指导；利用团体内的人际互动反应，发现自己的缺点与弱点、存在的不足，努力加以纠正；把团体作为实验场所，练习改善自己的心理与行为，以期能扩展到现实社会生活中。

3. 团体心理辅导中间阶段的技术

（1）与个别咨询相似的团体咨询技术，包括倾听、同感、复述、反映、澄清、支持、解释、询问、面质、自我表露等。

（2）促进团体互动的技术，包括阻止、联结、运用眼神、聚焦、引话、切话、观察等。

（3）不同目的所用的各种活动。促进团体凝聚力的活动，例如，图画完成、故事完成、突围等；催化自我探索的活动，例如，我是谁、生命线、自画像等；深入价值观探索的活动，例如，火光熊熊、生存选择等；加强互动沟通的活动，例如，脑力激荡、镜中人等。

（三）团体心理辅导结束阶段实施

1. 团体心理辅导结束阶段的目标

团体心理辅导结束阶段的目标是：回顾与总结团体经验；评价成员的成长与变化，提出希望；协助成员对团体经历作出个人的评估；鼓励成员表达对团体结束的个人感受；让全体成员共同商议如何面对及处理已建立的关系；对团体咨询与治疗的效果作出评估；检查团体中未解决的问题；帮助成员把团体中的转变应用于生活中；规划团体结束后的追踪调查。

2. 团体心理辅导者要处理的问题

（1）提前宣告团体即将结束。在团体最后还有2~3项活动时，预告团体结束的时间。团体活动次数越多、持续时间越长，或团体成员凝聚力越高、成员曾有失落悲伤经验者，则宜再提早一些时间预告团体即将结束，使成员可以有充分时间做好心理准备，指导者也有足够的时间在必要时妥善处理成员的分离失落情绪。

（2）带领成员回顾团体历程。指导者可通过复习团体活动，回忆团体中的重要事件等方式，带领成员回顾团体的经验，准备加以统整。

（3）协助成员做好面对未来生活的准备。指导者可引导成员制定团体结束后个人想努力达到的具体行为目标，相互约定，彼此勉励，使团体成效得以维持并扩展。

（4）进行团体成效评估。可通过成员填答问卷、分享自己在团体中的体验和成就、展示团体中的作品或作业练习的成果、成员彼此勉励等方式，协助成员整理自己的团体经验。

（5）互相道别与祝福。让成员有机会彼此相互道谢与话别，互赠卡片，表达相互期望与祝福，使团体在温馨、积极、圆满的气氛中顺利完整地结束。成功的告别，对于有分离焦虑的人们是一项重要的学习课题。成员会珍惜这段团体经历，在丰富、完整、愉悦而非感伤、痛苦、不情愿的气氛中相互告别。圆满的结束，将有助于人们勇敢地迈向没有团体成员和指导者扶持的生活。

3. 团体心理辅导结束的常用技术

常用团体心理辅导结束的技术有结束预告、整理所得、角色扮演、修改行动计划、处理分离情绪、给予与接受反馈、追踪活动、效能评估。结束活动的方式可分为三种：回顾与总结；祝福与道别；计划与展望。常用团体心理辅导结束的形式有六种：①轮流发言：使每个成员都有机会发表意见，与大家分享自己的心得。②结对交谈：两人一组有助于成员的充分交流，轻松表达，鼓舞士气。③成员总结：由一个或多个成员总结，回顾团体过程，其他成员补充。④领导总结：团体指导者作总结，若有遗漏，成员可以补充。⑤作业分享：请成员将自己的感受、对其他成员的期望等写下来，然后分享。⑥游戏活动：可以采用化装舞会、围圈唱歌、拥抱握手、联谊会、大团圆等。

第三节　团体心理辅导的效果保障

一、团体心理辅导效果的影响因素

团体心理辅导是否能够取得成功以及能够达到怎样的效果受到多方面因素的影响，相比个体咨询而言，它是一种一对多的辅导形式，各种影响因素交织在一起，复杂程度和困难程度都远高于个体咨询，可控性也相对差些。下面我们将简单列举从不同角度看团体心理辅导效果的影响因素。

（一）团体心理辅导过程的影响因素

团体心理辅导过程的影响因素包括以下方面：

第一，前置因素。在前置因素中包括四项内容，分别是：①团体开始前的准备，这方面包含了成员甄选的方式与标准、团体开始前的教育准备工作以及团体成员的组合等；②团体成员因素，包括成员的性别、年龄、受教育状况、社会经济地位、参加动机、性格特质等；③团体指导者因素，即指导者的性别、年龄、受教育状况、社会经济地位、参加动机、人格特质、领导行为及处理技巧等；④团体处理因素，包括团体的性质、所遵循的辅导理论及辅导的焦点、团体结构等。

第二，中介因素。中介因素包括两项，分别是：①团体过程因素，包括团体成员的角色地位、言语、非言语行为、自我表露、反馈等团体内沟通形式。具有较高自我表露的成员通常会具有较高的自我概念和较多的成员吸引力，这种自我表露行为能够促进成员间自我表露的次数和深度，但不一定能影响到成员之间的亲密度。②团体发展阶段因素，包括活动主题的改变、团体成员行为的改变以及指导者行为的改变等。

第三，后效因素。后效因素是指团体效果，包括成员行为改变效果评估等。由此可见，团体辅导的过程是相当复杂的，它受到多方面因素的制约影响。

（二）团体动力变量的影响因素

影响团体动力的变量主要包括三个方面，分别是输入因素、过程因素和输出因素，并且这三方面的影响因素彼此之间也存在相互作用。①输入因素，它是指那些能帮助建构团体的因素、条件等，一般包括两部分：个人方面即成员及指导者的人格特质、使用技巧、处事态度、拥有的信息等；团体方面即团体拥有的有形资源和无形资源、团体的规模和团体的目标等。②过程因素，它是指团体动力过程中对团体产生影响的那些实际的活动，如沟通方式、团体凝聚力、工作与参与规范、团体决定程序等。③输出因素，是指团体运作的产物和达到的成果，包括书面报告、备忘录、不同类型的文件、满意度、个人生活上新技巧的获得等。

（三）团体辅导沟通的影响因素

团体辅导的过程从一定程度上来讲是团体成员之间互动的过程，也就是一个沟通的过程，因此从这个角度而言，团体辅导的效果取决于团体内成员之间的沟通状况。良好的沟通有助于形成团体成员之间合作、接纳的气氛，不良的沟通常常会产生诸多误会和冲突，进而影响团体目标的实现。影响沟通的因素主要包括：①个体的内在因素，这其中包含了个体的知觉选择性以及沟通技巧上的个别差异，即每个人在进行知觉选择的时候都有一定的偏好，而且每个人在进行沟通时所采取的方式也会千差万别；②人际因素，包括团体的气氛、成员之间是否相互信任、沟通过程中的信息是否确实可靠、信息的发出与接受者在某些方面是否相似等；③团体结构的因素，这一点与团体特征方面所提到的团体结构不同，它包括每位成员在团体中所处的地位、团体中信息的传递是否连续、信息传递是否准确、信息传递中个人的期望以及团体的规模和场地等；④技术上的因素，这方面主要是指信息传递的方式是言语传递还是非言语传递，以及信息传递的媒介和信息量是否超负荷等都会带来沟通上的障碍，从而影响团体心理辅导的效果。

（四）从团体辅导特征看影响因素

一个团体特征的决定因素可归纳为团体指导者、团体成员以及团体结构等三方面的特征，这些特征影响着团体心理辅导的效果。①一个团体能否成功，首先取决于它是否拥有一个合格的指导者，指导者的人格特质、对成员的态度、领导技术、团体工作的专业技能、经验和准备以及对活动目的的澄清等方面都对团体辅导的效果起着重要的作用；②从团体成员角度来讲，团体成员的年龄、智力水平、人格特质、求助动机、成员之间的合作水平、承诺水平、信任水平等也对团体效果产生重要影响，一般而言，求助动机越强、成员之间信任程度越高，团体辅导的效果就越好；③从团体特征角度来看，影响团体心理辅导效果的还应包括团体的结构特征，其中就包含了团体心理辅导的目的与成员的相关度、团体规模的大小、内容性质、会面时间长短及频率等。

二、团体心理辅导教师及技术保障

（一）团体心理辅导教师的能力

1. 团体心理辅导教师的角色

一般而言，团体心理辅导是在一种新型的建设性人际关系中，心理辅导教师运用其专业知识和技能，给个体以合乎其需要的协助和服务，从而帮助个体正确了解自己、认识环境，根据自身条件确立有益于个人发展和社会进步的生活目标，使其能克服成长中的障碍。最终个体在学习、工作及人际关系等各个方面，调整自己的行为，增强社会适应，作出明智的抉择，充分发挥自己的潜能。

团体心理辅导中的心理辅导教师应处理好三对角色关系：心理辅导教师必须扮演专家的角色，同时还要扮演成员的角色；心理辅导教师必须既是“局外人”，又是“局内人”；心理辅导教师既是团体中的中心人物，又要做到以个体为中心。心理辅导教师这些矛盾的角色，是由其特定的身份和在团体中的特殊作用决定的。正是由于心理辅导教师所扮演的这些矛盾的、多重的角色，使个体在团体中可以获得在其他环境中不易获得的理解、支持。但是，心理辅导教师角色的这种多样性与矛盾性，使得他们处在非常复杂的人际、心理环境中，要把握好并非易事，所以，团体心理辅导比个体咨询中对心理辅导教师有更高的要求。根据团体心理辅导过程中心理辅导教师所发挥的作用，其扮演的角色主要有以下方面：

（1）指导者的角色。团体心理辅导教师必须利用自己的知识和技巧使个体发挥自己的能力，实现其个人目标。心理辅导教师的领导职能包括活动前的动员，活动中的启发、鼓励、引导，活动结束时的总结和事后的效果追踪、反馈等。

（2）调解员的角色。在团体心理辅导中，心理辅导教师要做一个调解人，协调在心理辅导过程中出现的矛盾，如个体在沟通中产生矛盾所引发的冲突，个别个体不遵守团体规范等。

（3）教育家的角色。团体心理辅导中的心理辅导教师具有教育的职能，包括讲授新概念、理论与方法，提供新信息；以身作则，为个体作示范和提供榜样。

（4）好朋友的角色。团体心理辅导的魅力之一就是个体之间的互动，这种互动既体现了个体独特的个性，同时也在个体之间建立了一种特定意义的依赖感。而这种依赖感的产生离不开心理辅导教师在团体中的表现。心理辅导教师的耐心倾听、仔细观察、真情反馈、倾情投入以及适度的自我袒露，为个体设置了安全的环境。这样做有利于个体之间建立信任感，使得个体可以在自我防卫较低的水平上进行真实表现，较深入地进行自我探索。

2. 团体心理辅导教师的素质

（1）良好的心理素质。在团体心理辅导过程中，教师经常会面对许多难以预见的问题，如个体对心理辅导教师的排斥，个体的个人经历引起心理辅导教师的痛苦回忆等。这些问题的出现使心理辅导教师面临他的能力、他的情感的自控程度、他的价值观、他的个人修养的严重挑战。心理辅导教师必须有开放、敏感、负责、坦诚等心理素质。富有成效的团体指导者特点包括关心、坦白、灵活、温和、客观、值得信赖、诚实、强壮、耐心和敏感；此外还包括接纳自己，与他人和睦相处，喜欢他人；在权威的位置上感到舒适，对自己的指导能力有信心；对他人的情感、反应、情绪、言语产生同感的能力和良好的心理健康水平。

（2）对个体的态度：同感、尊重与真诚。团体心理辅导教师应必备的态度是对来访者无条件地积极关注、尊重、真诚。这也是团体心理辅导教师对个体必备的态度。团体心理辅导教师在团体中最基本的任务是建立良好的气氛。团体心理辅导教师要能体现出这三种基本态度，就能不断发展出一个对团体成员接纳和信任的气氛，以使团体成员可以不必自卫及隐藏自己。

尊重体现在团体心理辅导教师对组员的态度是亲切的、关心的、平等的。只有在这样的前提下，组长才能与组员建立平等、和谐、融洽的人际关系；才能引导组员之间建立安全、亲切、信任的咨询关系，让组员体验到温暖，在团体中是愉快幸福的，促进其投入。无条件地积极关注、接纳和尊重并不是团体心理辅导教师不能拥有自己的价值观。可以不接纳组员的某些行为，但是要接纳组员这个“人”。

同感是对来访者的内心世界有准确以至亲身的了解，要感受来访者的内心世界，如同感受自己一样。同感是团体心理辅导教师要站在组员的立场上去理解他的感受，倾听他的声音，理解他的思想，并能表达自己与组员相同的喜怒哀乐。有时甚至要比组员的体验更为深刻。只有这样，才能使组员产生信赖，才能使之逐步消除心理防卫，最终敞开心扉，融入团体之中。实践证明，团体心理辅导教师“同感”程度的深浅，是影响组员能否达到投入的重要因素。

真诚是指团体心理辅导教师清楚知道自己的价值观和信念，所以在咨询过程中是心口一致、言行一致的，咨询的取向不会与自己的价值和信念相违背。真诚表现的行为是非防卫性的，自发一致的行为，不局限于角色，能够与组员分享自我。作为指导咨询的团体心理辅导教师，他是一个人，一个有自己独特个性和价值观的人。尽管团体心理辅导教师要避免将他们的价值观强加给团体成员，但当隐瞒这些会使成员出问题时，团体心理辅导教师表明自己的信仰、决定、需要和价值观是恰当的。同感、尊重、真诚是团体心理辅导教师对组员的根本态度，是一种对“人性”的价值观，也是一个团体心理辅导教师必备的个人修养和职业修养。

（二）团体心理辅导的技术保障

指导者为了达成团体目标，发展团体动力，促进成员互助，提升学习效率，适时地采取某些方法、态度、策略或手段，都可以视为是“技巧”的运用，或称为“技术”。在团体心理辅导活动进行的过程中，心理健康辅导教师起着非常重要的作用，他们不仅需要保证活动的顺利进行，还需要随时关注每个个体的情况，应对可能出现的突发事件。在开展团体心理辅导活动时，心理健康辅导教师需要掌握一定的技巧来保证活动的顺利进行。团体领导技巧可以分为反应技巧（积极倾听、同理心、澄清、摘要）、交互作用技巧（支持、解说、联结、折中、阻止、设限、保护、归纳）和行动技巧（发问、探测、调律、自我表露、示范、面质、建议）。开展团体心理辅导活动时，为了保障心理辅导有良好的效果，心理辅导教师常用的技术技巧主要包括以下方面：

第一，同理心技巧。心理辅导教师站在成员的立场去体会说话成员的感觉、需求、经验和想法等，不加入任何主观的见解，可用假设性口吻响应，从而获得共鸣性的了解并回应成员，以建立信任的、关怀的团体互动关系。

第二，积极倾听技巧。通过心理辅导教师生理、心理的专注与倾听，不涉及评价、判断，注意成员的一切反应，从而掌握成员表达的口语与非口语行为，如眼神、表情、动作等的真正内容。从而培养关注信任的气氛，充分尊重并让成员有宣泄的机会，鼓励自我开放，自我探索。

第三，支持技巧。当成员表达意见、团体动力出现正向或负向发展时，指导者应适时给予支持，特别是成员分享个人内在深层次感受与痛苦经验时。指导者的支持不是形式化的外交辞令，而是辅以非口语专注行为及人性化的尊重，从而激励来访者，增强自信，创造和谐的团体氛围，凝聚成员的向心力，并产生学习迁移和人际示范的作用。

第四，摘要技巧。指导者将成员的反应或活动的内容，提纲挈领地整理并反映到团体内，使成员能获得学习和促进，避免团体过程陷入零碎分散的现象，有利于团体方向的引导。

第五，发问技巧。指导者使用开放式语句有意探询成员的感受、经验与行为，以引导成员对于自己行为的内涵与成因作自我探索。

第六，开启技巧。团体进行之初或团体动力停滞时，领导者随后以口语、非口语行为及活动等形式带领团体成员进入互动交流的情境中，从而提高成员的参与感，提高团体过程的效率。例如，在团体成员刚结束期中考试时，每人都感到非常疲惫，有些人精神不济，有些人意犹未尽。

第七，反馈技巧。指导者通过对成员行为的观察和了解，应适时地表达具体与必要的反应，也要避免过度介入或中断成员的分享。其目的是增加来访者的自我觉察，协助所有成员的自我开放，展现“社会—我”的互动动力。

第八，非言语技巧。指导者运用眼神、表情、距离、动作及姿态等非言语行为显示对成员的暗示和关怀，加强成员的示范性学习和自我开放。但运用时要慎重，不宜滥用、误用，必须考虑性别、场合、适用时机。避免专注少数人，形成团体的派系或成员产生特殊心态。

第九，保护技巧。指导者有责任营造安全的团体气氛，随时觉察团体中的各项危机，采取必要的安全性反应，使成员免于不必要的身心伤害、批评或攻击。当然，保护也不应过度，以免影响团体互动和减少来访者独立性成长的契机。

第十，自我表露技巧。指导者选择适当的时机进行自我表露，建设性地让成员分享个人类似的经验、感受与看法。自我表露的内容应与来访者或讨论的主题有关，避免文不对题、反客为主，甚至情绪失控而挫伤团体动力。

第十一，整合技巧。每次团体结束前、团体讨论告一段落或整个团体结束前，指导者应协助成员整理学习心得。整合时要兼顾意见整合与情感融合；同时结合团体内情境与团体外环境的学习迁移，并给予成员信心，创造一种自信的气氛，以协助成员成长、适应和发展。

上述技巧本质上并非完全分离独立，有时还有重叠之处，难以区分。对于团体领导技巧的学习与运用，心理辅导教师应重点思考：这些技巧对团体活动发展的影响有哪些；对个体成长的影响有哪些；领导的目的有哪些；技巧呈现的意义有哪些；技巧的适用时机有哪些等问题。而由于每个教师的人格特质的独特性，对于各种技巧的运用也不尽相同。技巧的使用应有一定的弹性。心理辅导教师在使用技巧时，应多思考技巧本身的意义，才能确保个体的利益，符合专业伦理的要求。

三、团体心理辅导开展的多元方式

每一项团体心理辅导活动都有它想要达成的目标，都希望可以通过活动让个体实现心灵的成长。可是常用的教育方式常无法激起个体的兴趣，个体的参与热情不高，他们就很难投入，从而无法达到心灵成长的目标。团体咨询的领域中常使用许多活动形式，这些活动的主要类型可以分为游戏（包括运动、行动、纸笔、纸牌、棋盘和社会技巧）、手工艺、绘画、心理剧、模拟教室的活动、摄影和旅游。开展团体心理辅导常用的方式有以下两类：

（一）开展心理游戏

游戏是个体普遍喜欢的活动，有益的游戏能给他们以快乐并从中受到教育。游戏能尊重参与者人格的尊严，能宽容参与者真情的流露，能满足参与者施展自我的需要，它具有欢乐性、自主性、创造性、契约性和互动性等特征。游戏法可应用在心理健康教育很多内容中，如协助交往的游戏、增强团队凝聚力的游戏、促进学习效果的游戏、增强耐挫力的游戏、增强自我意识的游戏等。

心理游戏是依据人心理发生、发展的规律，设定一系列游戏并进行筛选、分类、归纳、创新，使之系统化、逻辑化、形象化，达到改进不良心理状态，塑造健全人格，使人健康发展的一系列游戏。心理游戏由于其趣味性强、灵活性高、个性化突出、形象化逼真等特征，起到了辅助和弥补团体心理咨询中不足的作用，在解决咨询者的问题时，发挥画龙点睛的作用。

1．心理游戏的分类

心理游戏促使某些行为出现的机会增加，如轮流、遵守规则和学习如何失败和如何获胜。大部分的心理游戏是有高度规则的，但用规则来控制比用团体指导者来控制更好。游戏形式的运用对分裂和顽抗的青少年特别有用。虽然他们很少在开始参加团体时就很有兴趣，但他们后来都希望能扩展到刺激的游戏中。游戏是为儿童提供学习和参与活动结果的机会，而不是挫伤他们，在游戏中犯错和疏忽的暴露是可以接受和宽容的。游戏通常激起笑声和玩笑，来降低焦虑情境的产生。团体游戏可以分为以下六类：

（1）竞赛游戏，这类游戏比较类似于体育运动，如篮球和足球等。在游戏过程中，既有个体之间的合作，也有对抗的存在。这类游戏往往需要使用一定的道具。

（2）团体行动的游戏，如躲避球、大风吹等。这些活动所需的空间较小，规则较少，几乎不需要特别的设备。

（3）纸笔游戏，如填井字等。这些都可以在一张纸和一支笔的范围内运行，它们几乎身体不用活动。

（4）牌类游戏。牌类游戏和纸笔游戏一样，只是纸牌替代纸和笔。牌类游戏和纸笔游戏都可以扩充规则的层次，上述举例中，有时在团体中用低层次能力和高概率酬赏的游戏，二者配合，可以在短期内增加团体心理辅导的效果。

（5）合作游戏。合作游戏的酬赏不是来自赢得某人付出失败的代价。虽然多数的游戏，本质上是竞争的，若少数规则改变了，则会变成合作性游戏。例如，合作游戏中的吹大气球是必须设法让气球在空中越久越好，或拉出和平是指用一条晾衣绳在地上作出目标物的字母排列。

（6）棋盘游戏。棋盘游戏类似于中国象棋、大富翁。这些游戏需要一块板子和其他物品。从某方面而言，它们很像纸笔游戏和牌类游戏，但它们无法在预定的时间内结束，这种游戏是需要兴趣，有时还需社会创造性活动来整合社会技巧训练。

2．心理游戏的作用

心理游戏是一种适合在个体团体辅导中使用的活动方式，具体有以下作用：

（1）心理游戏打破单一交谈咨询的模式，利用游戏的趣味性特征吸引咨询者，使咨询者破除戒备心理和隐瞒心理，起到先入为主的作用。

（2）心理游戏调动全身器官参与活动，使咨询者寻找情感发泄点，释放出不良的心理情绪，缓解了咨询者的心理压力，放松了身心。

（3）心理游戏创造愉悦的环境气氛，调节双方对立紧张的局面。

（4）心理游戏使主客双方均以平等的身份参与活动，拉近了双方的距离，加深了了解，加快沟通，便于建立一种相互信任的友谊关系。

（5）心理游戏使问题易显现出来，并使问题向更宽、更广、更深的领域发展，起到由外及内、由表及里的作用。

（6）心理游戏利用游戏有形化无形的优势，使被咨询者易于灵活选择、灵活处理，设定一个相对恰当的解决方案，为咨询者排除一定的心理障碍。

3. 心理游戏的实施

心理游戏的实施一般可分为选择游戏、学习规则、观察行为、分享讨论四个步骤。心理游戏对个体的发展具有身体、智慧、交往、道德、治疗等方面的价值。心理游戏实施的过程如下：

（1）心理辅导教师应选择合适的心理游戏。心理辅导教师应结合心理辅导的目标、个体的年龄阶段和个体人数等条件选择合适的心理游戏。或是心理辅导教师在已有心理游戏的基础上进行一定的调整。

（2）心理辅导教师应该熟悉心理游戏的规则。心理辅导教师不仅应在心中默记游戏的规则，还需要在心中操作一遍心理游戏，对游戏中可能出现的问题和意外有提前的准备。对于一些存在危险性的游戏，心理辅导教师一定要做好安全措施。

（3）心理辅导教师应注意观察个体在心理游戏中的行为表现。心理辅导教师在个体进行心理游戏的过程中，应关注个体的行为表现。对于个体在游戏中表现出来的良好的合作品质、良好的策略等闪光点，教师可以在最后分享讨论的过程中予以积极的反馈。

（4）心理游戏实施的最后一步是分享与讨论。在这个过程中，心理辅导教师可以引导个体讨论在游戏过程中的收获和感悟。借此机会，心理辅导教师可以将在心理游戏过程中的观察反馈给个体，在肯定和鼓励个体的过程中，将心理游戏中包含的心理健康教育的内容传授给个体，让个体能够得到更深刻的体会和收获。

（二）开展心理剧

心理剧是一种心理治疗方法，心理剧主要应用在团体治疗中，随着不断地修正，在家庭治疗与个体治疗领域也开始应用。治疗师邀请个案通过角色扮演的方式展现个案问题的各个方面，然后应用心理剧的技巧帮个案解决问题。如果在团体背景中，其他的团体成员可能会被邀请扮演情景中的其他人，演出之后会有一个分享和讨论的过程。为了了解个案生活中的问题，心理剧可以澄清团体中人际关系的动力。过去、现在、未来的生活事件经由演出来探索个案问题的各个方面。对心理治疗而言，心理剧可以澄清困惑，帮助个案发现新的可能性，增强创造性的适应能力，或者整合以前自己未接受的情感态度的情节。传统的心理剧，是在团体的背景中通过演出探索、扩展的过程，是训练有素的治疗师优雅、复杂地处理问题的过程。心理剧在以下方面作出了巨大的贡献：创造性思维、自发性、社会剧、演出、想象、抒发、自我表达、经验的学习以及深入洞察和治愈的行动力。

1. 心理剧的主要作用

在心理剧中非常注重当事者的主观体验，这种重视经验的治疗取向，充满了人本主义和存在主义的精神色彩，因而主观经验的重要性势必成为这种治疗的中心。心理剧所呈现的世界是主角知觉到的内在与外在的经验世界。虽然主观的世界与客观的世界有一定的差距，但对主角而言这就是他所体验到的世界。人是经验的主体，当这个主体通过外在客观世界收到讯息，透过他的眼睛、耳朵或者皮肤进入他的意识范畴里，这些客观的讯息就成了主观的了。心理剧是一个内心剧，它解决的并不是客观的事实，而是探视一个人内在的主观世界里的事实，了解是什么困难在阻碍个体的成长、幸福和快乐。

心理剧以戏剧的形式进行工作。戏剧是有力的，并且有时还作为主要的动力起以下的作用：①提供一些距离和自我保护；②改变心态；③在投入地演出和消极地反应、主观和客观、理想和实用、自发性和思考性之间起到中介作用；④特别是借着想象，戏剧可以引导我们对复杂的感受、隐秘的情绪和精神层面等复杂的境界有更深入的了解。因此，运用心理剧技术是在个体发展中使想象力发挥作用的一种主要方法。

从角色理论看，心理治疗和教育重点强调的是训练个体处于各种角色下的平衡和完成能力。心理剧的使用方法则是要求我们能有效地学习扮演各种角色，而不只是谈论而已。心理剧可在多方面提高个体的心理健康水平，是心理健康教育的一味良方，它的表演过程更具有良好的作用。

（1）帮助个体发现问题、解决问题的作用。心理剧可以帮助个体了解心理过程中的内心冲突与外在表现，为解决心理问题提供切实有效的途径。当个体的问题难以用语言表述时，可以通过心理剧表演，让个体的喜怒哀乐不由自主地流露出来，使他冲破现实生活中的种种束缚，看到问题的症结和解决问题的方式，挖掘出深层的情感，清晰地认识自己，从而在选择解决问题的方法时更具创造性。这种以戏剧表演的方式，引导个体深入探索自己的行为以及其行为对他人的影响，要比说明、描述的方式更形象、更生动，更具效力。

（2）促使个体体验角色、疏导情绪的作用。在心理剧中，个体往往根据自己的喜好或指导者的安排扮演一定的角色。这种角色扮演使他们能够更好地理解他人的处境，体验他人在各种不同情境下的内心情感，增强自身对人际关系的理解，改善僵化的自我中心特点。在演出过程中，鼓励个体扮演多种和多重的角色，通过角色间的灵活转换和不同角色的扮演扩充角色的经纬度。这种角色互换有助于加深个体对自己当时行为的反省，更有助于个体体验他人的情感，从而融洽与他人之间的关系。扮演者可以体验角色愉悦的情绪，也可以将扮演者内心的不满和积压的情绪通过所扮演的角色这一不算真实却很安全的情境表露出来，将平时郁积在心中的消极情绪、难以表达的想法宣泄出来，以获得情绪的疏解。在这一过程中其他人的语言行为对自己而言是一面镜子，在镜子中能映出自己的影子，使自我获得洞察力；同时，每个人又可以从其他成员处得到自己语言、行为的反馈信息，使个体学会从别人的角度来看待问题，促进角色的相互理解，缓解人际交往中的紧张、焦虑、冲突以及对立的情绪。

（3）帮助个体塑造行为、改变心理结构的作用。心理剧的背景一般是具体的矛盾情境，这就使个体在整个扮演过程中拥有许多直接学习的机会，它可以成为指导者帮助个体改变行为、塑造行为的有效手段。如有的个体特别害怕在众人面前讲话，指导者可以把这些个体聚集在一起，让他们与健谈的人一起表演心理剧，并设计一些特定的场面，对他们不敢大声说话、神情紧张等行为进行纠正，直到他们能理直气壮地大胆表达自己的感情为止。不仅如此，心理学家在研究中还发现，较长时间的角色扮演经验还可以改变人们的心理结构。由于扮演中真实、直接的情感体验的支持，所扮演的角色的某些特征最终能被内化在扮演者的心理结构当中，从而使扮演者的个性发生实质变化。因此，一个经常扮演优秀角色的个体在生活中也常常会以优秀个体自居。指导者可以据此让一些个体经常扮演个体所期望的角色，以促进他们心理的变化。

（4）引导个体探索现实社会、完善自我的作用。心理剧可以帮助当事人扮演自己希望充当的角色，从而获得直接的体验和心理成长。它的演出过程为促进个体对社会的了解，养成关心他人、友爱亲朋、理解尊重别人等积极的情感和良好的行为习惯，为提高个体解决问题、处理问题的能力和方法，提供了一个生动的舞台，从而影响个体行为的改变，促进个体心智的成长，走健康自我之路。

2. 心理剧的基本要素

心理剧的演出是借助团体心理动力的发展变化来推进的。一个以心理剧方式进行的治疗或成长团体，起码要具有以下基本要素：

（1）主角。主角即主要演员，是他的生活情景正在被探索的人。在团体中，某种意义上，每一个人都有可能成为戏剧演出的主角，对于主角来讲，莫雷诺认为每个人都是天才演员，具有自发的表演才能与演技，他只要有意愿把自己成长中的困惑在心理剧中表达出来，并对导演和团队其他成员有着极大的信任感，有勇气面对自己的问题。在导演的引导下，在团体成员的协助中，演绎自己的故事，就能在此过程中学习与成长，获得新的行为模式和自我完善。在一个治疗团体中，导演或治疗师将会承担协助主角的角色来探索转变的动力以及如何处理挑战。

（2）导演。导演促进心理剧的演出，指导主角哪些时候在哪部分发生改变或尝试新的角色，带进支持性的辅角，促进过程的发展。尽管是指导性的，但一个好的导演很明显是以人为中心的，为当时的主角服务而不是把自己的假设和架构强加到来访者身上。在有些团体中，非正规的团体成员作为心理剧的导演，而治疗师参与其中主要作为观察者。导演和当事人的主要治疗师为了提供一个适宜的治疗经验会讨论这些活动。作为导演，他在心理剧中应发挥的作用是：①观察与评估。在心理剧中，导演时常既要保持客观的观察态度，还要评估主角的人格特质与心理状态，能够营造足够的凝聚力及可以一起工作的团体氛围，并通过社会计量学来评估团体动力、团体互动模式。②拟定治疗目标。导演主要根据主角的叙述，在演出过程中决定用什么样的心理剧技巧达到怎样的治疗目标。③保护主角。心理剧的主角在团体中坦露自己成长历程中的痛苦与隐私时，导演需要让主角得到更多的正面信息，以减少对主角的伤害。在剧场中，导演有责任不容许有批评与不原谅的声音出现。

（3）辅角。辅角这个术语指支持性的演出者，他担任演出过程中其他人需要的角色。辅角可以代表一个家庭成员、朋友、主管，或一些其他人，但他也会表现一些和主角自己的思想相异的部分，如内在自愿的小孩等。如果辅角不能恰如其分地表达角色的意义，导演会检讨并纠正表演。辅角有时候会带来只觉得洞察性的意义而这些很可能是导演也没有想到的。这也正支持了莫雷诺的想法即团体治疗中的每一个人都会是治疗他人的工具。

辅角可以有触摸和身体上的接触，可能会激发复杂的感情。方式可能是拉一拉衣袖，摇一摇手臂，或者把手搭在肩膀上。辅角扮演场景中的其他形象，因此很可能会出现一个舞台上同时多个人的情况。作为重要角色的辅角也会变成主角移情的焦点，而不是被导演或团体中的其他成员全程导演。在大部分团体情景中，其他团体成员是可能被邀请扮演角色的。

（4）观众。观众一般是治疗团体本身，心理剧不是为了众多观众的娱乐来演出的过程。主角对被见证场景的觉察会带来强烈的现实感。越多的人关注当事人的表达行为，他们越不可能隐藏在习惯防御机制背后。观众也是辅角的来源，当主角的暖身活动开始后，导演会问："在这个场景中，谁和你在一起。"如果主角我们叫他小黄，谈论到他的家庭，他会回答："我的父亲。"导演会说："挑选某人出来做你的父亲。"主角环顾四周，凭直觉挑选小韩。其他的团体成员也可能走上舞台，扮演小黄的母亲、姐妹以及其他角色。

团体得到反馈是比较容易的，因此当治疗师问"你如何看待刚才的互动"时，这样的问题会激发更有影响力的反应。导演可以领导团体成员进行简短的演出，他们体会主角的角色并表达出如何处理与团体中的其他人的关系。小黄可能会重新回到他的角色重演事件，用到观众提供给他的建议。

（5）舞台。经典的心理剧，有时有真实的可以上升大约直径 12 英尺（30.48 厘米）的圆形舞台，但是大多数心理剧只是简单地设计一个特殊的地方来演出。可以用椅子围出一个圆圈做舞台。在舞台上，行为就是探索。为了防止暂时的不信任发生，以及促进想象力的发展，导演应强调：舞台就是主角的现实世界并会得到尊重。

3. 心理剧的治疗阶段

即使心理剧是一种简单、快捷、有效的干预方式，治疗师也应该觉察到心理剧过程当中隐含的三个阶段：暖身、演出、分享。

（1）暖身阶段。暖身阶段是心理剧的第一个阶段，暖身阶段包括使全体成员都参与的一系列活动。暖身可能只是导演简短的解释，或者是他离开座位并开始在房间走动，或者是一些肢体的运动与放松活动。

（2）演出阶段。演出阶段是心理剧的第二个阶段，就像国际象棋的中间部分，变幻莫测。根据来访者的需要选择需要用的技巧。心理剧也是一个以人为中心的过程，依据团体的历程、来访者的能力以及各方面的准备而随时进行调整。在经典的心理剧中，过程的发展跟随情绪强度的波动。增加暖身活动，演出达到高潮，通过修通洞察而镇静，接着进入分享阶段。然而在分享之前，导演应该确保主角和辅角都去角色化。扮演母亲、雇主、替身（主角的内在自我角色），甚至是一个想象的角色，导演都要帮助他们明确地去掉角色并成为团体中的他们自己。一些导演会让人们这样说"我不是你的妹妹，我的真实姓名叫苏明"。

（3）分享阶段。分享阶段是心理剧的第三个阶段，在主角冒险探索之后，要尊重这个不平常的自我揭露过程，导演邀请大家简单地陈述表演意味着什么，不去分析，不去批判，只是用团体中他人包括辅角的生活视角来看。

4. 心理剧的常用技术

心理剧作为一种团体心理治疗法，有着特殊的表演技术。恰当地运用这些技术，可以帮助个体理解和克服自我面临的心理问题，提高个体的心理健康水平。运用心理剧时常用的技术如下：

（1）角色扮演。角色扮演是个体在特定舞台气氛下的即兴表演，它能使个体过去被压抑到潜意识中的情感体验重新回到意识领域，并通过行为再现出来，从而使个体对已经发生的事件或将要发生的事件的焦虑和恐惧得到控制或缓解。

（2）角色互换。角色互换是指主角改扮成与其有联系的其他角色，例如，教师改扮成个体或者相反。一般而言，当主角尝试与自己存在冲突的那个人达成协议并有所收获时，心理辅导教师可以建议用角色互换的方法。通过角色互换，个体可以转换立场，整合、消化和超越现有的情景，对歪曲的信念、消极的行为进行重新的解释和修正。

（3）替身。站在主角的身后，模仿主角的言语行为，或替主角说话，并把主角的思想活动和情绪体验，甚至是潜意识中的内容都表达出来，这个配角就是替身。替身是主角的重现，他辅助主角进行自我心理过程的探索，引导主角表达出自己的思想和感受。替身辅助主角，并充当心理辅导教师与主角之间的联络人。

（4）多重替身。多重替身是指由多名配角分别扮演主角人格的不同侧面的人。当主角有多重矛盾的心理感受时，多重替身技术可以被有效地运用。在校园心理剧中，多重替身可以展现主角的多个侧面，可以帮助个体更加全面和深刻地认识自我。

（5）独白。独白是主角直接面对观众表达即时的，甚至是未觉察的感受和思想。有时，心理辅导教师会要求主角在扮演自己之后自言自语，这种做法不仅可以使主角总结概括自己的思想，表达自己的情感，更密切地检验自己的情感，而且还可以帮助其他成员更深层次地探索自我情感，因此，独白对参演个体和观众都大有益处。

（6）镜像。镜像这一技巧要求配角与主角相似（至少主角认为相似），好像主角面对镜子看自己一样，因此，这一技术叫作镜像。配角夸张性地模仿主角的某些行为，然后让主角对这些行为进行评论。

（7）录像。心理辅导教师录制校园心理剧的全过程，等表演结束以后，再组织剧组个体观看录像，并鼓励他们一边观看一边讨论，当他们通过屏幕看到自己的行为时，会产生与镜像技术所不同的体验。

（8）未来投射。主角可以把自己对未来的期望融入表演，例如，表演自己未来成为怎样的人，表演自己未来上怎样的大学或从事着怎样的职业，表演自己未来的家庭生活等。

这些技术都对扮演主角的个体积极地面向未来提供了动力。

（9）家庭心理剧。请个体的亲属参演，如爸爸、妈妈、爷爷、奶奶等。家庭成员也可扩大，甚至包括对这个家庭有特殊影响的人物等。

第五章　心理健康的疏导与心理治疗

第一节　心理健康疏导的疗法与开展

一、心理健康疏导疗法的体系

（一）心理疏导疗法的本质

心理疏导的含义是疏导者按照人们心理活动规律，对人的心理问题通过疏导的方式，协助人们解决心理问题，改善认知，建立合理的情绪以及生活方式的一种方法。心理疏导疗法是医生在与患者诊疗交往过程中产生良性影响，对患者阻塞的病理心理状态进行疏通引导，使之畅通无阻，从而达到治疗和预防疾病，促进心身健康的目的的一种治疗方法。

心理疏导疗法的基本工具是语言，针对患者不同的病症和病情阶段，以准确、鲜明、生动、灵活、亲切、适当、合理的语言分析疾病产生的根源和形成的过程，疾病的本质和特点，教以战胜疾病的武器和方法，激励鼓舞患者增强同疾病作斗争的勇气和信心，充分调动患者治疗的能动性，逐步培养激发患者自我领悟、自我认识和自我矫正的能力，促进患者自身心理病理的转化，减轻、缓解、消除症状，并帮助患者们认清疾病的运动规律，改造性格缺陷，提高主动应对心理应激反应的能力，巩固疗效。

“随着经济社会的发展，日益多元化的社会利益诉求，无疑加大了社会成员巨大的心理压力”①，所谓“疏导”，即“疏通”与“引导”。“疏通”是指医患之间广开信息交流之路，通过信息收集与信息反馈，有序地把患者心理阻塞的症结、心灵深处的隐情等充分表达出来。实现从不愿合作到愿意合作，从不愿接受治疗到主动迫切要求治疗，从消极情

① 张清娥. 社会治理中的心理疏导问题探析［J］. 求实，2015（5）：32.

绪到积极情绪，从逃避现实到面对现实的心理转化过程。“引导”即在系统了解的基础上，抓住主线，循循善诱，提高患者的认识，把各种不正确的认识及病理心理引向科学、正确、健康的轨道，这也是病理心理到生理心理的转化过程。“疏通”与“引导”是辩证统一的关系。“疏通”是为了正确地引导，它是引导的前提。如果疏通不好，不能广开信息交流之路，就无从正确地加以引导。“引导”是“疏通”的目标，是疏通的继续。不引导只疏通就会停滞不前，只有疏通与引导达到统一，才能使治疗沿着正确、健康的方向发展。

人不是一般的生命体，而是有着高度发达的心理系统并在其统一指挥下精密协调的有机体。人体的各个部分是互相联系、互相影响、互相制约的。人和自然界的关系十分密切。更重要的是人具有社会性，就其本质而言，人是一切社会关系的总和。人与人之间的关系极为复杂微妙。而人、自然界、人类社会以及它们之间的相互关系又处在不断的运动、变化、发展之中，所有这一切反映在人的心理上必然呈现出难以名状的复杂情况。因此，心理疏导疗法要求用联系的、发展的、全面的观点分析和解决问题，反对形而上学，反对简单化地对待人类的心理问题，认为必须采取十分审慎的态度，进行周密的调查研究，考虑各方面的因素，在治疗过程中贯穿辩证法的思想。

心理疏导疗法在临床诊疗过程中，强调在整个诊疗过程中都要尽可能充分调动患者的治疗能动性，树立自信心，引导其自己解决自己的问题。心理障碍和心身疾病患者情况复杂，个体差异大，主张采用因人而异的方法。由于心理—社会因素众多，病状繁杂，患者及家属的陈述有时又使人不得要领，因此心理疏导疗法要求经过认真的调查和分析，抓住主要的矛盾和矛盾的主要方面加以疏导，使之迎刃而解。

心理疏导疗法严忌信息失真，必须竭尽全力，采取各种方法，调动各种积极因素，用以准确了解患者的病因、病情和特点，然后对症治疗。心理疏导疗法要求医生不论对何种疾病患者都应强调一个“爱”字，对患者们要满腔热情、体贴入微、关心备至，要千方百计地把患者们从痛苦中解脱出来，让患者们幸福地生活。

（二）心理疏导疗法的特点

心理疏导疗法与其患者心理疗法相比，它的特点是综合性强，适应性广，以自我认识为主，实与虚密切结合。其具体特点如下：

第一，心理疏导是多学科的交叉。心理疏导具有严格的科学性和很强的逻辑性。心理疏导疗法理论走的是“综合科学”的道路，以系统方法论的观点，把临床医学、基础医学、心理学、社会学、教育学、人文学、行为科学、伦理学等许多当代社会科学的理论、方法，引入心理疏导疗法领域，丰富和发展了心理疏导疗法的理论与实践。

第二，适应性广。心理疏导疗法是从临床实践中总结出来的，因此，它的应用性强，适应性广，改变了一般心理治疗中的教条、单调、被动的状况。它的主导思想是以“治病救人”为目标，着眼“完善自我”“提高素质”“虚实同步”“发展潜能”，实质上就是提高心理素质，保障心身健康，将心理疏导工作融入“治病救人”这一总目标之中。

第三，强调患者的自我认识、自我完善、自我保护。心理疏导要求患者能够正确地认识自己、剖析自己的心理素质，揭示心理疾病的形成规律，消除心理疾病与心理治疗的神秘性，不断促进自我性格改造，保障身心健康。

第四，信息的转换、学科的交叉与知识综合运用的功能。医生和患者一起商讨疏导中的信息交流问题，目的是双方均承担义务，以保证疏导质量。要鼓励患者积极配合，发挥其主观能动性，学会自己动手解决问题。根据患者的特征和事件，重点解决其心理逆流，必要时，动员其家庭和社会给予支持。

第五，治疗目标是长期的，是持续不断的“实践—认识—再实践—再认识”的循环过程。

第六，以最少的信息，实现最优的控制，达到最佳的效果，即疗程短、疗效好、效果巩固。

第七，疏导过程是提高认识水平、技能，更新、补充、完善自我的过程。

（三）心理疏导疗法的内容

心理疏导的主体以揭示人们的心理实质，实现心理转化为轴心，形成有利于启迪人们的智能，净化心理，促进心身健康，达到治病育人的目的，使之有利于性格的改造及人生价值的实现。心理疏导疗法的主要内容如下：

第一，向患者提供有关知识，如提高心理素质，以更好地适应社会环境，保障心身健康，以及提高患者的防御机能等。

第二，帮助患者认识心理治疗，使其在治疗中与医生积极合作。提供翔实的信息，方便医生作出及时、确切的判断。

第三，帮助患者及家属正确处理有关心理障碍的一系列问题。

第四，帮助解决由于遗传疾病而造成的后果，并妥善处理一系列由此而引发的实际问题。

（四）心理疏导疗法的理论

心理疏导疗法的理论是根据辨证施治的原则，以中国传统文化和古代心理疏导的思想和方法为主导，在控制论、信息论、系统论等理论基础上形成的。心理疏导疗法的理论基础内容如下：

第一，以辨证施治为原则。心理疏导疗法是经过多年的学习研究、社会调查和临床实践逐步形成起来的一种心理疗法。它吸收了国内外现代医学和心理、社会、教育、文史、哲学以及其患者有价值的、先进的学术思想的丰富营养，使之在临床应用中更加卓有成效。心理疏导疗法坚持实事求是，从个案的实际出发，详细地占有资料，具体地进行分析，反映历史的真实，通过临床实践，不断地总结上升为理论，反过来再运用于临床治疗，使之接受实践的检验，不断地完善理论，使理论和实践密切地结合起来，逐步分析和解决临床实践中的新问题。心理疏导疗法断然否定心理疾病等不可知、不可治的唯心的无所作为的观点。心理疾病等与世上一切事物一样都是可以认识的，因而是可以治愈的。问题是要努力创造条件，不断有所前进，使之对各类疾病的治疗方法逐步臻于完善。

第二，以中国传统文化和古代心理疏导的思想与方法为主导。如“清静”“无为”“抱一”“守中”等，我国古代思想家、医学家在心理治疗方面作出了了不起的成就，非常强调在诊疗过程中把医患双方的精神状态作为整个医疗工作的一部分，并认为任何诊疗工作都应与心理治疗相结合，特别强调耐心说服、解释，争取患者的合作与信任等。同时，吸取国内外现代心理治疗的先进技术和经验，使之与心理疏导疗法融为一体，重视“古为今用”“洋为中用”，目的是建立适合我国国情的崭新的心理治疗方法。

第三，以控制论、信息论、系统论为基础。控制论、信息论、系统论是心理疏导治疗系统的“三位一体”的支柱。心理疏导治疗系统在理论上可以归纳出一个信息和控制科学的模型。它从整体出发，始终着眼于心理与躯体、机体与环境、整体与部分等之间的相互作用。它植根于当代自然与社会科学的沃土之中，吸取多种学科的先进理论和方法，进行本系统的设计、实验、研究、创造、应用、检验等，使之获得强大的生命力，形成一个综合工程。心理疏导系统主要由医生、信息和患者三个要素构成，以社会信息——语言作为治疗的基本工具，其治疗控制原则主要是信息的转换和反馈原理。整个治疗过程就是通过语言等信息的传递，达到改善患者心理状态的过程。在制定治疗准则的条件下，依靠疏导治疗反馈的作用，可以实现最优的控制，取得最大的效果。

二、心理健康疏导疗法的开展

（一）心理疏导疗法开展的一般程序

1. 进行正确的诊断

正确的诊断是治疗成功的基础和前提。正确的诊断绝非易事，它需要正确的方法，它来源于广泛、深入、严密的调查研究。医生和患者第一次接触就要耐心倾听患者的诉说及家属的介绍，细心观察患者的表情、动作。有的患者由于种种原因不愿暴露自己的隐私，这给诊断带来极大的障碍。医生必须使用各种正确手段启发患者敞开胸怀，明确告诉患者，如果患者不把自己的一切告诉医生，患者的病就不可能得到治疗，不可能帮患者解除痛苦。医生还要向患者强调，越是难以启齿的情况就越要向医生诉说，即便是不愿向父母、爱人说明的情况，面对医生也应该敞开心扉。如果患者不愿家属在场，那么医生应该让家属采取回避措施。医生还要恰到好处地询问，不放过任何一个重要细节。医生要仔细观察患者不正常的表情和动作，并询问患者为何有这种表情、那种动作。医生还要向家属询问患者种种不正常的表现，并设法探究原因。

要求患者写一份自传性病情材料，内容包括：主要经历（特别是那些印象最深，对自己影响、刺激最大的事件），家庭状况（如家庭经济状况，各成员之间的关系如何，全家是否融洽，家庭对患者的教育方式和态度如何，包括溺爱、偏爱、压制、残酷、漠视或亲切、温和、教育得法等），学习、工作、生活状况（如在幼儿园中的情况，以及在校学习态度、成绩和爱好，在校道德品质，与老师、同学间相处情况，参加工作时间及工作性质，工作中的表现和成绩，与上、下级及同级间的关系等），性格（如爱好、兴趣、生活习惯、气质类型等），家庭病史，个人既往病史，疾病（指求治的心理疾病）症状，起病时间，自我估计的致病因素，疾病发生、发展过程，疾病的变化情况和规律性，接受过何种治疗及其效果，看过哪些医书及其对自己的影响等。医生要向患者强调这份材料的重要性，要求详细，不可一带而过，不可遗漏主要的东西；还要求具体，不可泛泛而谈，需用事实说话；更要求真实，要明确告诉患者，心理疏导疗法最忌失真，并向患者说明，病案是保密的，不经本人同意不向任何人披露。

必要时，还要通过各种客观手段如化验、心理测验等检查患者的身心状况。然后，医生把获得的全部材料去粗取精、去伪存真，由此及彼、由表及里地思考、分析、综合和推理，作出正确的分析。需要注意的是，对于某些患者，正确的诊断需要经过多次反复才能成功。

2. 注重治疗的过程

（1）要向患者讲述心理、生理的一般知识，讲述尽量通俗易懂、生动，如有条件可借助图片、模型等；然后讲述心理疾病的病因（内部的和外部的）和一般规律。

（2）医生应把重点放在阐述患者所患疾病的本质、特点和战胜它的方法上。这是治疗过程的根本性阶段。少数患者可能一点即明，顿然而悟，霍然而愈。但多数患者不可能一次成功，需要一个过程，医生在患者所患疾病的本质、特点和战胜它的方法方面，要多次反复地加以阐述，逐步地使患者加深印象，直至得到患者的认同。每治疗一次都必须要求患者根据医生的阐述，结合自己的情况写出新的感受和认识，也就是写出反馈材料。反馈材料同样要求及时、详细、具体、真实。医生根据反馈材料给自己下面的阐述增加新的内容，使其更加完备、更加有针对性、更加有说服力。在阐述过程中，医生要尽可能多地列举同类典型病例，具体地介绍各种同类病例的病情、症状与治愈的过程和情况，启发患者领悟。

（3）在取得患者认同的基础上，指导与鼓励患者进行实践锻炼。患者的认同固然是极为重要的，但不付诸实践则功亏一篑，仍然不能痊愈。认识与实践同步是心理疏导疗法的基本原则。医生指导患者实践不仅要从思想上、心理上进行鼓励，而且要尽可能进行具体指导，必要时亲自示范；不仅要循循善诱，而且有时需要鞭策甚至鼓励其挑战。只要患者在实践的道路上向前迈进了一步，进行了一次实践，则治愈的成功在握。这种实践需要反复进行，如果能如此，其病必愈。

3. 重视巩固的过程

患者结束治疗离开医生时，医生要嘱咐患者回去以后，在一定时期内不断温习医生的阐述，并坚持实践锻炼，以巩固疗效。还要嘱咐患者可能出现反复，如出现反复应不惊不馁，沉着冷静，用同样的方法战胜它，如能结合自己情况摸索出新的方法则更好。每战胜一次反复，必有大的收获，得到进一步的巩固（必要时，医生可通过网络交流等方式对患者进行巩固性治疗）。还要嘱咐患者努力改造性格，去掉缺陷，断除病根。治愈的患者如能按照医生的嘱咐去做，则疗效定能巩固无疑，取得持久的、彻底的胜利。

（二）个别心理疏导疗法的开展过程

个别心理疏导治疗是医生必须掌握运用的实施形式，它是集体心理疏导治疗的基础。有的医生可能不善于进行集体心理疏导治疗，但必须学会进行个别心理疏导治疗，否则就无法开展心理疏导治疗工作。个别心理疏导治疗由于面对的是单个患者，可以把整个治疗工作做得更细致、更全面、更深入、更具体、更有针对性，因此医生的信息较易为患者所接受，对特殊的病例具有良好的效果。由于医生和患者的关系直接、贴近，两者便于交流，有利于医生调整治疗方法、措施和内容，所以个别心理疏导治疗占有一定的优势。

但是，也正是因为个别心理疏导治疗面临着单个的患者，而在这个患者的心目中，医生在治疗过程中的一言一行、一举一动都是针对患者的，所以医生的每一表情、每一姿态都必须是严谨的、准确的、科学的、友善的，以产生良性影响。这是很高的要求，医生稍一不慎，就可能造成不好的效果。特别是神经质患者常常倾向于从坏的方面去猜测，医生一个不准确的词，通常正好落在患者已经形成的病态心理基础上，给患者带来不良影响，甚至可能导致危机。

个别心理疏导治疗要求医生处处体贴、关心患者，通过解释、说服、教育、保证、劝告、制止、转移、暗示、讲理、激励、赞扬等手段来改善患者的心理状态，鼓舞患者增强意志和信心，同患者一起战胜疾病。个别心理疏导治疗是一种艺术，通过疏导使患者结合自身领会要领，实与虚密切结合。人总是希望自己能活得更轻松些，自己能得到对方承认，才乐于接受对方的帮助。作为医生，如能正确地把握每个患者的心理状态，在交谈中指出患者的优点及进步，对于调动患者的积极因素无疑是十分有益的。要使用得正确得当，一般应注意以下方面：

第一，客观性。客观性即要坚持实事求是的原则。由于有心理障碍的患者经常会不正确地看待自己，所以对患者心理状态的变化应有充分的了解，随时切合实际地指出患者的进步，使患者从中感受到尊重，并不断反观自我价值。

第二，及时性。及时性即要善于抓住时机，发现问题，对具有自卑心理的患者身上的“闪光点”要及时肯定、赞扬，使其很快体会到希望、自豪感，以保护和激发患者心灵的“火种”，增强正面疏导的功能。

第三，针对性。针对性即要依据患者的心理特点，在不同时间、场合采取不同的疏导方式，如有的直接赞许，有的启发暗示，有的点到为止，有的则大张旗鼓，起到鼓励、鞭策患者们转化心理的动力作用。

第四，适当性。适当性即要努力把握好疏导的“度”，也就是分寸。“不及”和“过度”都不可，它直接影响着患者对疏导内容的接受与否，甚至会影响医生的威信，损害患者的心理，从而削弱疏导的效果。

总而言之，融洽和友好是个别心理疏导治疗中医患关系的“润滑剂”，上述四点是激励患者积极地消除心理障碍的有效措施，必须在治疗中熟练运用。疏导过程是一种双边活动，它是医生帮助患者获得精神食粮的信息传递过程，它不同于物质的传递。因为疏导中任何方式的信息输送都要通过患者自己的积极认识和实践，才能促进心理生理病理向良性转化，这就要求疏导不能仅停留在医生讲、患者听，医生演示、患者看，医生归纳、患者牢记的水平上，而是要依据疏导过程固有的规律与实际去引导患者主动地获取认识，并使认识与实践相结合。

（三）集体心理疏导疗法的开展过程

集体心理疏导疗法是把若干患有同种疾病或类似疾病的患者集合在一起，通过讲座、讨论、问题解答等方式，以达到治愈疾病的目的。这些患者由于同病相怜，很容易互相理解，建立友好融洽的关系而互相主动交往。在这种气氛下，集体的力量、智慧、意志、毅力、勇气能够得到很好的发挥，患者们互相关心，互相感染，互相学习，互相启发，互相激励，互相促进，互相矫正，共同承受疾病折磨的痛苦，共同享受战胜疾病的快乐。在这种情况下，甚至有时可以忘掉自我。很显然，这对患者们战胜各自的疾病十分有利。集体心理疏导治疗能同时对很多患者进行治疗，节省人力和时间。集体心理疏导治疗能使那些陷入痛苦中不能自拔的患者尽快地、及时地得到治疗，从痛苦中解脱出来。所以，集体心理疏导治疗也占有自己的优势。

当然，同类疾病和类似疾病不仅具有共性，同时具有个性。因此，在集体治疗中，必须对患者辅以必要的个别治疗，以弥补集体治疗的不足。集体心理疏导治疗的基本程序如下：

第一，由主讲医师 1 名和分组医师及护士 2~3 名组成治疗小组，制订治疗计划。

第二，布置集体心理疏导治疗室，要求宽敞、整洁、明亮，温度适宜，环境安静优美。室内可张贴悬挂一些具有教育、启发意义的标语、图表。

第三，每个患者交一份自传性病情材料。

第四，治疗开始。每天上午讲座，下午组织患者讨论，晚上患者写反馈材料。如此反复进行，治疗持续时间，需视情形而定。

第五，最后总结。一次总结性讲座，一次总结性讨论，一次总结性反馈。

在集体心理疏导治疗过程中，如何确定每次讲座的内容，如何使讲座通俗易懂、深入浅出、生动活泼、引人入胜，如何在讲座时更好地照顾到点（个别患者）和面（全体患者），如何组织引导好讨论，如何指导患者写好反馈材料，如何使讲座、讨论、反馈三者有机统一、互相配合，发挥各自的功能并增强整体功能等，总而言之，如何尽可能使治疗达到最佳效果，这需要医护人员做好准备、善于创造。

1. 开展集体讲座

可分系统的集体讲座及专题讲座两种，这种方法应用范围很广，讲座人数根据对象、目的、要求的不同，可以从数十人到上千人，主要分为预防、治疗两方面的内容。预防性心理疏导讲座：即各种心理卫生知识讲座，主要针对健康人，内容包括如何合理用脑、怎样保护神经系统、身心疾病的预防、心理卫生及性教育、老年心理卫生、孕妇及婴幼儿心理卫生、计划生育指导以及并发身心疾病的防治等，听众一般较多。治疗性疏导讲座：主要针对具有身心疾病的患者，听众一般较少，以10~50人为宜。

2. 开展集体讨论

心理疏导集体讨论包括以下两种方式：

（1）患者提出问题，医生解答。讨论会上，患者们可能会提出形形色色的问题。治疗医生应根据共性的问题作启发式的解答，尽量让患者联系自身的实践思考、讨论。医生只作重点疏导，并密切联系讲座的内容，不能在个别人的问题上过多地纠缠，以免转移讨论的主题，使其患者注意力分散。

（2）患者提出问题，相互解答，医生以旁听者的身份参加。这时，治疗医生要注意观察每个患者的心理动态，利用时机引导大家疏通认识，协调讨论气氛。患者之间互相解答问题可以促进大家积极思考。以自身的经历和感受来帮助患者提高认识，通常比医生的讲解更具有说服力。很多患者觉得别人的症状可笑，或者原以为自己的病情是最特殊的、最严重的，当与别人比较，发现自己症状并不比别人特殊时，也就容易领悟到自己症结的可笑和不合理，在对别人进行劝说和解释时，也就提高了对自身症结的认识，从而达到豁然开朗的效果。同时，自己所不了解的，由别人告诉患者，而患者自己的经验又可以告诉别人，这种交流远比个别治疗有效。

总而言之，医生要引导患者学会自我评价，对自己的性格特征、病情发展、适应社会能力及心理病理活动等方面进行自我分析、自我认识。在集体讨论中自我评价是患者自我提高认识，自我调节，以发挥治疗能动性的主要前提。患者自我评价越准确，就越能有效地进行实践锻炼与自我心理调节。

3. 总结性座谈会

总结会上大家可自由发言，畅谈治疗中的收获和体会。医生要着重交代患者正确对待可能出现的挫折和反复，始终坚持性格改造，有问题时可与医生取得联系，让患者感到医生始终是患者们的支持者。另外，谈一谈关于集体心理疏导治疗的用药问题。就一般治疗原则而言，药物治疗与心理疏导治疗是一个整体，对各类疾病的患者，应在心理疏导治疗的基础上，最大限度地发挥药物的作用。在集体心理疏导治疗中，严禁给予大剂量的抗精神病药物，因为它可影响患者的信息输入及变换，降低心理疏导的疗效。在参加集体心理疏导治疗前用各种精神药物者，白天一律停止用药，只在晚上服用一次。

第二节　心理疏导的技术与重点探析

一、心理疏导的常见技术

心理疏导疗法是具有中国特色的心理治疗方法，在心理疏导工作中，严重的心理异常和智力障碍是不易见到的。心理诊断的一项重要任务，是对非精神病性的心理问题与心理紊乱进行分析、判断和分类。这种分类直接关系到确诊和治疗方法的选择，所以它是极为重要的诊断环节。中国精神障碍分类与诊断标准（CCMD-3），把精神病性障碍和非精神病性心理紊乱作了严格区分。无疑，精神病性障碍属精神病学的研究对象，而非精神病性的心理问题与心理紊乱则是临床心理学（包括心理疏导与心理治疗）的研究对象。为适应心理疏导的发展和实践的需要，我们将非精神病性心理异常按其严重程度分为三种类型，即心理问题、心理紊乱和边缘状态。

第一，心理问题：是在时间性方面有近期发生而不太可能持久的特点。问题的内容尚未泛化而只局限在引发事件本身；其反应强度不甚强烈，并没有严重影响思维逻辑性，如婚姻家庭问题、人际关系问题、社会适应问题等。

第二，心理紊乱，是其反应强度剧烈并严重影响思维逻辑。初始反应强烈，如在暴怒情况下，出现强烈的非理性行为，冲动毁物。心理行为异常持续的时间较长（一个月以上），心理负担长期难以克服，内容充分泛化。由于长期的精神折磨，有时伴有躯体化症状或人格上的问题，如心理生理障碍、退缩与攻击。

第三，边缘状态，是既无法纳入精神病学（含神经症）诊断标准，又超越了临床心理学诊断范围，只有心理学家和精神病学家会诊，方可确定是使用心理学治疗方案，抑或使用精神病学治疗方案。

（一）心理疏导的“聆听”技术

聆听能力差的人，肯定是“听者有意”的人，此“意”是指患者心中既有的信念和想法。带着这个“意”去听，听到的几乎是符合自己想法的话，不符合想法的，就用自己的“意”去抗拒。“听者有意”是心理疏导者的忌讳。心理疏导者的方向性决定了沟通的所有焦点在对方，心理疏导者只能以忘我的心态去聆听，并且是专心、求知和开放的。否则听不到对方的出发点和假设，听不到真相和情绪。

心理疏导者不能采用批判性的心态去聆听。对方说出患者的想法，哪怕在常人看来非常错误的想法，也是对方的真实心态，心理疏导者如果用批判性的心态，就会很快在言语以及表情中表现出来，这只会让对方关闭沟通的闸门。心理疏导者的聆听不能有选择性。如果这样，心理疏导者听到的将是不完整的。心理疏导者不能装听，也不要为对方演绎。假装聆听只会打击对方对心理疏导者的信心，提前结束沟通，演绎则会把对方带到心理疏导者认为对的地方，可能这是对方的另一个新盲点。

（二）心理疏导的“区分”技术

个体经常用患者们自身的矛盾限制自己。“区分”技术的内容如下：

第一，“我认为的”与“别人认为的”之间的差距。其实，人都是自以为是的，没有一个人不相信自己的眼光，没有一个人不相信自己的感觉和判断。有的人认为自己是非常负责任的，但是周围的人没有谁觉得患者负责任；有的人认为自己在生活中无能为力，内心深处很自卑，但旁人却觉得患者是一个能力很强、敢想敢干的人。人们对自己的看法和别人对自己的看法经常有差距，但是旁人一般不会把患者的真实想法告诉对方，因为当患者们坦露了真实的想法，可能带来不被理解的反馈。而心理疏导者就是这面真实的镜子，会把“别人认为的”反映出来，个体可以从中看到自己的另外一面。

第二，“使用的理论”和“拥护的理论”之间的不同。“拥护的理论”是人们口中说的理论，而“使用的理论”是人们的行动所遵循的理论。这两者经常有很大的差距，大部分人却不知道。“拥护的理论”通常是以信仰和价值观的陈述形式表达出来，“使用的理论”只能从观察人们的行动，也就是人们的实际行为中推导出来。心理疏导者要将对方“说的”和“做的”之间的差距反映出来，帮助对方明白患者的行为并不是朝着患者想的方向去发展。

第三，“表象”与“事实”的差距。眼睛所能见到的范围是有限的，眼睛看到的总是某一刻或者是某一个时段的现象。可是，人们通常将看到的当成是事实，将某一瞬间的现象凝固成为永恒不变的事实，然后以此作为信念，去推断和观察世界上的其他事物。世界是运动的，事物是发展的，心理疏导者可以帮助个体拨开信念上的迷雾，清晰地看到事实。

（三）心理疏导的“提问”技术

人们在探索自然规律的时候，喜欢问“为什么”，很多重大的发现，都是在“为什么”的求知动力驱动下产生的。换言之，问“为什么”，然后寻找答案是人类探究未知世界的一条重要途径。科学探索上所问的“为什么”，是着眼于未来的“为什么”，目的是探求更多未知的事情；人际沟通中所问的“为什么”，是着眼于过去的“为什么”，目的是指责和批评。提问中常见的现象是人们把自己的看法变成问题去问别人，患者们不是提出问题，只是借用提问的方式来表达自己的观点。

缺乏经验或者自身知识储备不够的心理疏导工作者，在聆听个体的诉说之后，不知道该从哪里问起。患者们通常不是基于对个体的理解来提问，而是基于自己努力搜索的“知识标签”来提问，其目的只是印证自己的假设。这会造成心理疏导的中断，对个体和疏导者本人都是一次挫折。克服这种障碍的有效途径就是真正地聆听，关注于眼前个体，不用担心自己，学会相信，心理疏导最主要的要素就是疏导者本人。只要做到了这一点，就可以从对方的言语中得到启发，深入追问。

（四）心理疏导的“反映”技术

心理疏导者反映的出发点是支持和贡献对方，反映的心态是真诚负责、直接明确以及即时的。“反馈”的内容必须是清晰而准确的，不能模棱两可甚至不知所云。最关键的一点是：反馈的内容通常是包含心理学原理在内的真相，疏导者不要用一大堆心理学术语来解释个体；要用对方能明白的语言符号来解释患者的心路历程和心态原委。如果确实需要用到某个心理学术语，就应当给予“名词解释”，以确保对方能够理解。

“映照”是直接、果断、快速的，很多时候疏导者可以说出自己对于眼前这位个体的感受——这是对方给予患者的感觉。所以，疏导者可以大胆表达“我感觉到你……”贡献自己的体验可以帮助对方清楚患者的位置，“我体验到你很不开心”“我体验到你很犹豫”“我体验到你很放松”等反映真实地照见了对方的状态。只有支持者，才可能做到心中“无我”，平静而客观地贡献自己的体验。要注意的是，体验的表达不是要批判对方，而一定是发自内心有力量的，患者有怎样的体验，就真实地反映，不能勉强、回避和犹豫，那样只会增加不信任。

当对方抗拒心理疏导者的反映时，心理疏导者自己的反应很重要，它关系到心理疏导者能否进行下去。此时，心理疏导者不能采取以下的这些反应：不理对方、继续沿刚才的方向反映、与对方争执，或者向对方解释反应的原因、指责对方的反应、否定对方反应的意思。心理疏导者在情绪上保持安定，焦点放在对方身上，容许对方有任何反应，并且能意识到对方的反应是对自己的贡献，还可以从中找到调整的方向和更深入的真相。

(五) 心理疏导的"引导"技术

通常，引导的障碍在于要么"好为人师"，要么"助人自助"。

第一，所谓太"好为人师"，是把引导做成了"教导"。在揭示了真相之后，心理疏导工作者要鼓励对象作出新的选择，与阿德勒派心理咨询类似，要"帮助来访者重新定向"。这个帮助其作出的新的选择，不是疏导者给予的"教导"，而是由疏导者和被疏导者共同讨论，由被疏导者作出的选择。倘若心理疏导者自以为是地教导别人该怎么做，实际上不仅剥夺了对方的权利，也阻滞了对方的成长。

第二，事情的另一个极端就是太"助人自助"，心理疏导者没有努力使对象发生变化，采取"我该说的该做的，已经说完、已经做好，道理和事实都摆在面前，接下来你自己选择要怎样的生活"的态度。实际上是把对象置于"关系"之外，这是一种交际态度，而不是疏导关系。心理疏导工作者要关心疏导对象的担心，作出和以往不一样的生活选择是需要勇气的，很多人不是不知道自己不该保持现状，患者知道自己需要改变，可是患者不能采取行动。

二、心理疏导的重点探析

"聆听、区分、提问、反映和引导"五步手法，是心理疏导者的五种基本方法，运用好这些手法，还需要把握以下重点：

(一) 心理疏导的主体特征与能力要求

心理疏导工作者，必须是该领域的专家，这是心理疏导工作主体的第一个要求，第二个要求是心理疏导工作者必须具备心理疏导工作技能。

1. 放下自己的态度

"放下自己"是一种态度，而且是一种对自己的态度；态度是能力的一部分，而且是很重要的一部分。对于心理疏导而言，更是如此。把它作为有效实施心理疏导的第一个要领，足见它的重要性。

每一位心理疏导工作者，自身也在一个生命情感的结构动力系统中。并非每一个心理疏导工作者都具备一个盘旋上升的生命阶梯，做心理疏导工作需要“知己知彼”。心理疏导工作者要先对自己有一个正确的认知，保持自己良好的心理稳定状态，是有效帮助别人的前提。

随着年龄的增长，人们对于环境的认知会不断变化，但对于自我的认知，通常正好相反，随着岁月我们会变得固定而刻板，那就是习惯了的自己。将患者隐藏的潜能释放到公开的区间来，帮助患者找到心中的自己，这就是心理疏导师要做的事情。

2. 觉知社会的界别

在社会这个情境中，人们对人群是有不同的要求和认知的，其中不乏偏见。而偏见一直以来是社会认知的正常状态。同样，每一个心理疏导工作者在其自身工作领域，也受到社会偏见（也可能是正见）的影响。心理疏导工作者群体（包括心理咨询师群体），本身也很可能受到了很多社会偏见。所以，对自己所在群体的社会界别特征，心理疏导工作者必须有所觉知。例如，一名医务工作者，想在岗位上使用所学习的心理疏导技术，那么其必须对公众对于医务工作者的普遍态度有所觉知。医患矛盾，短时期内可能难以真正解决。这是挡在医务工作者心理疏导人员和疏导对象之间的一道鸿沟。

心理疏导工作者只有觉知到这些，才能够放下源自自己社会界别特征的固定信念，以一个独立的生命个体来面对疏导对象，才能够在疏导过程中言谈举止恰当并得到对方的信任。所以，对心理疏导工作主体的能力要求，除了掌握心理疏导技术，放下自己，还需要具备“谦虚”的能力。谦虚也是一种态度，态度是能力的一部分。真正的谦虚是一种谦卑的自信，它源自我们自己对自我和环境关系的正确认知，这是一种对宇宙生命真相的敬畏。

3. 具备欣赏的能力

人们拒绝欣赏就是因为人或者事物有缺点、有丑恶。每一个心理疏导工作者要树立以下观念：

（1）欣赏不是因为完美和美好，而是因为人和事物的“特点”。当我们转换思路，会发现“特点”就是完美。完美是一刹那之间的事情，就像拍照，拍的瞬间是很完美的，人生在每一刹那也是完美的。当人们珍惜“特点”，那么在每一个时段上，都可以欣赏到每一刹那发生的事情，也就可以体验到每一刹那产生的完美之美。

（2）欣赏对方的特点，并不是因为这个特点符合自身的要求，而是因为这个特点是符合对方自身需求的。人们之所以欣赏对方的某些特点，不是因为这个特点对别人有用，也不是因为这个特点具有某种先进性，而是因为这个特点对患者自己有用。

（二）心理疏导的对象特征与主观诉求

“知己知彼”的“知己”部分做好了，有助于更好地“知彼”。“知彼”通常包括两个“厘清”和一个“区分”，具体内容如下：

第一个厘清，是指厘清个体当下状况的之所从来，即所谓的“相依缘起”。个体的当下状况，是有着其合理的发展路径的，是各种因素相互交集影响而成。心理疏导工作者未必也无须对每一种因素加以分析考量，但是必须对各主要因素的相互制约和影响加以注意，要大致明白它们如何相依缘起造就了当事人的今天。

第二个厘清，是要厘清个体目前所处的结构关系。例如，患者想要找到自己，符合自身的需求，在患者人那里感到自己的存在感等。

一个“区分”，是指区分个体“主观诉求”与其“真实需求”之间的差异。这里的“主观诉求”，就是指个体自己明确提出的要求，是关注于具体事情的主观诉求。心理疏导者要区分出这些主观诉求通常只是“表象”而不是“真相”，透过表象去发现真相，就能看见当事人的“真实需求”是哪些。

（三）心理疏导的环境特征与结构动力

虽然生活在同一个世界，但是不同身份、不同年龄的人，不同社会层面的人，具有不一样的生活群体和社会活动层面。患者们所面临的来自环境的力量是不一样的，要把个体放在患者的环境中去理解。同时，心理疏导者必须事先进行引导，让当事人看到发生在自己身上的结构性力量，并告诉患者这个结构动力还会在患者身上和结构中的每一个人身上发生作用。

（四）心理疏导的维度方向与目标设定

心理疏导通过反映、澄清和改变受助者的自我认知，来提高行为能力和改善自我发展，解决的是个体的社会适应问题。如何适应，就有一个选择疏导方向的问题。通常有以下两个维度的方向：

第一，重新认识环境和自我，以接纳环境和悦纳自己，从而提高适应能力。这是一个适应计划。

第二，重新认知自我，并尝试改变自己的固有信念，在自我突破的同时，获得与环境互动关系的改善。这是一个成长计划。

在实际工作当中，很多当事人，可能适合于把“适应计划”和“成长计划”衔接起来，在适应的同时获得成长。这需要心理疏导确认选择哪个计划，或者选择综合计划。如果个体有比较强的内省和自我调适能力，也可以把问题摊在桌面上，让个体作出选择。在作出疏导方向的选择之后，可以设定一个目标。这个目标其实是个体自己作出的“行为宣言”，即个体自己想要“如何与以往不同”。

(五) 心理疏导的路径选择与方案制订

在明确了疏导方向和目标之后，心理疏导者就需要选择一个实现目标的路径。路径选择，一是指确定用哪些方式，从哪些角度来改变个体的固有认知；二是指确定个体尝试行为改变的突破口。这个路径通常由心理疏导者根据对个体的了解直接作出选择，如果个体有比较强的自我调适能力，也可以和个体一起讨论来确定。

(六) 心理疏导的工作姿态与疏导效果

姿态，是指在参考系中的位置和方向。工作姿态是指工作者所在的位置和工作的方向。不同岗位的工作人员都有其本岗位的工作方向，这可能与心理疏导工作方向有所差异。心理疏导工作者应当注意自身的工作姿态。另外，心理疏导者有必要让个体真正明白：首先，负责任是一种心态，是对待事物或者生命的心态。其次，负责任是关于自己的，而不是把目标放在别人身上；不是为别人寻找责任，自己才是负责任的主体。最后，个人的一切行动都是自己自由选择的结果，应该对自己的存在、行为负有完全的责任，负责任有“完整接纳自己”的意思，任何外在因素都不是推诿责任的对象。

(七) 心理疏导的暂停调整与积极终止

心理疏导工作者要为疏导工作的过程负责，而不是为疏导的结果负责。个体发展到什么程度，患者们的人生命运不是心理疏导者可以代为决定的。并不是每一次疏导都可以产生最佳的效果，也不是每一个人都可以达到自己理想的状态。自助助人是有局限的。个体的生命旅程还在继续着，心理疏导工作者不可能一直陪伴着。所以，承认局限性才能让人们真正担负起“自助助人”的责任来。

当发现进程难以继续，就要勇敢叫停，并邀请疏导对象一起回头寻找问题出在哪里。这样的态度，可以获得对方的配合，并有可能找到答案来调整方向或方法。这就需要心理疏导者保持一种退守的态度。如果疏导者自身过于浮躁，或者因为害怕出错而单纯停留在说服层面中，疏导就会陷入困境。遭遇困境，心理疏导者要调整自己的心态，包括去发现自己的障碍。随着心理疏导者自身的调整，疏导进程会发生变化，原本被阻碍的通路将重新显现。心理疏导者的自我调整，可以寻求同行督导的协助，可以自己静心疗愈，也可以运用“信念显示”和“换位体验”的技术，进行自我对话，聆听来自自己内心的声音，让障碍浮现，并予以消除。

保持退守的态度还包括懂得积极终止疏导关系。心理疏导的关系何时结束，通常不是个体决定，而是疏导者决定。所有自以为是的自我优越感，只能招致失败，这是心理疏导工作者必须遵守的法则。

第三节　平衡心理治疗及其方法运用

一、平衡心理治疗的原理、目标与步骤

（一）平衡心理治疗的原理

“平衡心理治疗（BPT）就是运用心身平衡理论和方法打通思维之路的阻塞。”① BPT 寻求传统的病理心理治疗与当代流行的积极心理治疗的完美融合，强调在不同的文化背景下，纵析时间线，实现心身的多维度平衡。即不仅要关注此时此地的当下，还要清晰理解过去的个体经历，更要面向未来，以实现心身灵内部的平衡稳态。BPT 就是利用人体内的自我平衡系统的整体调节原理，通过医生与患者的沟通了解，将医生的指导信息反馈于病人的大脑高级中枢，调整、完善、修复系统，充分发挥病人的主观能动性，来激发、调动机体的物质能量，促进机体病理状态的良性转归。BPT 治疗的关键是帮助来访者平衡好度的掌握与关系的协调。平衡既是分量适度，又是关系协调。BPT 的适应证包括心身疾病、躯体症状障碍、抑郁障碍、焦虑障碍、失眠症及各类心理问题。

---

①　袁勇贵. 平衡心理治疗［M］. 南京：东南大学出版社，2018：9.

（二）平衡心理治疗的目标

BPT的治疗目标是实现身与心、个人、家庭与社会、自然的和谐统一，从容面对生活。即平衡心理应是积极的、向上的、旺盛的、有效的、平稳的、正常的心理状态，对发展变化的社会与自然具有良好的适应能力。BPT指导个体的心理来适应家庭、社会、生态环境，特别是对生存环境产生的不良刺激能够及时有效地通过自我调节达到心身平衡。

（三）平衡心理治疗的步骤

平衡心理治疗可分为团体治疗、个体治疗和家庭治疗三种类型，均大致包括以下六个步骤的操作流程，顺序并非固定不变，是可以相互融通，动态调整的。

第一，建立信任关系，通过治疗关系建立时的破冰效应，了解基本情况。病人的信任，来访者自愿原则是建立良好医患关系的基础，是一个疗法是否能见效的不可或缺的根本。

第二，一是体验情绪：情绪情感是人们对客观事物是否符合自身需要的态度的体验，是与人的社会性需要相联系的主观体验。情感平衡是心理幸福感的重要组成部分，是一个人根据自己选择的标准对其生活质量所作的总体评价。情绪驱使我们采取行动（如逃避、面对或抒发），如哭泣或大笑都可以释放紧张和压力，任由情绪的能量自然地流动与消耗，可以更好地帮助寻找症状的成因。二是讲述平衡概念、讲故事（成功案例、哲理故事）、解读平衡箴言。这个过程是要通过生动的叙述，启发来访者领悟自己心理问题的症结所在。

第三，具体分析，剖析失衡原因，提高患者自信。平衡式的人生主要包括六个方面：家庭、事业、财富、朋友、健康和成长。六个方面重要程度一致，缺少任何一方面，都可能导致身心的失衡。

第四，必须进行有效的训练，包括一系列有效的重复动作和循序渐进的努力。心理训练也是如此，患者需要完成家庭作业，填写平衡反馈单，建立治疗目标，梳理治疗心得，加深自我分析，表达治疗信心。

第五，不同的来访者最适合的放松术可能不一样，是因人而异的。一般包括动态与静态两部分。

一是动态放松术，包括太极拳、瑜伽、平衡保健操等。①太极拳：太极拳动作体松圆活，快慢适度分清虚实。打拳时按套路调整：身体的姿势，进行招式动作，是练形。通过守意，使意念归一，排除杂念，调整心理活动，清静养神。②瑜伽：通过瑜伽训练不仅使人以新的境界回归本我，而且还能使人感悟自我、领悟超我。让人们从各种精神心理和生理疾病中解脱出来，达到最佳的和谐与超脱状态。③平衡保健操：通过平衡保健操的适宜性训练，能够增强体质，同时有助于改善全身关节疼痛、软组织的血液循环和神经体液的调节，活跃肌肉及软组织的营养代谢，起到放松痉挛肌肉、牵引挛缩肌腱和韧带，提高和恢复身体软组织及各关节的活动能力。

二是静态放松术，包括生物反馈训练、听息、冥想、自我催眠等。“静”是平衡放松术中相当重要的一面，人静不是简单意义上的什么都不想，而是一种专注的状态。如听息，就是听自己呼吸之气，意念专注于呼吸之间（呼吸之间的停顿为息，功力越高的人停顿越长），开始练习时只用耳听，感受一呼一吸即可，至于呼吸的快慢、粗细浅深，皆任其自然变化，不用意识去支配它。渐渐地，杂念就沉淀了，听到后来神气合一，杂念全无，而后当忘记呼吸的时候内心会变得清明，此时五感清晰，外面的干扰如映照在镜子中的影像，过后不留痕迹。

第六，平衡互助谈。心理治疗的疗效在团体治疗中可得到更好的体验，疗效因子包括希望重塑、传递信息、利他主义、原生家庭的矫正性重现、提高社交技巧、行为模仿、人际学习、团体凝聚力、存在意识因子。团体成员和团体环境间有着丰富而微妙的动力学互助成员会塑造自己的社会缩影，会逐个吸纳每个人特有的防御行为。团体互动越自发，社会缩影的发展就越快速真实，团体成员中主要的问题被引出、讨论、解决的可能性就越大。

二、平衡心理治疗中生物反馈疗法的运用

生物反馈疗法是近年来才发展起来的行为疗法，已被广泛应用于心身疾病的临床治疗。在对心身问题进行干预的众多疗法中，生物反馈疗法无损无痛无副作用，安全有效，且可以充分调动患者在治疗中的主动性，减少复发率，颇受患者欢迎。

（一）基于生物反馈的放松训练法

生物反馈是指运用电子仪器，通过视觉或听觉信号，揭示人体内部正常或异常活动的方法。后来生物反馈技术不断在临床上推广，并得到了广泛的应用，随之就有越来越多的人将生物反馈称为生物反馈疗法。生物反馈是通过电子仪器准确测定神经、肌肉以及自主神经系统的正常和异常活动状况，然后把这些信息有选择地放大成视觉和听觉信号，最后

反馈给受试者，受试者通过这些可以观察到的具体信号，有意识地学习并调控内脏器官的活动。换言之，生物反馈就是通过电子仪器让受试者看到他们平时没有觉察到的生理和心理变化，从而可以有意识地加以控制。这充分反映了治疗观点的新转变，即旧的生物医学模式向生物—心理—社会模式过渡。与常规药物治疗不同，生物反馈治疗中，患者是整个治疗过程中的主动参与者，而不再仅是被动接受治疗。

生物反馈技术的应用为放松训练的效果检验提供了一个客观依据，将人体生理、心理变化的指标可视化，直观地监测发展过程。被训练者可以通过生物医学信号的图谱，了解到自身的生理功能变化，从而可以随时了解自己在不同的情绪状态下，呼吸、心率、血压、肌电、脑电等生理指标的变化。练习者通过这些客观具体的指标，就可以比较训练前后的数据差别，有了一个量化的结果，就能判断放松训练的效果，避免训练的盲目性。

生物反馈放松训练仪可以将微弱的生理信号放大，被训练者通过直观地观察生理值的动态变化，有意识地提高自我控制能力，达到低唤醒的状态；即时的信息反馈又会调动其积极性，树立自信心。研究表明生物反馈放松训练应用于紧张、焦虑抑郁、不安等情境非常有效，可以帮助人们振作精神、稳定情绪。此外，在一定程度上还可以改善认知功能和个性特征。因此，生物反馈放松训练法不应被看作一种短暂的治疗方法，而最好被认为是个体对某种心理生理过程进行长期自我调控的入门方法。

生物反馈技术的应运而生，使得各种放松训练方法的检验进入了实证性阶段，同时也使生物反馈放松训练在临床上得到广泛应用。目前放松训练的研究大多集中在心理、生理学的指标上，包括脑电、肌电、皮电、皮温等生物指标，检测放松的生理反应，监控放松的过程与效果。

第一，脑电生物反馈。脑电生物反馈放松训练是通过测定不同频段的脑电波，从而反映大脑处于不同的身心状态。脑电活动的节律及振幅，与情绪、注意力等心理活动存在密切的关系，我们可以对这些特定的脑电活动进行训练，从而学会有意识地控制脑电活动。

第二，肌电生物反馈。肌电生物反馈是通过身体表层肌电电压的测量，再将其放大处理，以可视化声或光的方式传递给患者，患者接收反馈信息后调控肌肉活动，从而实现肌肉放松或增强的一种反馈方式。可以应用于紧张焦虑、烦躁不安、高血压、心跳过速、心律不齐等症状的康复治疗。

第三，心率生物反馈。心率生物反馈是通过训练逐步建立操作性条件反射，从而使患者在一定程度上达到随意调节心率快慢的效果。通过声音和屏幕图像的反馈，患者可以进行自我矫正，达到放松状态。

（二）生物反馈与平衡心理治疗对接

平衡心理治疗是一种建立在东方哲学体系上的本土化心理治疗模式，以儒道医等为背景，整合了中国传统文化中的中庸思想以及中国传统医学中的心身互动理论，从心身灵三个方面全面入手，三者的相互作用，促进人的全面健康。在平衡心理治疗理论体系中，从病因学角度来看，从宏观到微观，将平衡分为四个层次，其中第二层次的平衡是身心灵的平衡。身，指躯体；心，指心理，主要指情绪；灵，主要指精神和灵性状态。

平衡心理治疗强调无论是身体还是心理出现问题，都是心理、生理、社会文化共同作用的结果，心身是合一的。平衡心理治疗在心身互动理论的基础上，提出个体要合理调控自己的身体，通过常用的身体调节技术，如呼吸、放松、正念、冥想等，形成健康的生活方式。而生物反馈放松训练法在平衡心理治疗中发挥着重要的作用。在放松治疗的状态下，生物反馈仪器可以精细地测量生理功能，并且动态地显示身心变化，提供一系列生理活动的具体参数信息。有了这样一种客观的标准，患者就可以了解自身的身体状态，从而寻求放松的策略，获得身与心的放松与平衡。生物反馈放松训练法可以减轻焦虑和紧张的主观感受，增强自我调节情绪的能力，这与平衡心理治疗所主张的心身合一是一致的。

通过反复多次的生物反馈放松训练，增强了个体感知内部信息的敏感性，个体可以有计划地进行自我调节，自主地进行放松练习。一定疗程后，能力内化，此时就可以不再使用生物反馈的仪器，通过自我调整也可以达到良好的放松效果。因此生物反馈仪只是一个信息媒介、一个学习放松的工具，可以协助实现维护机体的稳态平衡。

综上所述，生物反馈放松训练不仅可以应用于临床，更应该发展为个体在日常生活中进行自我调控的手段。个体通过了解自己的身体，有意识地调控机体活动，从而使自己保持轻松愉悦的心情，通过这种体验式的练习，促进使用者心身灵的平衡发展，实现全面健康的目的。

第六章　心理健康教育课程开发与实施

第一节　心理健康教育的校本课程开发

一、心理健康教育校本课程开发的意义

（一）有利于学生的心理健康

中学心理健康教育校本课程开发在教育目标设计上主要是为了解决中学生常见的心理问题，提高中学生心理调节能力，促进中学生心理健康发展。因此，通过中学心理健康教育校本课程的实施，中学生的心理素质将会得到提高，心理将会得到健康发展。

中学心理健康教育校本课程开发在教育内容设计上将包括认识自我、学习人际交往、情绪调适、升学择业，以及生活和社会适应等方面，这些内容基本涵盖了中学生心理容易出现问题的各个方面，通过对中学生这些方面的教育和训练，使学生获得有关心理健康的知识，认识一些常见的心理异常现象，掌握一些简单的心理保健技能，了解一些基本的心理调节方法，从而树立心理健康意识，学会自我调节，促进自身的心理健康。

同时，中学心理健康教育校本课程开发会在时间安排、教学活动形式与途径、教学手段与方法、课程规范与管理等方面进行精心设计，以保障心理健康教育的质量。例如，在教育途径上，可以将心理健康教育与班级团队活动、校园文体活动、社会实践活动等有机结合，多种途径开展心理健康教育。在教学形式上，心理健康教育课可以采取多种形式，包括团体辅导、心理训练、问题辨析、情境设计、角色扮演、游戏辅导、心理情景剧、专题讲座等；在教学手段上，可以充分利用腾讯 QQ 群、微信等现代信息技术手段，宣传心理健康知识，即时进行心理沟通，适时进行心理辅导；在课程管理上，加强规范化和制度化建设，在课程编排、时间安排、教学监督、课程评价等方面实施规范化管理，从而在课

程管理层面上保障心理健康教育的质量。

正是由于中学心理健康教育校本课程开发在教育目标、教育内容、教育途径、教学形式、教学手段、教育管理等方面进行了精心的设计，心理健康教育的质量才得到保证，才能使中学生心理得到健康发展。

（二）有利于教师的专业成长

中学心理健康教育校本课程开发的主体是教师，为了让心理健康校本课程开发顺利进行和取得成效，教师必须加强学习，掌握有关的知识，既要学习课程教学论和课程开发等方面的有关知识，也要学习中学生心理发展和心理健康教育、心理辅导方面的知识与技能。例如，在课程内容的选择过程中，教师就要了解中学生心理发展的特点和规律，了解中学生常见的心理问题及应对方式，使得所选择的内容符合学生的发展和需求；在进行教学设计和教学实施过程中，教师需要掌握教学论方面的知识，使得中学心理健康教育校本课程的设计和实施更符合教学规律；在教育评价过程中，教师要学习教育（或心理）测量与评价的有关知识，使得评价更客观、全面、科学。为了使心理健康教育校本课程开发更符合学生的心理发展需要，教师不仅要学习书本知识，还要向学生学习，教师只有向学生学习才能真正了解学生的心理需求，发现学生的心理问题，才能针对问题进行教育，改善学生的心理。

校本课程开发主要依靠的是本校人员，但有时候需要外部专家的支持。在开发过程中教师不是闭门造车，除了前面提到的不断学习书本知识以外，还可以通过“走出去”和“请进来”的方法，让教师和专家一起学习与交流，在学习和交流过程中，教师自身得到发展，获得成长。校本课程开发有时候可以采用两个学校或多个学校合作的形式，这样多个学校教师可以相互交流，相互促进，共同成长。

校本课程开发的过程其实也是研究的过程，教师在校本课程开发过程中需要不断地发现问题和解决问题，这不仅能够提高教师发现问题和解决问题的能力，而且也能提高教师的科研能力，使教师成长为研究型的教师。可见，教师在心理健康教育校本课程开发过程中，通过不断学习、交流、反思和研究，使自身的知识水平、研究能力得到不断提高。所谓“从做中学”“在研究中学”就是这个道理。所以，心理健康教育校本课程开发有利于教师自身的不断成长。

当然，这里的教师成长不仅是指参与课程开发的少数从事心理健康教育的教师，也包括其他教师。一方面，心理健康教育校本课程开发不是少数从事心理健康教育的几个教师的事，而是全校的事，所有的教师都应该参与其中；另一方面，所开发的课程不是说仅仅通过上几堂心理健康教育课就结束了，它需要所有学科的教师在学科教学过程中加以渗透。因此，所有的教师都会在心理健康教育校本课程开发过程中得到锻炼，获得成长。

（三）有利于学校地位的提升

心理健康教育校本课程开发顺应时代发展的主题，体现学校的办学特色，有利于学校地位的提升。加强中学生心理健康教育是时代的要求。一方面，国家越来越重视青少年的心理健康，心理健康是青少年走向现代化，走向世界，走向未来，建功立业的重要条件；而健康心理的形成，需要精心的培养和教育。另一方面，确实有部分中学生存在这样或那样的心理问题，需要加以疏导和解决。因此，当前各个学校都重视加强对学生进行心理健康教育，并且把中学生的心理健康教育放在越来越重要的位置上。也有许多学校把加强中学生心理健康教育作为学校的办学特色，因为这体现了“以人为本”的理念，以及“以学生为中心”的思想。许多学校甚至为自己申请“国家级心理健康教育示范学校”或“省级心理健康教育示范学校”，或者称自己的学校是“心理健康教育特色学校”，并以自己的学校重视学生心理健康教育为荣。由此可见，中学心理健康教育校本课程开发确实有助于学校地位的提升。

心理健康教育校本课程开发有助于教师的成长和学生的健康发展，而教师的成长和学生的健康发展正是一所学校不断发展的标志。一所学校是否能够得到家长和社会的认可，是否出名，主要不是在于学校硬件设备有多好，也不是在于学校的领导多有名望，而是在于该学校有出色的教师，能够培养出优秀的学生来。所以，通过心理健康教育校本课程开发，可以促进教师的不断成长，促进学生的不断健康发展，进而可以促进学校地位的提升。

通过心理健康教育校本课程开发，也有助于优化学校资源，借机改善学校的办学条件，从而提高学校的办学质量，进而促进学校地位的提升。因为要取得心理健康教育校本课程开发效益的最大化，就需要发挥学校的特长，学校要充分调动学校的各种人力资源，充分利用学校现有的物力资源，并充分调动学校可利用的社会资源，同时借机针对学校办学条件方面的不足加以改善，使得心理健康教育的课程方案得以实施，效果得以保障。同时，心理健康教育的校本课程开发也会促进学校其他学科教学的改进和提高，进而促进整个学校办学质量的提高。因此，心理健康教育校本课程开发是一举多得的好事，需要把它切实做好。

二、心理健康教育校本课程开发的目的

中学心理健康教育校本课程开发的目的就是通过心理健康教育校本课程开发达到预期结果，这个结果不仅指向课程本身，还应该指向学生、教师和学校的发展。因此，中学心理健康教育校本课程开发的直接目的是开发出一套切实可行的校本课程方案和材料，而最终目的是促进中学生心理健康发展，同时也使得教师和学校自身得到发展。

（一）直接目的

中学心理健康教育校本课程开发的直接目的就是要制订出一套切实可行的课程方案和材料，有了课程方案和材料，教师就可以依据课程方案和材料对学生实施课程教学，学校就可以依据课程方案对校本课程教学进行管理和评价，这样校本课程开发的效果和意义才能够体现出来。

（二）最终目的

中学心理健康教育校本课程开发的最终目的是促进中学生的心理健康发展。因为课程与教学的一切计划、方案、措施、活动等最终都要落实到学生身上，并通过学生的变化情况体现其质量和效果。评价心理健康教育校本课程开发方案的质量和实施效果也要看它是否能够促进中学生的心理发展，如果能够促进中学生心理健康发展，则说明校本课程方案是正确的、有效的，课程实施的效果是明显的；反之，则说明所制订的校本课程方案还存在问题，或者课程实施过程出现了问题。所以，促进中学生心理健康发展是心理健康教育校本课程开发的出发点和最终目的。中学生的心理发展包括认知发展、情绪情感发展、道德发展、个性和社会性发展等方面，因此促进中学生心理健康发展就应该包括以上诸多方面的健康协调发展。

（三）附属目的

中学心理健康教育校本课程开发不仅能够促进中学生的心理发展，同时也能促进教师和学校的发展。因为在校本课程开发过程中，教师需要不断地学习，了解中学生的需求和心理发展状况，掌握有关课程、课程开发、课程实施、心理发展理论、心理健康教育理论等方面知识，并且需要不断地探索和实践，以使得所开发的课程符合学生和学校的实际，是切实可行的，在这个过程中，教师自身也得到了锻炼和发展。通过校本课程开发，彰显

了学校课程改革的理念，突出了学校的办学特色，满足了学校心理健康教育的要求，促进了学生的发展，锻炼了教师的能力，规范了课程管理，从而提高了办学质量，因此可以说，校本课程开发为学校赢得了好的声誉，促进了学校自身的发展。

三、心理健康教育校本课程开发的任务

根据中学心理健康教育校本课程开发的目的，心理健康教育校本课程开发的任务应该包括校本课程系列方案的制订、教师的培训、课程实践，以及对校本课程开发的反思与评价等，并最终通过评价来检验心理健康教育校本课程开发的质量。为实现中学心理健康教育校本课程开发的目的，中学心理健康教育校本课程开发需要完成以下几方面的任务：

（一）制订校本课程的方案

进行中学心理健康教育校本课程开发，先要制订一套切实可行的校本课程方案，这套方案的内容应该包括课程计划（课程大纲）、课程内容（校本教材）、课程实施方案（教案和活动方案）、课程实践活动与练习材料、课程评价指标与细则、课程管理文件与制度等。有了这套课程方案，就可以对校本课程进行实施、管理和评价。

（二）对相关教师进行培训

中学心理健康教育校本课程开发和实施的主体是教师，因而教师要懂得如何进行校本课程开发，以及如何实施校本课程，为此有必要对教师进行培训。培训的对象既包括参与校本课程开发的教师，也包括参与课程实施的教师；对于参与校本课程开发的教师，要使他们了解课程开发的原理和学生心理发展的特征；对于参与课程实施的教师，要使他们了解课程开发的目的意义和如何实施该校本课程。培训的方式多种多样，可以请课程专家和心理健康教育专家来学校对相关教师进行专门的培训，也可以派送课程开发的核心成员去高校参加培训，然后再由接受过培训的教师对其他相关教师进行培训；参与课程实施的教师可以参加国家、省级组织的有关校本开发的培训，也可以参加学校自行组织的相关培训。通过对相关教师进行培训以保证课程开发和实施的顺利进行。

（三）重视课程实践的检验

中学心理健康教育校本课程开发的文本和方案是否有效，必须经过实践检验。因此，课程实践是课程开发的重要组成部分。课程实践是根据所制订的校本课程方案，在一定的

课程理念的指导下进行的，可以是试验性的，也可以是比较正规的；可以是短时间阶段性的，也可以是较长时间的（一学期或一学年）；课程实践的方式可以是学科教学型的，也可以是活动型的，或者其他形式的；课程活动的组织形式可以是集体形式、小组形式和个别形式。具体选择什么样的形式，取决于课的性质、目的和内容等因素。

（四）进行深刻反思与评价

对中学心理健康教育校本课程方案的实践效果需要进行反思与评价，以发现问题，便于修正。反思的内容包括指导思想和理念、计划、措施、内容、实施、管理、评价等课程开发的各个环节、各个方面。评价的主体包括校本课程开发者自身、学校管理者、专家、教师和学生等，评价的类型有过程性评价、诊断性评价和终结性评价等。通过反思与评价，对心理健康教育校本课程方案进行修订，使之成为更符合本校学生和教师使用的课程方案。其实校本课程开发过程是一个动态的过程，是需要随着时代、政策、学校资源、教师、学生的变化而不断变化、修订和完善的。校本课程开发的每一个环节都有具体的任务需要完成，而这些任务往往又需要多方合作才能完成。

四、心理健康教育校本课程开发的原则

原则是必须遵守的基本要求，同时也是对实践的指导方针，中学心理健康教育校本课程开发的原则就是在校本课程开发的过程中所要遵守的基本要求。根据校本课程开发和心理健康教育的特点，中学心理健康教育校本课程开发必须遵循以下原则：

（一）以校为本的原则

所谓校本课程开发就是要以学校为本，即校本课程开发的基地和主体在学校，它的开发主体是本校教师，它要解决的课程问题反映出本校的特点和条件，它所贯彻的是本校的办学思想和培训目标，从而形成学校的办学特色。中学心理健康教育校本课程开发首要遵循的原则是“以校为本”的原则。

学校作为一个育人机构，有其独有且相对稳定的校园文化、学术机构、师资力量、生源、校风等背景，这些使得学校有其独特性和差异性，校本课程要解决的课程问题需反映出本学校的特点。校本课程开发还需要与学校的具体条件和实际需求相一致，根据学校的特点和优势，扬长避短，结合学校的办学理念和培养目标进行课程开发，从而形成学校的办学特色。

心理健康教育校本课程是校本课程开发在学校心理健康教育领域上的具体运用，它强调充分利用学校及社区的课程资源，调动学校、教师、学生、家长和社区人士等各种力量，开发符合学生需要和心理发展特点的多样化的心理健康教育课程内容。心理健康教育校本课程开发过程中，要根据学校的实际情况、办学宗旨、教学条件等设定课程开发的主导思想。校本课程开发最主要的是体现学校特色，开发出适合教师教学、学生学习及学校发展的心理健康课程。

（二）以学生心理发展为本的原则

首先，中学心理健康教育校本课程开发要坚持“以学生心理发展为本”的原则。这是因为心理健康教育校本课程开发的总体目标与心理健康教育的总目标是一致的，即以提高全体学生的心理素质、开发学生的潜能、培养学生乐观向上的心理品质、促进学生人格的健全发展为最终目标。

其次，心理健康教育校本课程开发要以学生心理发展需求为出发点。中学生正经历着自我意识的飞跃发展，在这个特殊的阶段，为了促进他们心理的健康发展，就必须根据中学生心理发展的需求来进行心理健康教育的校本课程开发。例如，在心理健康教育校本课程开发的内容上，要根据学生心理发展的需要来选择，针对中学生在诸如自我成长、同伴交往、学校适应、情绪调适、生涯规划等方面容易出现的问题，就要加强在这些方面进行指导，使他们能够克服自身的问题，度过这个“危险期”，获得健康的发展。

最后，心理健康教育校本课程开发要充分尊重和满足学生的差异性，将他们的兴趣、爱好和要求融入学校的课程计划之中，从而把学习和发展的主动权交给学生，才能使他们的能力和个性得到更充分、更自由的发展。

心理健康教育校本课程开发只有坚持以学生心理发展为本，在目标设置、内容选择、方案制订等方面充分考虑学生的需求和差异性，才能使校本课程开发收到预期的效果。

（三）可行性的原则

中学心理健康教育校本课程开发须遵循“可行性”的原则。因为校本课程方案的制订和实施都需要一定的人力、物力、财力等条件，缺少这些条件，校本课程开发难以实施。

首先，中学心理健康教育校本课程开发需要大量的人力资源。校本课程开发是一项牵涉面广、要求高的综合活动，需要大量的人力投入，而且还需要高素质的人员的参与，这样才能开发出高水平的校本课程。从第一章所阐述的课程开发的主体可知，校本课程开发需要校领导的支持，需要心理健康教育方面的教师参与，最好能有专业人员进行指导，同时还需要全体学科教师参与宣传和实施。所以，人力资源是校本课程开发得以顺利进行的有力保障。

其次，校本课程开发还必须具备必要的物力和财力。在校本课程开发过程中，课程资源的建设与利用、必要设备的购置、课程实施、课程组织、课程推广、课程编制人员的薪酬等多方面都需要资金支持，没有充足的资金支持，就不可能进行真正意义上的校本课程开发。此外，校本课程的开发还必须有必要的基础设施，如教室、图书室、实验室、咨询室、活动场所、实践基地等，这些基础设施是心理健康教育校本课程实施所必备的物质条件，是中学生开展心理健康教育的经常性活动场所，必须得到保障。

最后，要使心理健康教育校本课程开发得以顺利实施，除了人力、物力、财力以外，还需要有其他一些支持条件，如教育行政部门的支持，领导在思想上和政策上的重视，教师在思想上和观念上的支持，学生在思想上和行动上的支持，甚至要得到学生家长、社区的支持，等等。尤其是在重视升学率的社会环境和氛围下，学校领导、教师、学生、家长等是否认识到中学生心理健康教育的重要性，是否觉得加强心理健康教育会影响学生的学业成绩，影响到学生的升学，这是很关键的因素。因此，在进行心理健康教育校本课程开发之前需要考虑到这些问题，同时，在进行心理健康教育校本课程开发的过程中要加大宣传，切实做好教师、学生、家长的思想工作，改变他们的不正确观念，使得校本课程开发这项工程能够得到他们的支持，这样才能保证心理健康教育校本课程得以有效实施。

（四）民主参与和集体审议的原则

中学心理健康教育校本课程开发从开发的方式和方法上看要遵循“民主参与和集体审议”的原则。因为课程开发是一个民主开放的课程决策过程，要求体现出民主参与的特点，要求学校具有开放的组织结构，通过广泛而畅通的交流渠道，形成校本课程开发的资源特色。“民主参与”是指心理健康教育校本课程开发需要学校教师、学生、社区和家长的共同参与。心理健康教育校本课程开发的主要人员是学校领导和部分心理健康教师，但是心理健康教育校本课程开发最重要的目标是促进学生心理健康发展。

在心理健康教育校本课程开发过程中，首先，要倾听学生的声音，了解他们的需求，这样才能设计出有针对性的心理健康教育校本课程；其次，心理健康教育校本课程开发的实施需要全体教师参与，因此，课程开发也要征求普通教师的意见；最后，学生家长和社区也可能是课程开发的重要资源。社区可以作为中介，联系中学和其他的社会机构，解决校本课程开发中出现的各种各样的问题，同时也可以作为学校心理健康教育校本课程的实践基地。学生家长会从不同的角度看待心理健康教育校本课程开发这一问题，也可能会提出一些更切合实际的问题，他们的意见对课程的实施效果会产生重要影响，同时他们也可能会给学校提供更适合课程实施的场所或其他资源。

“集体审议”是校本课程开发的一种方式，也是校本课程开发必须遵循的重要原则。因为课程开发不是领导拍拍脑袋就可以定下来的，也不是校务会决定下来就可以实施的，它需要根据学校的具体情况和学生的需求，经过广泛征求意见，反复调研和讨论，不断反思和修订才能确定下来，因此，集体审议就成为必须遵循的原则。在校本课程开发过程中，课程开发小组成员一方面要基于自身经验和实践，各抒己见，提出各种方案和意见，相互启发，相互讨论，完善心理健康教育课程方案；另一方面，全体成员要全身心投入审议论证中，虚心接受和采纳他人的正确观点，只有这样才能形成一套切实可行的方案。

（五）合作互补的原则

中学心理健康教育校本课程开发主要是根据本校的特色、依靠本校的力量进行的，但是当依靠本校的力量难以很好地完成，或者难以体现出本校的特色时，就需要遵守“合作互补”的原则。这里的合作互补主要包括两方面含义：一是与具有高水平的大学或科研机构或个人进行合作，主要是希望得到它们的指导；二是与另一所或几所在特色方面相似的中学进行合作。合作的主要目的是资源共享，特色共建，效益双赢。

中学心理健康教育校本课程开发要取得好的效果，需要与大学或科研机构等机构的课程教学专家合作，得到他们的指导。因为他们长期从事这方面的研究，对于什么是课程、不同类型课程的优缺点、不同课程开发模式的特点、如何进行课程评价等问题有着较深的研究和较高的理论水平。而目前我国大多数中学的心理健康教育方面的教师在心理健康教育校本课程开发方面还不能很好地掌握校本课程开发的基本理论和方法，还需要专家给予适当的指导。由于大学或科研机构的专家也需要与中学合作，将理论与实践相结合，不断积累经验，所以他们也希望能够与中学合作。中学与大学或科研机构合作的方式有多种，一方面学校可以邀请一些课程理论及心理学的专家来校指导，如通过讲座、在职培训等形式进行指导；另一方面也可以让学校的课程开发小组成员“走出去”，去大学或科研机构学习取经，还可以与大学或科研机构签订合作协议，把校本课程开发作为研究项目，共同研究。

中学开展心理健康教育校本课程开发，除了要与高等院校合作之外，还可以根据需要与其他中学进行合作，这样可以实现优势互补、资源共享。几所学校同时进行心理健康教育校本课程开发，可以在开发过程中相互交流、共同讨论，对于遇到的难题可以共同商讨解决，还可以在教师、教材、实验室、咨询室、活动场所、实践基地等方面相互支持、共同分享，从而实现资源利用最大化和效益最大化。

五、心理健康教育校本课程开发的模式

课程开发模式是关于课程开发的价值取向及相应的操作方式的统一。中学心理健康教育校本课程开发是依据中学心理健康教育目标，运用课程开发的理论，确定校本课程的目标、内容、实施方法和过程等一系列活动和过程，其模式可以借鉴校本课程开发的一般模式。中学心理健康教育校本课程开发的过程也可以参照校本课程开发的一般程序和过程，结合中学心理健康教育的特殊性而确定。

当前校本课程开发的模式主要有四种：目标模式、过程模式、实践模式和环境模式。这四种模式各有特点：目标模式是以目标为课程开发的基础和核心，课程的内容、实施的方法及课程评价等都是围绕课程目标而进行开发的；过程模式则强调知识和过程本身的教育价值，鼓励学生自主探究知识，把学生的自主性、创造性作为教育目标，并把这一目标与教学过程统一起来；实践模式追求课程的实践兴趣，并强调教师、学生、教材和环境四要素的相互作用和集体审议的方法，具有较强的实践性；环境模式则强调课程开发要依据具体的环境因素，并把课程开发看成是各部分相互作用、不断修正的动态过程，使课程更具有针对性、灵活性和实效性。中学心理健康教育校本课程开发可以根据学校自身的特点和要求采用其中一种模式，或者将两种或多种模式结合起来，取长补短，灵活实施。

六、心理健康教育校本课程开发的过程

校本课程开发过程是指学校根据一定的目的所进行的计划、组织、实施与评价等一系列课程开发活动，它包括一系列具体的程序或环节。了解校本课程开发的过程可以使校本课程开发具有可操作性，避免盲目摸索而浪费时间和资源。校本课程开发具体过程的确定受到校本课程开发的目的和理论模式的制约，不同的理论模式所确定的校本课程开发过程略有不同。例如，“泰勒模式”强调课程目标的设置，它认为校本课程开发的首要任务是确定课程目标，而其他环节都必须围绕课程目标来设置。

中学心理健康教育校本课程开发过程与其他课程开发过程相似，主要程序和步骤差不多，只是开发的具体内容、方式和侧重点不同而已。根据我国学校组织管理的特点和中学

心理健康教育的目的、任务和要求，我们认为，中学心理健康教育校本课程开发的程序应该包括八个环节：①确定校本课程开发的主体；②对学生和学校的特色、资源进行评估；③拟定课程目标；④设计课程材料与方案；⑤对课程方案进行宣传、解释与实施；⑥对实施的过程和结果进行管理与评价；⑦根据评价结果对原定的目标和方案进行反思、修订；⑧实施、检验、评价与完善新的课程方案。

七、心理健康教育校本课程开发的方法

在校本课程开发的每一个环节中，在校本课程开发的每一步都包含着多项具体的方法。

（一）明确校本课程开发的主体

校本课程开发先要有人来做，因此校本课程开发的首要环节是确定开发的主体。校本课程开发主体的确定非常重要，因为它关系到能否完成课程开发任务，实现预定的课程目标，也关系到后面各个环节的具体实施。确定开发的主体时，一般会成立一个校本课程开发小组，由校长或者分管教学或科研的副校长担任开发小组的组长，由具体负责学校教学的教导主任、负责学生思想教育工作的政教主任担任副组长，由年级组长和从事心理健康教育教学的部分教师作为小组成员，组成一个校本课程开发小组，负责校本课程目标的制定，以及校本课程方案的编制、解释、实施、管理与评价等一系列活动。由校长或副校长作为组长参与校本课程开发，有助于对整个开发活动过程进行组织、协调和领导，保证整个开发活动过程能够顺利进行；教导主任和政教主任的参与能够保证所开发的方案得以落实和检验；年级组长和心理健康教师的参与能够发挥教师的集体智慧，体现出教师的主体作用，也有利于教师深刻领会校本课程的精髓以便于在以后的教学实践中更好地贯彻实施。

在考虑组成校本课程开发小组的时候，还可以根据实际情况邀请学生或学生家长参与其中。因为学生最清楚他们自己的需要，有学生参与其中可以保证所开发的课程更能够符合学生的需要，更具有适用性。另外，在条件许可的情况下，尽量聘请一两个课程论专家和心理健康教育专家参与进来。因为课程论专家最熟悉课程开发的目的、过程、教学设计和教学评价等方面的要求，心理健康教育专家最清楚中学心理健康教育的目的、内容、教育与教学的方式方法等方面。有他们的指导，可以使校本课程开发少走弯路，更符合学校的要求和学生的需要。

（二）评估学生与学校特色资源

要制订一个切实可行的校本课程方案，就需要在制订之前对相关方面进行调查与评估，包括对学生的调查、对学校办学特色的评估，以及对学校现有的各方面资源的评估。

中学心理健康教育校本课程开发的服务对象是中学生，其目的是要促进中学生的心理健康发展，因此，要使得所开发的校本课程更符合学生的需要，就需要对学生的心理需求进行调查分析。对学生心理需求调查分析的基本方法是访谈法、问卷法和测量法。访谈的对象主要是中学生本人，也可以是学生家长和任课教师。对学生的访谈是直接访谈，可以直接了解学生的心理诉求和心理困惑；对学生家长和教师的访谈是间接访谈，是通过家长和教师在平时对学生观察的基础上所获得的认识来了解学生心理发展状况，这可以作为对学生访谈结果的有益补充。

在访谈之前，需要根据不同对象的特点分别编订不同的访谈提纲；在访谈过程中，需要作适当的记录，最好是在征得对方同意的前提下进行录音；在访谈之后，需要对访谈材料进行整理分析，得到关于学生心理需求状况的调查结果。除了运用访谈法之外，也可以通过问卷法和测量法来直接获得关于学生心理发展状况的数据。问卷法是使用问卷进行调查，所使用的问卷可以是别人已经编制好的，也可以根据实际需要自己编制。测量法是根据标准化的心理测量工具——量表进行测量的方法，它与问卷法类似，不同的是所测量的工具的标准化和专业化程度不同。在实施问卷调查和测量之后，通过对问卷和量表的数据进行统计处理，即可得到所需要的中学生心理需求情况的结果。

校本课程作为国家课程和地方课程的有益补充，最能够体现学校的办学特色。因此，在制订中学心理健康教育校本课程开发方案之前，还需要对学校的办学特色进行评估，使得心理健康教育校本课程开发能够体现学校的办学特色，或成为学校办学特色的一部分。一个学校有了自己的办学特色，才能够彰显学校的教育哲学和办学理念，才能够体现出学校存在的独特价值和魅力，才能够使学校有更大的知名度、更广阔的生存空间和发展前景。而一个学校的特色是什么，需要学校领导和全体教师审时度势，认真分析和评估，要根据当前国家所确定的基础教育新课程改革的精神，结合学校自身所拥有的师资力量和物质资源，以及周围环境和社会需求情况加以确定。学校的办学特色既要有个性化，又要有广泛的被接受性。中学心理健康教育校本课程既符合国家基础教育课程改革的精神，又能够体现学校的办学理念，也具有广泛的可接受性，是可以作为学校的办学特色的。不过，各个学校不可以千篇一律，而应该结合本校学生的心理需求确定具体的内容和方式，如生命教育、生涯发展辅导、社会性发展辅导等。

校本课程开发需要一定的资源支持，因此在开发之前需要对学校现有的各方面资源进行评估，包括人力资源、物质资源和软件设施等。人力资源是指前面所提到的课程开发的主体，需要对他们的相关知识、能力和特长进行评估，他们的素质是课程开发最重要的资源。物质资源是指学校的硬件设施，包括教室、图书馆、实验室、心理咨询室、实践基地等方面，这是校本课程方案得以实施的重要保证。软件设施是指学校的制度建设、文化建设、校园风气、教改风气等，它是学校建设、改革与发展的精神面貌，也是保证校本课程开发方案得以贯彻落实的重要条件。根据对本校人力资源、物质资源和软件设施等方面的评估，发现学校自身的优势与不足，就可以确定心理健康教育校本课程开发的具体目标、任务和方法，使心理健康教育校本课程开发得以顺利开展。

通过对以上各方面的调查与评估，就可以为后面心理健康教育校本课程目标的确立、校本课程方案的编制、解释与实施、管理与评价打下基础，使得所开发的课程具有实效性。

（三）拟定校本课程开发的目标

在对学生和学校资源进行评估之后，就需要根据评估的结果制定出符合学生心理发展需要、体现出学校办学特色的校本课程目标。校本课程目标是指通过校本课程实施所要达到的结果，也就是通过实施校本课程促进中学生心理健康发展。促进中学生心理健康发展是校本课程开发的总体目标，为了更好地实现这一目标，需要对总体目标进行分解和具体化。根据教育目标分类学思想，可以将心理健康教育目标分解为认知目标、情感目标和行为技能目标三个方面；根据基础教育新课程改革中所提出的三维目标思想，可以将心理健康教育目标分解为知识—技能目标、过程—方法目标、情感—态度—价值观目标三个方面；根据中学生心理发展的内容来分，可以将心理健康教育目标分解为认知发展目标、个性社会性发展目标两个方面。对于心理健康教育目标的分解，有助于确定心理健康教育的内容，编制心理健康教育的材料和方案，也有助于制定心理健康教育评价指标体系。

（四）设计校本课程材料与方案

设计校本课程的材料与方案既是校本课程开发的直接目的，又是校本课程开发的具体任务和主要内容，它既是校本课程具体实施和管理的抓手，又是检验和评价校本课程实施效果的落脚点。因此，如何设计和编制有效的校本课程材料和方案是校本课程开发的主要内容和任务。为此，需要根据校本课程目标和学校的实际情况进行研究与确定。校本课程材料的编写方式有新编、选编和改编等多种方式，可以根据学校现有的课程材料情况和学生的实际需求情况加以抉择。校本课程方案是为了保障校本课程得以顺利实施、管理和评价而制定的一套制度、政策、条例和实施方法、细则等。其中，最重要的是课程计划的制订，包括对课程性质、课程类型、课程的组织形式、课时数、课程评价的形式与方法等的制订。校本课程方案的制订是校本课程得以落实的制度保障和方法指引，它需要与学校的其他课程计划、教学制度、奖惩制度、评审制度挂钩和配套。

（五）对课程方案进行宣传与实施

在校本课程材料与方案编写好之后，就是实施的问题了。为了更好地实施，需要对教师和学生作一些宣传与解释工作。既要向教师宣传心理健康教育校本课程开发的理念、目的用途等，还要向学生宣传心理健康教育校本课程开发的目的、用途，不仅是从事心理健康教育的教师需要了解，全体教师都要了解校本课程开发的目的和用途。对于学生而言，只要对他们宣传心理健康教育校本课程的一般思想、基本理念、时代背景、教育意义等方面内容，以便他们有足够的思想准备，在以后的教育教学中能够积极配合即可，至于课程的具体教育内容、方式方法等方面可在以后的教育教学过程中进行指导。对于一般教师，除了要求他们了解以上所提到的内容外，还要使他们了解心理健康教育校本课程的具体目标、内容和方式方法等，以便他们在自己所教的学科教学中能够向学生渗透心理健康教育。对于直接从事心理健康教育的教师，则要求他们完全掌握心理健康教育校本课程的各个方面，以便在教育教学过程中贯彻落实。学校可以通过动员会、例会、教师培训等多种有组织的形式进行宣传，也可以通过黑板报、宣传册等形式进行宣传。

在进行广泛的宣传和学习的基础上，就可以按照教学计划的安排对学生实施心理健康教育了。不过为了实施的效果好，需要在实施前作准备，对教学目标、教学内容、教学方法、教学手段、活动方式等方面进行精心策划，力图取得最优的教学效果。当然，课备得再好，在具体实施过程中也不一定能够照搬教案，还需要教师根据学生的课堂表现，运用自己的教学经验与智慧，发挥教育机制，对教学过程进行监控与调节，使这门课程真正成为学生喜欢的、受益的好课程。

（六）对实施过程结果进行管理评价

为了检验心理健康教育校本课程开发的效果，需要对整个校本课程实施的过程进行监控、记录和管理。监控和管理的目的是考察课程制订方案在实践中的适用性，因此监控的对象包括教师如何实施方案、学生的活动与学习情况、教材的使用情况等，这需要对教师的教案及课堂教学情况（课堂实录）、学生的活动情况（活动的实录）、学生的作业或活动作品、学生的实践活动成果等内容进行收录和整理，并进行归档管理，以便进一步地分析与评价。

对实施的过程和结果进行评价是了解实施效果、发现问题的最重要一环。评价不是整个课程结束时的一次性评价，评价应该贯穿整个课程教学活动过程中。评价有过程性评价、诊断性评价和终结性评价。过程性评价是在课程教学活动一个阶段结束后所进行的评价，如一节课或一次活动结束后所进行的评价，或者一个单元结束后所进行的评价，其目的是及时发现问题以便及时调整；诊断性评价是对课程实施过程中所出现的问题进行的针对性评价，其目的是针对问题的性状分析问题的原因以便及时解决问题；终结性评价是在整个课程结束时对整个教学活动的效果进行综合性的评价，其目的是对整个校本课程方案给予一个相对定性的结论，并确定下一步要整改、修订的内容。

为了使评价结果具有更高的可信度，需要学校领导、专家、任课教师、学生等共同参与评价，这种多主体的评价能够从多方面获取信息，使得评价更为客观。评价的内容包括教师的教、学生的学、课程教学材料的编写、课程方案、课程制度建设、课程管理、与校本课程建设相关的学校条件等各个方面，只有对各方面进行全面评价，才能真实地反映出课程实施的实际效果，才能真正地发现问题，找出问题的症结，才有助于进一步反思与修订。评价的方式与方法应该是运用多种形式、多种手段进行分析评价，如可以通过对教师和学生的活动情况的实录进行分析评价，指出活动过程中的优势与不足，可以通过编写问卷就课程建设方案的制订与实施的具体问题进行调查分析，可以通过设计访谈提纲对教师、学生进行访谈，可以运用作品分析法对学生的作业或活动成果进行分析，可以通过实验设计分析课程实施前后学生的成绩变化来探讨实施的效果，等等。通过多种手段和方法获得不同类型的数据资料，再加以整合，就可以帮助我们更全面、更清晰地了解课程建设与实施情况。

（七）对原定方案效果进行反思与修订

当课程实施的结果与原定目标不一致时，有以下情况：一是原定目标有问题，太高或太低，太笼统或太具体，太大而全或太窄而繁，使得目标难以实现，或太容易实现或部分实现，这就需要对课程目标进行修改；二是原定方案不合理，可能是因为方案与目标不吻合，或者方案不够具体而缺乏可操作性，或者方案不符合学生的心理特征，或者要求的条件太高，等等，这就需要对原定方案进行修订；三是课程方案在具体实施过程中出现了问题，可能是因为方案本身不切实际，可能是因为教师没有按照方案的要求实施而照搬其他学科课程的教学模式，可能是学生没有很好地领会课程方案和教学的精神实质而偏重知识的习得，可能是学校的教学条件不够或实践基地不完善而导致实施的效果不理想，等等，这需要加强课程教学的监控与管理；四是数据收集不准确导致课程评价不客观，可能是数据收集与评价的方法不合理，或者数据收集得不全面，或者是教师或学生在回答问卷和访谈提纲时有顾忌而没有照实回答，等等，这需要对数据收集的过程和方法进行审查，对评价的方法和结果进行元评价。

因此，为了更好地对中学生进行心理健康教育，需要根据课程评价的情况对中学心理健康教育校本课程建设的整个计划和方案进行反思和修订，包括对原定目标、原定方案、实施过程中的具体方式方法进行反思与修改，甚至需要对评价过程与方法本身进行反思与修改。对原定目标的修改需要重新考虑学校的教育哲学、办学理念是否合适，目标的驱动性和导向性是否合理，目标本身是否切合实际，目标是否可具体细化，即目标的可实现程度等；对原定方案的修改需要考虑方案的指导性、方案的可理解性、方案的可操作性、方案与实际活动的融洽性，即方案的被执行性等；对实施过程中的具体方式方法进行反思与修改则要具体情况具体对待，需要针对特定的内容和任务制订多套可行性方案，以便根据具体情况灵活运用。总而言之，要取得好的教育教学效果，需要明确而适当的目标、切实可行的课程方案，还要在具体实施过程中根据变化的情况灵活运用多种方法和手段进行调控，需要学校、教师、学生三者密切配合才能真正达到。可见，一个好的课程建设方案需要不断地反思与修改才能形成。

（八）实施、检验、评价与完善新课程方案

校本课程开发是一个动态循环而不断完善的过程，需要在分析评价的基础上对原先的计划和方案加以修订，同时还要对新的课程方案进行再实施、再评价、再修改，才能使所制订的课程方案越来越符合学校的办学理念、教师的教学实际和学生心理健康发展的实际需求。当然，新的课程方案也不会是完美无缺的，它随着时间的推移，学生一届一届的变换，学校的不断发展，还需要不断地改善。

八、心理健康教育校本课程开发的条件

（一）人力资源方面的条件

中学心理健康教育校本课程开发能否取得成效，最关键的条件是人力资源，因为校本课程开发需要人，需要一支专业素养高、认真刻苦、具有奉献精神的开发队伍。这支队伍的主体应该是教师，是一个整体能力强、结构合理的教师集体。从学科专业上应该是以心理健康教育专业教师为主，思想政治教育及其他学科教师共同参与的教师集体。因为加强对中学生心理健康教育并不只是几个心理健康教育专业教师的事情，而是全校教师共同的责任。这支教师队伍需要有较好的理论素质，对当前的教育改革的政策熟悉，对教育发展的趋势能够较好地把握，熟悉课程和课程开发方面的相关理论，掌握中学生心理发展和心理健康方面的专业知识；这支教师队伍需要有较丰富的教学经验和较强的工作能力，倒不一定要求所有参与课程开发的教师都是教学经验很丰富的教师，可以有年轻的教师参与。

教学经验丰富的教师更熟悉课程在实施过程中可能遇到的问题，以便加以避免，他们负责制订和设计的课程方案可能会更加合理，而年轻的教师更有积极性，他们在具体事情的操作方面可能效率更高。这支教师队伍需要有一定的研究能力，因为校本课程开发的过程其实就是研究的过程，需要根据学校的特色和优势进行课程的研究设计，对学生、教师、课程的实施情况进行调研、评价，这些都是基本的研究能力。这支教师队伍还需要具有奉献精神，因为校本课程开发不是一蹴而就，也不是水到渠成的事情，需要做许多繁杂枯燥的事情，需要花费许多时间，而且还可能会因为考虑不周受到领导和其他教师的指责，因此他们需要有热诚的心和勇于奉献、敢于担当的精神。

心理健康教育校本课程开发与其他课程开发一样，都是学校办学思想的重要体现，学校领导尤其是校长在其中有着举足轻重的作用。学校领导的教育思想引导着学校的整体精神风貌，自然也影响着校本课程的开发。因此，学校领导需要有前瞻性的视野，有开拓思想，有先进的教育理念，有敢于创新的精神和魄力。心理健康教育校本课程的开发，需要学校领导给予强大的支持。学校领导应该在教育思想方面发挥作用，为培育学校传统和办学特色出思路、造氛围。作为领导还应该敏锐地识别由各种团体通过各种渠道进行的有意义、有价值的校本课程开发活动，并给予充分支持，如建立课程委员会，召集校内教师，邀请高校专家，对心理健康教育校本课程活动进行规划、审议和评估，等等。

学校领导需要参与校本课程的开发，可以起组织作用，但不一定要起到领导作用，学

校领导需要充分了解本校心理健康教育校本课程开发整个计划，同时能够与上级行政部门和中介机构协调与合作，与教职工平等对话和沟通，必要时要运用权力但又不至于强加于人。值得注意的是，在校本课程开发过程中，领导应该与其他课程开发小组成员的角色一样，与其他教师是平等成员的关系，而非上下级关系。

（二）物质条件方面的保障

中学心理健康教育校本课程开发所需要的物质条件是课程有效实施的前提和基础。在较为充足的经费投入和较为完善的设备设施的支持下，校本课程开发方案才能更好进行。在制订校本课程开发方案之前，必须对学校的办学经费、设备设施等进行调查分析，从学校的实际情况出发建立校本课程开发方案。

校本课程开发的物质资源条件主要包括硬件资源、媒体资源、文本资源和活动资源等。硬件资源主要包括设备完善的电脑教室、多媒体制作室、先进的科学社会实验室、设备先进的心理咨询室（包括心理测评软件）和团体辅导室等。媒体资源包括强大的互联网平台、广播、校园网络、电子阅览室、影视、录音、录像等。便捷的网络系统能够为学生提供充足、快捷的教学资源，让学生的不良情绪能够得到及时抒发，及时获得专业的线上心理健康指导。通过网络系统建立学生的心理健康档案，能够方便快捷地获取学生的心理健康动态。文本资源主要来源于图书馆，需要学校具备藏书丰富的图书馆，同时能够实施网络化。师生能够在电子阅览室中享受阅读的乐趣，学校建设心理健康数字资源，在网上进行资源共享，供广大师生自主学习。活动资源主要是各项学生活动和社会实践。学校能够开展丰富多彩的心理健康活动，举办心理健康教育活动周等，同时组织学生走出校园，进入社区和社会实践基地开展实践活动，让学生在体验中学会关爱社会、增强社会责任感。

相对于人力资源，物质条件还是次要的，因为只要学校愿意投入，现在的城市学校大多数还是有经费保障的，学校可以在短期内改善这些物质条件。

（三）政策支持与制度保障

心理健康教育校本课程的顺利开发和实施需要有政策支持和制度保障。从政策层面上看，自基础教育新课程改革以来，在课程建设方面，国家和地方教育行政部门都比较重视校本课程建设，进行心理健康教育校本课程开发在国家政策支持方面基本上是没有问题的，关键在于学校是否能够解放思想，顶住各种压力，不以升学率为办学宗旨，而以学生身心健康发展为办学宗旨，制定相关优惠政策，鼓励和支持学校与教师在先进的教育理念指导下进行心理健康教育的校本课程开发。

所以，在学校的改革中，一所学校的文化所起的作用可能比政策所起的作用更大。如果心理健康教育校本课程开发与一所学校的文化相融或相一致，那就会顺利得多。如果这所学校一贯奉行锐意进取、不断创新的精神，一贯坚持以学生为中心、学生至上的理念，具有民主开放的风气和氛围，那么这样的学校开发心理健康校本课程就一定比较容易。如果一所学校是一个民主开放的系统，那么在这样的民主开放的氛围下，交流渠道也会变得广泛而畅通，学校领导也可以分散权力，这也有利于课程开发小组工作，有助于小组内部以及教师之间的良好沟通，有助于所开发的课程更能够得到教师的支持，更适合于教师和学生的发展。

同时，心理健康教育校本课程的开发与实施还需要有一套制度保障系统，包括教学制度、教学管理制度、评价制度等，像教师的安排、课程开设的学期、开设的时间、课程性质、课程大纲、实验和实践活动的规定、学分、成绩评定的方式等，都应该有明确的规定。为了保障校本课程的顺利实施，学校必须建立相应的教学与管理制度，要求各部门、教师和学生都自觉遵守。这里难度较大的是教育评价方面，需要解放思想，不能仍以成绩作为评价的依据，要根据学生心理发展特点和心理健康教育课程的特点进行评价。

（四）课程开发的外部条件

心理健康教育校本课程开发的外部条件是指学校之外的对校本课程开发有重要影响的条件，主要包括地方教育部门的支持、实践基地的建设、社区和学生家长的支持等。地方教育部门通过制定政策、颁布相关的指导性文件，要求或鼓励学校开展校本课程开发，要求学校加强对中学生进行心理健康教育，这样的话，这些政策和文件就成为促进学校开展心理健康教育校本课程开发的重要支撑条件，同时，这些政策和文件也会起到导向作用，引领更多学校进行心理健康教育的校本课程开发。如果地方教育行政部门对于中学开发校本课程或者加强心理健康教育，给予一定的鼓励或奖赏，那么，心理健康教育校本课程开发就会在更多的学校进行，或者学校就会在这方面做得更好。

课外实践活动是课堂教学的有效补充，实践锻炼可以取得寓教于乐、学以致用的效果，是使校本课程受学生欢迎的有效途径。实践基地为学生提供了体验的机会，让学生学习到在课堂上学习不到的内容，例如，进行户外素质拓展，培养学生的意志力、合作性和抗挫折能力。学校可以利用长期合作的校外实践基地来对中学生实施心理健康教育，同时可以节约经费。

社区作为一种公共服务机构，对学校心理健康教育校本课程的开发也能起到支持作用。一方面，学校可以利用社区的资源在社区对中学生开展心理健康教育，如开展现场教育活动，或为中学生开办心理健康教育的讲座，或者利用社区的图书馆、文化馆、青少年活动中心等设施作为对中学生心理健康教育的重要场所，让学生获得更为丰富的生活体验；另一方面，学校也可以邀请社区中的一些重要人物，如专家、教授、咨询师、医生等，到学校为学生举办心理健康教育讲座，或者组织活动等，与学校一起对中学生开展心理健康教育，使社区成为学校校本课程开发的宝贵资源。

学生家长也是心理健康教育校本课程开发中不可忽视的重要力量。学校管理层和教师通常都希望学生家长能够更多地参与校本课程开发的决策，支持学校课程计划。家长群体职业多样化，其中不乏企业家、公司经理等，学校可充分利用家长资源，组织开展“家长讲坛”等活动，让学生在与家长的互动中接受“爱与责任”的教育。家长亦可以通过论坛、短信等方式广泛参与心理健康教育校本课程的开发，也可以积极参与课程的实施。

第二节　心理健康教育校本课程教学设计

“心理健康教育校本课程的实施主要是通过心理健康教育和教学活动来进行的，有效的教学是保证心理健康教育校本课程开发效果的最重要途径。”① 想要确保教学的有效性，需要对教学进行精心的设计，包括教学目标的设计、教学内容的设计、教学方法的设计、教学过程的设计和教学组织形式的设计等。

一、心理健康教育校本课程教学设计的重点分析

教学设计是在实施教学活动之前对教学目标、教学内容、教学过程、教学方法、教学手段、教学组织形式、教学评价等进行计划和组织，使之形成可操作的设计方案的过程。当然，教学设计也是在一定的教学理论和心理学理论的指导下进行的，不同的理论在教学设计上会体现出不同的特色和不同的侧重点。

① 刘万伦，戴敏燕，杨莉. 中学心理健康教育校本课程开发的理论与实践［M］. 北京：科学出版社，2016：113.

（一）教学目标设计

教学目标是关于教学将使学生发生何种变化的明确表述，是在教学活动中所期待得到的学生的学习结果。教学目标是确定教学内容、选择教学方法、引导教学活动、进行教学评价的依据，是教学活动的出发点和立脚点。因此，精心设计教学目标是教学设计的关键。中学心理健康教育课程的教学目标设计除了要吸收优秀的教学思想和理念，还要体现基础教育改革和发展的潮流，要在充分考虑到中学生心理发展的特点、需求的基础上，精心设计出切实可行的、富有指导性的教学目标。

我国基础教育的培养目标是：①知识—技能目标；②过程—方法目标；③情感—态度—价值观目标。这三个方面的目标简称“三维目标”，它是综合了行为取向、认知取向和人本取向三方面教学目标的，其中知识—技能目标可以看成是以行为主义学习理论为基础的，过程—方法目标可以看成是以认知学习理论为基础的，而情感—态度—价值观目标则是以人本主义学习理论为基础的。因为行为主义学习理论更为关注学习所带来的行为变化（包括知识技能的获得），认知学习理论更为关注学习者的认知过程和认知加工方式的有效性，而人本主义学习理论则更为强调需要的满足、情感与态度的体验、自我价值的实现等方面。基础教育新课程改革所确立的“三维目标”体现了素质教育和全面发展的思想，对于中学心理健康教育课程教学目标的确立具有重要的指导意义。

中学心理健康教育课程教学目标还包括提高全体学生的心理素质，培养他们积极乐观、健康向上的心理品质，充分开发他们的心理潜能，促进学生身心和谐可持续发展，为他们健康成长和幸福生活奠定基础。心理健康教育的具体目标为：使学生学会学习和生活，正确认识自我，提高自主自助和自我教育能力，增强调控情绪、承受挫折、适应环境的能力，培养学生健全的人格和良好的个性心理品质；对有心理困扰或心理问题的学生，进行科学有效的心理辅导，及时给予必要的危机干预，提高其心理健康水平。

（二）教学内容设计

教学内容的设计主要包括教学内容的选择与呈现。教学内容的选择与呈现是根据教学目标，以及学生的心理发展与需求来进行的。在不同的教学目标模式下所确定的教学内容具有不同的特色。

在行为取向的教学目标下，更偏向于确定和选择可操作性的程序化的教学内容。在结构课程理论和发现教学模式下，更偏向于选择和呈现学科的基本结构。

在有意义言语学习和接受式教学模式下，强调呈现给学生的是有组织的、前后联系的、能融会贯通的知识，强调知识的逻辑性和顺序性。这样的知识便于学生理解和同化，形成知识结构。

在培养“完整的人”的目标下，则倾向于给学生呈现有意义的学习内容。所谓有意义学习是一种使学习者的行为、态度、个性，以及在未来选择行动方针时发生重大变化的学习。这种学习不仅是一种增长知识的学习，而且是一种与每个人各部分经验都融合在一起的学习。促进有意义学习的最有效方式之一是让学生直接体验到面临实际问题、生活问题、伦理和哲学问题、个人问题，而这可以通过设计各种场景，让学生扮演各种角色，让学生到第一线去，在真实的情境中学习、体验。为此，教师应该为学生构建一种真实的问题情境，使他们经历将来他们会真正遇到的问题。

在发展性教学目标下，强调选择能够促进学生发展的问题。在教学内容的选择上，要遵循高难度原则，即选择给学生的知识内容不能太简单，也不能太难，正好落在学生的最近发展区的内容是最能够促进学生发展的内容。所以，选择教学内容要考虑学生的心理发展水平。

同样，在中学心理健康教育内容的选择上，要根据心理健康教育具体目标和中学生的心理发展水平和心理需求来确定。

（三）教学方法设计

教学方法是为了完成教学任务、实现教学目标，教师和学生在教学过程中所采用的一系列教与学相互作用的活动方式的总称。教学方法的设计主要是根据教学目标与任务、教学内容、教学条件、学生特点等方面来选择合适的教学方法。

首先，教学方法的选择要服从于教学的目标与任务，因为选择教学方法就是为了完成教学任务、实现教学目标。不同的教学目标和任务要求运用不同的教学方法。例如，如果一堂课的主要任务是掌握新知识，那么可以运用以言语传递为主的方法，当然也可以运用演示法、实验法、发现法等，这要看教学目标的内容。如果教学目标仅仅是掌握新知识，那么讲授法是最经济有效的方法；如果教学目标是培养学生的动手能力和探究能力，那么运用实验法和发现法是比较合适的。如果这堂课的教学任务不是上新课，而是复习课，是为了巩固知识、加深理解或形成技能，那么练习法、实习作业法、欣赏法都是合适的，当然这也要看教学目标。如果教学目标仅仅是巩固知识、形成技能，那么练习法是最经济有效的方法；如果教学目标是要在理解的基础上获得美的享受和积极的情感体验，那么就可以选择欣赏法；如果教学目标是要培养学生解决实际问题的能力，那么实习作业法是最合适的。

其次，教学方法的选择要考虑教学内容。由于学科性质不同（如文、理科），导致教学内容上差异很大，教学方法的选择要符合不同学科的教学内容。例如，在物理课、化学课上可能会较多地运用演示法、实验法等，而在数学课上可能会较多地运用讲解法、练习法等，在政治课、历史课上可能会较多地使用讲述法、讨论法等。

再次，教学方法的选择要考虑到学生的身心发展特征。例如，高中生的思维特征是以抽象思维为主，他们可以运用概念、抽象的符号进行思维，因而在教学方法的选择上要灵活得多，既可以运用直接感知为主的方法，也可以运用语言传递为主的方法，还可以运用欣赏法等要求较高的方法。

最后，教学方法的选择还应该考虑到教师方面的因素（如教师的素质、水平、性格特征、教学风格等）、学生的原有水平、学校的硬件设施、学校的基地建设等多方面因素。

在中学心理健康教育课程教学中，也要根据心理健康教育的目标、任务、内容，以及中学生心理发展特征来选择教学方法。不过教学方法的选择不是按照固定的规则进行的，而应该是灵活多样的、动态变化的。所谓的“教有法，无定法”，这说明教学方法的选择有很大的灵活性，在具体的教学过程中，还需要根据课堂上的情况和学生的实际反应进行及时的调整，以保证教学任务的完成和教学目标的实现。

（四）教学过程设计

教学过程的设计既需要考虑到教学的目标和任务，又需要考虑到不同类型课程的要求。以传授知识为主的课与以培养能力为主的课之间的教学过程设计肯定是不一样的。此外，只完成单一任务的课型与需要完成多项任务的综合课型的教学过程也会有很大区别。

以传授知识为主的课比较注重知识的呈现、知识的讲解、知识的巩固与应用，如根据信息加工理论可以将学习过程分为八个阶段：动机阶段、领会阶段、习得阶段、保持阶段、回忆阶段、概括阶段、作业阶段和反馈阶段。与此相对应的，教学过程可以分为八个阶段：①激发动机；②告知目标；③引导注意；④刺激回忆；⑤提供学习指导；⑥增强保持；⑦促进学习迁移；⑧让学生做作业并提供反馈。

以培养学生探究知识的能力为主的课比较注重激发学生的探究欲望，引导学生探究和归纳以得出结论，如发现式教学的教学过程主要包括以下环节：①提出和明确使学生感兴趣的问题；②使学生对问题体验到某种程度的不确定性，以激发探究的欲望；③提供解决问题的各种假设；④协助学生收集和组织可用于作结论的材料；⑤组织学生审查有关资料，得到应有的结论；⑥引导学生运用分析思维去验证结论，最终解决问题。

教学过程的设计与教学方法的设计一样是比较灵活的，只要能够完成教学任务，达成教学目标，调动学生的学习积极性，教学过程的各个环节不一定是固定不变的，可以作适当调整。中学心理健康教育的教学过程设计要根据中学生心理健康教育的目标和中学生的新发展需要，可以以知识传授为主，让中学生了解一些有关自己心理发展的基础知识，也可以以问题为中心，围绕中学生常见的心理问题展开分析和讨论，引导学生正确面对学习和生活中所遇到的问题，提高学生自我调节的能力，最终帮助学生合理有效地解决问题。

（五）教学组织形式设计

教学组织形式是在教学活动中师生相互作用的结构形式，包括时间、空间和人员的组织等。常见的教学组织形式有班级授课制、小组合作、个别辅导等。开展中学心理健康教育既可以采用班级授课制形式，也可以采用小组合作或个别辅导的形式。这主要取决于活动的目的任务和活动的规模。如果是面向全体同学介绍心理健康方面的知识，那么可以采用班级授课制形式；如果是开展交流和讨论，或者竞争性游戏活动，那么采用小组合作形式较好；如果是针对少部分同学的心理问题或学习问题，也可以采用类似小组合作的团辅形式；如果是针对极少部分同学的心理问题，则可采用个别辅导的形式。总而言之，心理健康教育的教学组织形式与教学目的任务、活动方式、人数等密切相关。

二、心理健康教育校本课程教学设计——从“新”开始

学校适应是高中学生升学后需要解决的第一个难题，能否尽快地适应新的学校的生活方式与学习方式，直接关系到学生对新学校的印象和学习态度，进而影响他们以后的发展。因此，学校和教师有义务帮助他们尽快地适应新学校的生活和学习方式。下面主要从如何帮助高新生尽快地适应新学校生活方面进行教学设计，课程名称：从“新”开始，内容侧重于讨论高新生对在新环境下遇到的不适应该如何调节。

（一）教学设计理念

本节课的主题是生活适应，初入高中，面对新的学校环境、新的生活方式等一系列的变化，很多学生出现了不适应问题，这种不适应问题可能会影响到日常的学习和生活。如何快速、有效地解决不适应问题成了高中开始阶段要解决的关键问题。本节课的设计理念

是以学生为中心，以学生的活动为主，讨论学生自身所遇到的实际问题，解决学生当前的不适应问题，教师主要起组织、引导和总结的作用。通过本节的适应性心理活动课，希望学生们能够明白存在不适应问题是正常的，关键要清楚自己有哪些方面不适应，遇到不适应问题时该如何面对和解决它。

（二）学生情况分析

本节心理健康活动课的对象是高中新生，高中是身心发展的重要阶段，也是人生的重要阶段。高中新生正处于青春期，独立意识增强、自主性提高、自尊心很强。一方面，他们能够独立地解决一些力所能及的问题，并倾向于通过独立地解决问题来提高自我价值感、自主性和成人感；另一方面，当他们遇到自身难以解决的问题时，他们往往羞于求教他人，而把问题憋在心里，这样很容易出现不适应等心理问题。这时，如果教师能够给予积极的关注和引导，教育他们敢于面对问题，并帮助他们掌握一些解决不适应问题的方法，那么对他们更好地适应高中生活与学习会有极大的帮助。

（三）教学目标设计

第一，知识—技能目标。能够明白存在不适应问题是正常现象；能够理解同化与顺应等不同的适应方式。

第二，过程—方法目标。能够认识到自己在新环境下所遇到的不适应问题；能够通过活动和教师的讲解学会一些解决不适应问题的方法。

第三，情感—态度—价值观目标。敢于正视在新环境中所遇到的各类不适应问题；通过自身努力和逐步调节，解决所遇到的不适应问题，从而提高成就感和自我价值感；在以后的生活和学习中要学会以积极的态度对待所面临的各种不适应问题。

（四）教学的重难点

第一，教学重点。引导学生发现并敢于面对自己高中生活中出现的不适应性问题；帮助学生学会自我调节或独立解决问题；引导他们在遇到自身难以解决的问题时，学会求助他人。

第二，教学难点。理解同化与顺应的概念；教给学生掌握解决问题的方法，并将所形成的能力、态度和方法应用到以后的生活和学习中去。

（五）教学过程设计

1. 热身游戏

热身游戏：认识你真高兴（5分钟）。

教师：以每列为小组，每组第一名同学开始和该列每一位同学握手，同时说一句“认识你真高兴”，然后由第二名同学开始向后与该列每一位同学握手，同时说一句“认识你真高兴”，直到最后一位同学和该列每一位同学握手完毕。

学生：开始游戏。

教师总结：在刚才的游戏中，大家的感觉是什么样的呢？在你们刚开始认识的时候，大家有没有相互握手呢？大家是同一个班的同学，要一起度过三年的高中时光，是同学，是朋友，是要一起走向高考的战友，积极热情地对待每一位同学，可以让我们的班级更加有凝聚力，共同创造良好的学习与生活氛围。

教学方法：用游戏活动导课，活跃气氛，加强同学间的交流。让同学们感受问候的温暖。

2. 火眼金睛

火眼金睛：探索校园（10分钟）。

教师：依次呈现校园设施的局部细节照片约15张，让同学们猜猜图片是校园的哪里，这个地方主要有什么功能。若同学们不能完全说出照片上的地点，教师就提供地点的名称，让同学们进行配对。配对完成后再由教师介绍这些地方的功能。

学生：快速熟悉学校的设施及其功能。

教师小结：刚刚大家通过探索校园的活动，是不是对校园有了更多的了解呢？熟悉我们即将生活学习三年的校园，是做好生活适应的第一步，如果同学们还不太熟悉，那么就和小伙伴来一次校园探索之旅吧！

教学方法：以多媒体为教学手段，运用问答法，讲解法，使学生了解新校园的各种设施与功能。

3. 互动活动

互动活动：请你帮帮我（10分钟）。

教师：在进行了刚才的活动后，同学们应该对学校有了一些基本的了解，那么现在就请同学们仔细想想：高中生活和初中生活相比有哪些不同？这些不同之处会让你觉得不适应吗？写下你认为的不同之处和不适应的方面。写好以后请班长统一收齐，随机分发给每一位同学，让别的同学为你写下他们觉得最有效的调整方法。

学生：写下初入高中存在的不适应问题，以及最有效的调整方法。

教师小结：刚进入高中，同学们或多或少会面临一些生活上不适应的问题，适应方面的问题人人都会出现，也许你出现的这个问题正好也是帮助你的同学出现过的问题，而他已经很好地解决了这个问题，并且为你提供了好的示范。在平时的学习生活中，遇到任何问题，都可以找同学，他们会为你提供好的建议和帮助。

教学方法：运用鼓励和启发诱导的方法引导学生找出自己在高中阶段与初中阶段不同之处和不适应之处，让班里其他同学提供解决问题的思路，从而提供好的解决办法。

4. 分析阶段

教师：请同学们分组讨论，谈谈自己收到的别人提供的好方法，并分享收到别人方法后的感想。

学生：讨论分享适应小技巧。

教师小结：有的时候遇到问题，自己把心事埋在心底，不肯说，又不知道如何解决。那么通过这次活动，同学给了你新的思路和方法，也许可以帮你解决生活上不适应的问题，在以后的生活中，如果遇到了问题，可以向身边的老师、同学或心理老师求助，只有解决了生活中遇到的问题，我们才能够好好地享受我们的高中生活。

本阶段安排 10 分钟，教师可以运用讨论法，以头脑风暴的形式，让学生理解和掌握一些问题解决的方法，以及求助别人的感想。这也是本节课的重点和难点。

5. 教师总结

教师：今天的课快结束了，不知道同学们是否有所收获呢？心理学家皮亚杰认为适应可以通过同化和顺应实现。通俗地说，你用原先的解决问题的方法解决新问题，这就是同化。而当你用原先的解决问题的方法不能解决问题时，通过改变原先的解决问题的方法，尝试运用新的解决问题的方法，以解决新问题，那就是顺应。这是两种适应的方式，我们都可能会用到。

最后，教师送给同学们几句话：你改变不了环境，但你可以改变自己；你改变不了事实，但你可以改变态度；你改变不了过去，但你可以改变现在；你不能控制他人，但你可以掌握自己；你不能预知明天，但你可以把握今天；你无法样样顺利，但你可以事事尽心；你不能左右天气，但你可以改变心情；你不能选择容貌，但你可以展现笑容。希望每个同学都能够快速地适应高中生活，让高中成为你人生最美好而充实的阶段。

本阶段安排 5 分钟，教师从理论高度阐述如何适应的方式与方法，并加以总结概括，帮助学生将所学会的方法迁移到问题解决中。

三、心理健康教育校本课程教学设计——“放飞心情，迎接心晴”

中学生情绪是在活动与交往过程中，在成熟、环境和教育等诸多条件影响下，逐步形成和发展起来的。随着青春期身体的发育与成熟，神经系统的内抑制和自控能力的发展，中学生的情绪发展表现出丰富性、文饰性、跌宕性、心境化、两极性等特征。如果这些特征向积极方面发展，则形成良好的心境，有利于身心健康；如果这些特征向消极的方面发展，则容易产生情绪方面问题。情绪调节的主要方法有放松训练法、合理情绪疗法、转移注意法、发泄情绪法、控制情绪法等。教师要引导学生加强情绪管理，学会情绪的自我调节，保障自己经常拥有愉快的心情。下面主要探讨“放飞心情，迎接心晴”课程教学设计。

（一）教学设计理念

本节课的主题是情绪调节，情绪具有两极性，对于消极情绪需要加以调节，以维持心理健康。中学生情绪的自我调节能力还不强，时常会受到消极情绪的困扰，因此还需要给予指导，提高他们管理和调节不良情绪的能力。本节课的设计理念是通过案例分析使学生认识到调节情绪的必要性，掌握情绪调节的理论与方法，再通过实例将情绪调节的理论与方法运用于实际生活中。本节课设计的主要目标是使学生能够通过调整认知来克服消极的情绪，能调节和控制情绪，保持乐观、开朗的心境。

（二）学生情况分析

高中生处于半幼稚半成熟的过渡时期，其情绪情感具有独特的表现：情绪体验丰富多彩；情绪活动不稳定，波动较大；情绪体验强烈易冲动；情绪表现外显与内隐并存。由于对自己情绪的各种认识和控制能力尚未成熟，他们在面对学习、考试、陌生交友圈、对异性萌生好感等各种问题的困惑和烦恼时，有时表现出消极、负面的情绪状态。一般的、适度的、情景性的负面情绪反应是正常的，也是无害的；然而，持久的情绪困扰与忧虑，会使个体长期陷于不良情绪之中不能自拔，影响学生的学习和生活，因此需要及时调节情绪来适应高中的学习和生活。通过本节课的学习，希望他们能够认识到情绪调节的重要性，掌握一些简单的情绪调节方法，学会情绪的自我管理，保持乐观的心情。

（三）教学目标设计

第一，知识—技能目标。了解中学生情绪发展的基本特点，理解情绪的 ABC 理论；能了解情绪的表现，认识到情绪对人的身心健康的影响。

第二，过程—方法目标。通过案例分析了解情绪产生的原因和特点；通过辨析自己的情绪状态，找出进行情绪管理、解决情绪问题的方法；能应用有效的方法控制自己的情绪，对情绪进行自我调适。

第三，情感—态度—价值观目标。重视情绪的调控，提高主动调整情绪的意识；体验转变消极情绪带来的变化，体验合理控制和调节情绪带来的成就感，培养健康、积极的情绪状态。

（四）教学的重难点

第一，教学重点。使学生认识到调节情绪的重要性，帮助他们掌握调节消极情绪的方法。

第二，教学难点。提高他们主动调整情绪的意识，引导他们重视情绪的调控，保持良好的情绪状态。

（五）教学过程设计

1. 暖身活动

暖身活动——比手画脚（5 分钟）。

教师介绍游戏：

（1）准备若干张纸条，上面书写以下内容：我很高兴、我很生气、我很难过、我很失望、我很无奈、我很着急、我很困惑、我很害怕、我很担心、我很不甘心、我觉得丢脸、我觉得厌恶、我觉得惊讶、我好舒服、我好兴奋、我好痛苦、我好寂寞、我好满足、我好无助……每张纸上写一种情绪，写好后折成四折，放在一个小纸箱或其他容器里。

（2）全班同学自愿举手参加表演，自愿者抽取一张纸条，不能让别人看到纸条内容。

（3）抽到纸条的同学表演纸条上写明的情绪，不能说话，只能用面部表情和肢体动作表演，其他的同学猜表演者的情绪。

学生：按照教师介绍的游戏规则和方法积极地参与到游戏活动中。

教师小结：我们可以从非言语信息来判断各种情绪，在游戏中我们可以从他人的非言语信息中判断其情绪，相反，我们的情绪有时候也会被他人所感知，所以要学会调控我们的情绪。

2. 解读理论

解读理论——“想法”决定情绪（10 分钟）。

通过暖身活动，活跃气氛，并使学生感受到情绪是可以被他人感知的，所以要学会控制自己的情绪，从而引入主题。

活动介绍：学生观看三则小故事的 PPT，内容是反映不同人对同一件事会产生截然不同情绪的素材。然后思考问题：“为何对同一件事，不同的人会产生截然不同的情绪?”

（1）荒岛上的鞋子推销员。两个鞋子推销员去到一个荒岛上，发现荒岛上的人都不穿鞋。一个感到非常失望，因为他认为这个岛的人都不愿穿鞋，要成功推销是没有希望的；另一个感到非常兴奋，因为他认为这个岛上的人还没有鞋子穿，成功推销的希望极大。

（2）对玫瑰花的看法。A 的看法：“这世界真是太美好了，在这丑陋、有刺的梗上，竟能长出这么美丽的花朵。”B 的看法：“这世界太悲惨了，一朵漂亮、美丽的花朵，竟然长在有刺的梗上。”

（3）对半杯水的反应：两个十分口渴的人，当他们见到有半杯水时产生了不同的情绪反应。A：“还好，还有半杯水满足。”B：“哎呀，怎么只剩半杯水了——不满!”

学生：讨论、发言。

教师：介绍情绪的 ABC，A——事件、B——瞎想法、C——情绪。情绪 ABC 理论的核心思想是：我们通常认为“某某事情使我产生了某某情绪”，其实影响我们情绪的不是事件本身，而是我们对事情的看法。对同一件事不同的人会有许多不同的想法，即使同一个人也会对事件有不同的想法，而不同的想法则引起不同的情绪。导致情绪问题的原因往往不是事件本身，而是不正确的、非理性的信念。

3. 现学现卖

现学现卖——请你帮助他（10 分钟）。

活动介绍：学生看小磊的故事。小磊和小奇是同桌，这次英语测验，一向学习成绩不冒尖的小磊却比英语课代表小奇考得好。同学们纷纷议论，怀疑小磊作弊。面对同学们的怀疑、责问，小磊非常气愤，他觉得同学们都看不起他，都在嫉妒他、怀疑他，就在课堂上和大家争吵起来，大发雷霆，摔文具盒、拍桌子，以发泄自己的不满。

思考小磊的消极情绪和不良行为与他的不合理想法紧密相关，请学生先帮他找出这些不合理的想法。

教师引导：请同学们思考如何帮助他改变这些想法，使他的消极情绪和不良行为转变为积极的情绪和行为，从而走出情绪的深渊。

学生：互相交流并分享。

4. 解剖自我

解剖自我——我的情绪低谷（10 分钟）。

教师介绍活动过程。

（1）请学生回想曾经令自己快乐、生气、伤心、紧张、受挫或自卑的一件事，列出三个问题：

A. 曾有一件事，让我很不开心，这件事情是什么？

B. 在那段日子里，当时我的情绪是怎样的？

C. 这样的情绪影响了我的日常生活，这种影响表现在哪里？

（2）将那件事按照情绪 ABC 的理论写成：事件（A）和当时的想法（B）、情绪（C），或所导致的行为结果。例如：同学叫我绰号，我感到不被尊重，就生气不理同学。

（3）学生思考：这些事件和想法是否引起了你的情绪困扰？如果原来的想法引起了你的情绪困扰的话，试试换种想法会怎么样？当时自己是如何走出那一段低谷的？如果运用情绪 ABC 理论解决的话会有什么区别？

（4）小组内交流分享。

（5）请部分学生代表发言分享。

学生：思考、交流、分享。

教师小结：通过解决自我问题，可见“怎么想”决定我们产生什么样的情绪。情绪其实操控在我们自己手中，记住换个想法，心自然就晴了。

接着，教师呈现心理小贴士（其他的有效方法）：

a. 转移注意力。

b. 合理发泄情绪。哭——适当地哭一场；喊——痛快地喊一回；诉——向亲朋好友倾诉衷肠；动——进行剧烈的运动。

c. 学会控制情绪。控制情绪就是要做到“喜怒有常”和“喜怒有度”。

5. 魔法情绪

魔法情绪——魔镜魔镜（5 分钟）。

活动介绍：

（1）学生分成两人一组，相对而坐。甲学生做出各种愉快的表情，乙学生作为镜子模仿甲的各种表情。时间为 1 分钟左右。

（2）双方互换角色。

（3）学生围绕刚才的活动讨论分享：A. 看到“镜子”的表情你有什么感受？B. 情绪可传染吗？C. 你在努力做各种愉快表情时你的情绪有变化吗？

（4）学生发言。

教师小结：心理学研究表明，当我们抱着某种心情，模仿着某种心情，往往能帮助我们真的获得这种心情。因此，每天早上起床后我们对着镜子笑一笑，告诉自己“今天会有个好心情”，往往会为你带来一天的好心情。即使没有镜子的时候，也可利用镜子技巧，使自己脸上露出一个很开心的笑脸来，挺起胸膛，深吸一口气，然后唱一段歌曲，或吹一小段口哨，让自己的心情晴朗起来。

6. 情绪食谱

情绪食谱——总结感悟（5 分钟）。

教师送给学生一份“校园快乐”食谱：

配料：一杯友谊、二匙善良、三盏宽容、四勺理解、五杯关怀、六勺希望、七袋诚挚、八罐信任、九份努力，外加一桶笑声。

调制方法：取关怀和诚挚，与信任充分搅拌，然后将努力、善良、宽容和理解加入，添上友谊和希望，洒上大量笑声，同阳光一块烘烤，每日食用一份。“校园快乐食品”好吃，大家一起分享吧！

教师简单介绍一下这份“食谱”，并体验与同学们共同分享快乐的情感。请大家把这份食谱发送给你的亲朋好友，与他们一起分享，通过情绪食谱，总结我们保持愉快情绪的要点，升华主题“放飞心情，迎接心晴”。

第三节 心理健康教育课程的实施与评价

心理健康教育课程“是以培养学生良好的心理素质、发展健全的人格、提高心理健康水平为目的的教育活动”①。心理健康教育课程是中学课程体系的重要组成部分，是体现把人格健全发展作为课程建设重要目标的直接途径。心理健康教育课程是一门性质比较特

① 余欣欣，李山，吴素梅. 中学心理健康教育［M］. 北京：科学出版社，2017：2013.

殊的课程。与一般学科课程相比，它是以培养学生心理素质为目的的专门课程，其课程目标、教学方法、课堂设计和课堂组织、课程评价不同于传统课程，它是一门更加民主化、个性化、人性化和生活化的课程，也是一门更具专业性、实践性和综合性的课程。就其功能来说，它并不特别重视系统知识的传授，而是强调学生自身的活动与心理体验的获得。因此，心理健康教育课程不是以传授某一种自然科学或社会科学的系统知识为己任，它不是解决“知”与“不知”的问题，而是要实际地促进学生的心理健康，形成健全的人格品质。

心理健康教育课程是一种情绪调节、情绪体验，是心灵的沟通，理念的认同，绝不是干巴巴地说教就能奏效的。心理健康教育课程不同于学科课程，目标不是单纯地掌握心理学知识，而是针对学生实际，通过具体事例，使学生懂得认识自我、发展自我的道理，培养自省、自信、自我认识、自我调节的能力，实现优化心理品质的目的。在课堂上充分发挥学生的自主性，让学生充分参与，通过情景体验、讨论分析、谈话沟通、行为训练、心理陈述等方式，使不良情绪得到控制，不良心理得到纠正，最终实现提高学生心理素质的目标。

一、心理健康教育课程体系及实施

（一）心理健康教育课程定位与意义

1. 心理健康教育课程任务

心理健康教育课程的任务是对全体学生开展心理健康教育，使学生不断认识自我、增强调控自我、承受挫折、适应环境的能力；培养学生健全的人格和良好的个性心理品质，帮助成长、促进发展。心理学认为，人的感受和体验产生于人的活动。心理健康教育课程中应突出以活动为主，寓心理健康教育于活动之中，以学生的经验为载体，以活动为中介，通过活动，通过师生的共同参与，引起学生相应的心理体验，在活动中建立起学生认同和接受的规范和价值，促进学生自我认识、自我成长。心理健康教育课程不是解决“知”与“不知”的问题，而是要实际影响学生的心理健康。对学生而言，再精彩生动的讲授都难以替代个人的亲身感受和直接体验。因此，心理健康教育课程应以体验性学习为主。

心理健康教育课程定位于活动课程。充分发挥学生的主体性、主动性，生动活泼、轻松愉快，让学生尽情倾诉，让学生充分参与、充分体验，从中感受、领悟，自我心理调适。心理健康教育的形式在初中以活动和体验为主，在做好心理品质教育的同时，突出品格修养的教育；高中以体验和调适为主，并提倡课内与课外、教育与指导、咨询与服务的紧密配合。

2. 心理健康教育课程意义

心理健康教育课程的显性意义至少表现在三个方面：一是普及心理健康常识的宣传阵地；二是培养学生求助意识的健康园地；三是掌握自我调适方法的实习场地。潜在价值表现在：有利于切实改变教师的教育观念；有利于营造接纳、信任、欣赏的教育氛围；有利于促进学生自主、健康地成长。

心理健康教育课程是素质教育的重要途径，在中学开设心理健康教育课程是全面实施素质教育的需要，是教育思想进步的体现，是教育发展和改革的必要，是学校端正教育观念、遵循教育规律的积极思想。心理健康教育课程的开设是现代教育的标志，是一项追求教与学和谐一致、协调学生身心发展、培养一代新人的重要途径。同时，心理健康教育课程是学校心理健康教育的重要组成部分。从学校心理健康教育的途径来讲，学校心理健康教育的基本途径有两条：一是对全体学生进行心理健康教育；二是针对有心理困扰的学生进行心理咨询，而心理健康教育课程承担起实现第一条途径的辅导任务，成为其有效的表现形式。

心理健康教育课程是课程改革的重要补充，心理健康教育课程是对学科课程的改革和补充。学科课程以社会发展为基本出发点，其主要功能是将社会文化和知识传递给学生，以知识为载体、以知识传递为中介，使学生获得智慧和技能。学科课程的局限性在于常常难以顾及个体发展的差异性和需要，难以发挥个体的主动性和创造性。心理健康教育课程主要的功能是促进个体身心健康，以个体经验为载体，以活动为中介，使学生获得学习、生活、社会适应与发展的技能，它是以个体的发展为基本的出发点，可以极大地调动学生学习的主动性和创造性。

（二）心理健康教育课程原则与教学方法

1. 心理健康教育课程原则

心理健康教育课程是以发展和提高学生的积极心理品质为目标，是全体学生主动参与积极体验的辅导活动课。心理健康教育课程有别于传统的学科教学，它是根据学生的心理发展规律和成长的需要，按照心理健康教育的原理和技术设计组织的、形式多样的、生动活泼的活动体验课程。为了能够达到其课程目标，体现出自己的特点，就要遵循一定的课程原则。

（1）课程实用性原则。课程实用性原则是心理健康教育课程最重要的原则之一。心理健康教育课程是以学生的成长需要为出发点，以提高全体学生的心理素质为目标，以活动为载体，结合学生身心发展的特点来设计，是实践经验的总结、提升。每个活动包括活动主题、活动目标、活动要求、活动设计、教师的导课和在活动中的注意事项、活动前准备、预测活动中的突发事件，以及相应课后反思等。课程系统、具体、全面，具有较强的实用性和可操作性。

（2）学生主体性原则。心理健康教育课程真实地体现了“人本”思想，强调了以学生为主体。心理健康教育课程的重要功能是促进学生的成长与发展，心理素质的形成和发展必须依赖于学生主体自身的主观能动性。心理辅导是引导学生自我改变认知模式和行为模式，不是单纯的讲解，不是由教师代替学生作决定，是学生的自我探索、自我发展和自我完善，从而真正做到助人自助。学生是活动的主体，教师只是活动的引导者和组织者。因此，课程中的活动在设计上、实施上，都应充分发挥学生的主体作用，学生才是课程的真正主人。

（3）参与体验性原则。学生参与活动是心理健康教育课程成功的必要条件，在教师的引导下，让每位学生积极主动地参与心理健康教育课程的全过程。心理健康教育课程是解决个体自身的问题，它需要以个体的经验为载体。学生的自我体验可以通过创设一定的情境，营造一定的氛围来实现，从而使学生获得真实的体验和感受。心理健康教育课程包含大量的故事情景、各种心理剧，还有相应的多媒体辅助课件，从而调动、加深学生的各种体验，潜移默化地影响学生的成长。课后的学生活动反馈，是学生体验和感受的真实写照，是学生自我成长的心路历程。

（4）活动开放性原则。心理健康教育课程是一个开放的动态过程，本质上要求不断地开拓和创新。所以开放性原则是我们心理健康教育课程的又一突出的原则。体现在以下方面：根据学生的成长需要，随时调整课程的顺序和补充相关的内容，使其不断丰富、有效。同时，活动的开放性原则还体现在活动中，师生的心灵可以达到较好的开放，相互分享，共同促进，健康成长。

（5）心理发展性原则。心理发展性原则，就是指学校心理健康教育课程要以学生的发展为本，应注重学生心理素质的发展，为学生个性化的多方面潜能发展创造良好的心理氛围和条件。教学目标的制定要符合学生心理发展的规律，符合学生心理发展的需要。每个年龄阶段都有其相应的课程教学目标，达到这样的目标可以一步一步地促进学生心理健康的发展。心理健康教育课程的重点是帮助学生心理发展，目标也是个性发展，完善自我。因此，心理健康教育课程应遵循学生的心理发展规律，符合学生的心理特点和心理发展水平，在不同的学龄段侧重发展不同的积极心理品质，提高学生的心理素质和培养学生完善的人格。此外，心理发展性原则还主张对学生的心理问题要以预防为主，辅导为辅，重在预防，这是积极心理健康教育课程最重要的原则之一。

（6）循序渐进的原则。循序渐进是心理发展的一条普遍规律，个性心理特征的发展同样如此。从心理卫生的角度看，“渐进”意味着遵循学生的心理发展顺序，避免因为盲目加快教学进度而导致学生心理发展在某些环节上出现“断裂”，从而引发各种不良心理反应。“渐进”表现在积少成多、潜移默化、由潜在变化向显在变化发展。对学生进行塑造和培养也应是逐步递进式的，切不可急于求成。若急于求成，一味采取强制性的高压手段或过分严厉的惩罚措施，则不仅不利于学生积极地调整、完善自己，而且会引发抵触、抗拒心理，导致消极甚至破坏性情绪。

除以上原则外，心理健康教育课程的原则还有很多，如尊重与理解相结合的原则、点面相结合的原则、安全性原则、全面性原则、教育性原则、整体性原则、同感性原则、保密性原则等，限于篇幅，不再赘述。

2. 心理健康教育课程教学方法

心理健康教育课程的教学方法有很多，下面探讨一些常见的教学方法供大家参考选用。每节课可能会是几种教学方法的综合运用，教师可以根据自己的授课内容来进行有针对性的选择，以达到最佳的辅导效果。

（1）操作法。操作法主要是通过学生的言语和动作的操作来达到心理辅导的目的。在心理健康教育课中使用也非常普遍。

第一，演讲。上课开始后，教师让学生根据教学内容进行专题演讲，这种方法可以锻炼学生的口才，培养和训练学生的自信心，也能达到辅导效果。

第二，测验。教师根据上课的内容，选择一个心理测试对学生们现场测试，测试结束后告诉学生评定标准，从而让学生了解自己性格、气质、兴趣、能力等诸多方面的情况，为心理健康教育课程的教学做好铺垫工作。

第三，游戏。教师根据要辅导的主题，精心设计一两个有针对性的游戏，让学生在游戏中体验相关问题，从而达到辅导学生的目的。这种方法一般非常受学生的欢迎，效果比说教也好很多。

第四，艺术。教师根据辅导的内容，让学生进行绘画、唱歌等艺术方式完成活动，如诗配画等活动就是很好的方法，教师给出一首诗，让学生分小组根据诗的内容进行作画，然后进行评比、展示。同时，教师有时为了活跃课堂的气氛，可以让学生针对主题进行现场的演唱活动，以引起学生情感共鸣，调动学生的情绪和积极性。

（2）集体讨论法。集体讨论可以集思广益，沟通学生间或师生间的思想和感情，促使问题顺利解决。这类方法有多种，下面几种在心理健康教育课程中运用十分广泛。

第一，专题讨论。教师给学生们一个明确的主题或内容，学生们分小组进行讨论，然后再分享讨论的结果，进而达到相互帮助、共同提高的目的，充分发挥同龄共振的效应。专题讨论在心理健康教育课中经常用到，效果也非常明显。

第二，辩论。教师提前告诉学生辩论的主题，分正反两方，大家课前先作准备，上课后正反双方进行激烈的辩论，以此达到对某主题的深入理解，进而达成辅导的目的。当然也可以是某个问题分几个小组进行辩论，最终达到辅导的目的。

第三，头脑风暴法。头脑风暴法又称智力激励法，是现代创造学奠基人美国的奥斯本提出的，是一种创造能力的集体训练法。头脑风暴法是通过脑力的互相激荡，把对某一问题的各种各样的想法都引导出来。即教师给出一个案例或一个问题，没有对错之分，大家尽力去说解决的方法，最后征集到很多非常好的方法，问题得以巧妙解决。

第四，冥想法。冥想法非常有助于帮助学生身心放松，使学生看清他们的价值和期待，或者在一些假设的情景中观察自己。同时一定要让他们谈自己对练习的体会，如感觉如何。可以通过两人小组或小组内讨论完成。

（3）认知感悟法。认知感悟法主要是依靠学生的感知、想象和思维等认知活动来达到教学目标，比较常见的有以下活动：

第一，讲故事。教师根据上课的主题，有针对性地选择一些跟主题非常吻合的故事或案例讲给学生听，以达到辅导学生的目的。这种方法在心理健康教育课程中经常使用，效果较好。

第二，视频欣赏。教师根据辅导的专题，选择跟专题相关的视频播放给学生看，通过视频中富有教育意义的内容来影响学生的思想和行为，进而达到辅导学生的目的。

第三，认知改变。教师通过各种方法，改变学生不合理的认知，以达到辅导学生的目的。教师可以通过案例展示、暗示、说服和质疑等方法来改变学生的非理性信念，从而恢复和重新建立合理的思维方式，进而解决学生的心理困惑。

（4）角色扮演法。角色扮演法是一种通过行为模仿或行为替代来影响个体心理过程的方法。结合教学内容，让学生扮演活动中的角色，进行现场表演，通过观察、体验，分析讨论，从而使学生受到教育。由于角色扮演使受教育者亲身体验了所扮演角色的言行，感受深刻，往往能够引起较大的心理变化，在教学中恰当使用这种方法，常常收到神奇的效果。运用角色扮演法时应注意以下原则：假如学生明显地表现出害怕，不要勉强让他们扮演，而是分给他们一些其他任务，直到他们主动参与。鼓励学生把角色扮演当作一种游戏。把注意力集中在所扮演的角色而不在学生身上。注重角色所表现出的意义和感觉，而不是学生表演得多么好。创造一种非批判的气氛，使学生有信心，喜欢表达他们自己。应使课堂气氛活跃，非表演同学积极关注表演者，给予表演者更多的支持和激励。角色扮演法的具体方法有多种，下面着重探讨四种常用的方法：

第一，小品表演。小品表演这种方法是把幽默、讽刺或赞许的语言与滑稽的动作结合起来，展示生活、学习中的一些事情，告诉同学们其中的道理及处理问题的方式等。从教育内容上看，适用于自我意识、情感、个性、交往等方面的训练。

第二，相声表演。相声表演可以是一人的单口相声，也可以是两人的对口相声或多人的众口相声。由于此类表演需要有较好的语言表达能力和表演技巧，较适合于中、高年级学生。教育活动内容可以是所有能提高学生认知水平的心理训练。

第三，哑剧表演。哑剧表演是一种非言语性的。教师根据活动内容，让学生充分利用肢体、面部、身段等进行表情达意，学会非言语交往。此类表演难度较低，适合于各年级学生。从教育内容而言，主要适用于情感教育和交往指导，也可考虑实际情况运用于其他教学内容。

第四，角色互换。角色互换是让学生先后分别扮演不同的角色，分别体验不同角色的感受，促进彼此了解，学会不同角色应有不同的社会言行，每个人的言行应符合他所扮演的角色。教育内容主要适用于自我意识训练、情感教育、个性塑造和交往指导。

(5) 行为改变法。行为改变法理论依据是行为主义关于行为强化的学习理论。根据这种理论，通过奖惩、示范、行为训练等强化手段来建立某种新的良好行为，或者消除某种不良行为。

(三) 心理健康教育课程的场地保障

为了保证心理健康课程的有效开展，除心理教师队伍之外，还需要有相应的场地，标准化、规范化的场地是心理健康教育工作必不可少的硬件。一般将开展心理健康教育的场地称为心理辅导室。学校心理健康教育工作要取得良好的效果，既需要有专业化的硬件设施，也需要有健全的管理制度。下面主要探讨学校的心理辅导室。

1. 心理辅导室的建设原则

心理辅导室的建设应遵循以下原则：

（1）科学性原则。心理辅导室不是简单的办公室、会议室，其建设除具备办公、会议等功能之外，还应有心理辅导的氛围。例如，应当有心理辅导的专门区域，要配备专门的心理辅导工具。

（2）生本性原则。以学生为本，以教师为执行者。心理辅导室的建设应从学生的角度充分考虑，关注他们的所思、所想、所喜、所爱。学生是心理辅导室的主体，教师应充分启发和调动学生的积极性，激发学生的参与热情。

（3）通用性原则。心理辅导室应面向全体学生，通过普遍开展团体辅导活动，使学生对心理健康有积极认识，使心理素质逐步得到提高，其建筑应通透流畅，适合开展团体活动。

（4）针对性原则。心理辅导室的建设应遵循学生的成长发展规律，符合学生的年龄特点。同时，关注学生的个体差异，针对不同特点的学生，开展不同形式的心理辅导。

（5）独特性原则。心理辅导室的建设不能千篇一律、千人一面。除具备基本的心理辅导功能外，每个学校都应当考虑心理辅导室建设的差异化和个性化，强调独特性。独特性可以根据本校心理教师的专长进行设计，可以从校长的办学理念引申，也可以是学生比较关注的方面。

2. 心理辅导室的规划安排

（1）位置。心理辅导室地点的选择应本着安静和方便的原则，尽量避开教学区、学生活动区等热闹场所，去心理辅导室的道路也不应经过学校领导、班主任、学科教师的办公室。心理辅导室地点的选择也要避免另一个极端，不能选择太偏僻的地方。如果某一条道路的唯一目的地就是心理辅导室，也会增加来访者的心理负担，因为来访者一般不愿意让同学和教师知道自己在寻求心理辅导。心理辅导室最好邻近学校的图书馆、卫生医疗室等场所，这样既安静又便于寻找。

（2）面积和布局。心理辅导室的布局对整个心理辅导的气氛协调是有影响的。布局整齐、协调有助于提高辅导效果。一般而言，中学心理辅导室必须具备办公接待区（兼档案区）、团体游戏区、个别辅导区三个区域。有条件的学校还可以设置心检阅览区、社团生涯区、潜能开发区、中控督导区、艺术放松区、情绪疏导区等区域。这些区域也可以单独建室。如果单独建室，则可称为心理辅导中心。

第一，办公接待区（兼档案区）。办公接待区的设计有三个功能：①心理教师的办公场所；②接待来访者；③可以作为心理教师整理学生心理档案、保存心理档案的场所，为了便于管理和查找，提倡电子档案，不提倡纸质档案。如果单独建室，办公接待室的面积一般应不小于20平方米，可供1~6名心理教师办公。根据心理辅导室的面积大小，可考虑将阅览区合并到办公接待区。

第二，团体游戏区。团体辅导活动是中学生心理健康教育的一个重要途径。团体游戏区以游戏、心理拓展为主要方式，利用沙盘、布偶、棋类、电子游戏、室内拓展器材等设备，来开展班级心理活动和小型团体辅导。团体辅导可以针对一个班级一个主题进行，也可以针对具有相同问题的团体进行。团体是一个神奇的圆圈，一群人围坐在一起，经过一段时间密集的活动，每个人都会产生一些改变，这是团体令人着迷的地方。在团体中，学生被接纳、被包容，有机会充分表现自己，练习人际行为，探讨认知的合理性，宣泄和整理情绪。在领导者的催化及成员的互动反馈下，学生的知、情、意得以伸展整合，成长的障碍获得排除，复原的力量得以充分展现。针对中学生的心理发展特点，学生的团体活动多采用小组的形式，用秘密信或游戏进行，其中语言的交流占主导地位。

在设备选择方面，目前中学较普遍使用沙盘游戏，沙盘游戏是根据荣格分析心理学的心像和象征理论建立起来的一种心理治疗方法。沙盘游戏是针对情感丰富的适应人群设计的行为表达性辅导技术，借助沙盘，以游戏的方式呈现其内心的人际互动，进而了解内心情感与情绪的真实状况，并使之在游戏过程产生创伤愈合的效果。在中学开展的沙盘游戏提倡以体验为主，不应以诊断和治疗为主要目的。当然，沙盘只是游戏治疗的设备之一。除使用沙盘外，游戏治疗还可以使用其他的游戏设备，如象征性游戏器具（布偶、指偶、积木等）、自然媒介游戏器具（水、食物、泥土等）、棋戏器具（跳棋、象棋、围棋等）、电子游戏器具、感统玩具、室内拓展器材、益智玩具等。

如果单独建室，团体游戏室的面积一般不小于40平方米，可供一个班级的学生开展团体游戏活动。根据心理辅导室的面积大小，可考虑将社团生涯区、潜能开发区、艺术放松区、情绪疏导区合并到团体游戏区。

第三，个别辅导区。个别辅导区是心理辅导室的一个重要区域，心理教师主要通过谈话、角色扮演、绘画、游戏等方式，采用认知、行为方面的心理咨询与辅导技巧，解决个别学生出现的心理困惑或问题。针对中学生心理特点，多采用艺术放松疗法、理情疗法、认知疗法等。中学个别辅导区对私密性要求相对较高。学生心理问题大多由家庭引起，为了根本解决学生的心理问题，往往需要会同家长一起进行心理辅导。这就是家庭心理辅导的概念。所以，个别辅导区可兼顾家庭心理辅导，建立家校合作，共同关注学生的心理健康教育。如果单独建室，个别辅导室的面积一般为10~15平方米，面积太小，会给来访者带来压抑的感觉；面积太大，会给来访者带来无法控制、不安全的感觉。根据心理辅导室的面积大小，可考虑将中控督导区合并到个别辅导区。

第四，心检阅览区。心检阅览区有六个功能：①通过学生心理检测系统，普查学生的心理健康状况，建立学生心理档案；②根据测评结果，筛查个案，建立预警机制，对有心理困扰的学生进行重点关注，开展个别辅导；③根据测评结果，寻找有相同心理困扰的学生，进行小团体心理辅导；④评价教师心理健康教育的效果；⑤利用心理素质训练系统，对学生的注意力、思维能力等进行训练；⑥为学生提供阅览场所，培养学生良好的学习和阅读习惯，通过图书的启迪和教育作用，提高学生的心理健康水平。

心理辅导室的阅览区要与图书馆有所区分。这种区分不仅仅表现在图书种类偏向于心理健康教育主题，而且在环境设计上要以轻松为主题，营造一种乐学的氛围。如果单独建室，心检阅览室的面积一般不应小于20平方米，可供10人左右同时测评和阅览。

第五，社团生涯区。社团生涯区有两个功能：①为心理社团提供活动场所；②对学生进行生涯规划的教育与辅导。社团生涯区应以学生自主管理为主，是进行同伴教育的场所。应当设置专门的信息区域张贴学生的感想和作品。如果单独建室，社团生涯室的面积一般不应小于20平方米，可供20人以上同时活动。

第六，潜能开发区。目前，中学普遍强调知识和技能的学习，对于潜能的开发不太重视。但是，要想获得成功，创造能力、逻辑思维能力等潜能起着更为重要的作用。所以，我们应当注重开发中学生潜能，为他们将来的成功奠定基础。在此区域可以进行多元智能的测评和培养，利用思维导图进行记忆、快速阅读等方面的训练。这些训练将有助于提高学生的学习成绩。学习成绩提高了，学生的自信心增强了，有些心理困扰也就迎刃而解了。如果单独建室，潜能开发室的面积一般不应小于40平方米，可供一个班级的学生开展活动。

第七，中控督导区。心理教师的专业知识要实时提高，就需要专家进行督导。同时，心理教师自身的心理也需要及时调整，这也需要专家的帮助。督导区的建立，可以起到这些作用。同时，心理辅导室的数字化是非常重要的。对团体辅导、个别辅导需要进行适当的录音和录像，以便于后续的分析和督导工作。当然，录音和录像是经过来访者同意的。中控区就起到了这样的作用。如果单独建室，中控督导室的面积一般不应小于20平方米，进行中控和督导的同时，可召开小型研讨会议。

第八，艺术放松区。艺术放松区可以通过聆听舒缓和轻松的音乐，观看心理学影片，排演心理剧来缓解学生和教师的焦虑和紧张情绪，通过生理上的放松和心理上的放松，提高复原力，也利于咨询关系的建立。同时，可以在此区域内进行艺术心理辅导。艺术心理辅导包括音乐、绘画、舞动、戏剧、书法等多种形式，因其轻松愉快的呈现方式，中学生乐于接受。建议中学广泛开展这种形式的心理辅导活动。如果单独建室，艺术放松室的面积一般不应小于40平方米，可供一个班级的学生开展活动。

第九，情绪疏导区。人的需要、动机、本能、行为等受到挫折后会产生消极情绪，给人造成心理压力，如果不能及时排解，心理压力就会转化为行为的反向动力。情绪疏导区的作用就是将消极情绪及时排解，这样不但使学生当时的情绪得到了缓解，并且可以避免出现暴力侵犯。宣泄一定要与心理辅导相结合，寻找一个理性的、科学的、健康的情绪出口。了解情绪、压力背后的成因才是解决心理问题的根本。如果单独建室，情绪疏导室的面积一般不应小于20平方米，可以让学生有充分的空间疏导和放松，如果过分局促，反而达不到预期的效果。

（3）环境。心理辅导室需要重视环境布置，因为心理辅导环境的布置不仅要考虑到心理辅导人员的工作状态，还需要考虑来访者的情绪和认知。来访者对心理辅导环境的感觉将在很大程度上影响辅导的效果，也将影响来访者是否再次来访。心理辅导室建设的环境要素包括外环境和内环境。

第一，外环境。心理辅导室周围的环境应当整洁、幽雅和清静，不宜设在肮脏、污秽不堪的地方。心理辅导室的外部环境要富有生机和亲切感，应适当放置一些花草植物、观赏鱼类等。室外应张贴一些轻松热情的欢迎标语和图示图标。

第二，内环境。心理辅导室的内部环境要温馨、健康、舒适，让来访者有足够的安全感，愿意再来。个别辅导等区域要有私密性。应当运用色彩心理学、光环境、心理声学等理论和技术进行设计、装修和装饰。

色彩心理是客观世界的主观反映。不同波长的光作用于人视觉器官而产生色感时，必然导致人产生某种带有情感的心理活动。事实上，色彩生理和色彩心理过程是同时交叉进行的。在有一定的生理变化时，就会产生一定的心理活动；在有一定的心理活动时，也会产生一定的生理变化。例如，红色能使人生理上脉搏加快，血压升高，心理上具有温暖的感觉。因此，色彩的美感与生理上的满足和心理上的快感有关。色彩心理与年龄、性格、民族也具有重要的联系。如果能掌握色彩给人带来的影响，可以减少因色彩使用不当给人带来的困惑，从而更好地使用颜色。根据色彩心理学理论，应根据学校特点和学生特点为心理辅导室配置不同的色彩，以求达到最好的效果。同时根据个体对色彩的感受，可以了解孩子的情绪和性格特征，为心理教师进一步辅导学生提供帮助。

光环境也叫视觉环境，是我们日常活动视线范围内的光环境，包括光的强度、颜色、照射方向、反射、物体形状、光的变化等综合因素。我们主要生活在一个人工视觉环境中，不论是学习、办公，还是住家、娱乐。由于之前大多没有注意视觉环保，所以很多环境达不到视觉环保标准，眼睛和身体容易疲劳。如果注重视觉环境，使其达到一定的视觉环保标准，我们的视觉和身心的健康就会有保证。人生活在动态的环境中，总在接受环境的刺激，并因此引发一系列身心反应。这些外部信息，90%以上是通过眼睛来接收的，所以在环境心理学中，光和色彩构成视觉光环境，对人的行为、情绪情感会产生很大影响，不好的视觉光环境不仅会带来视觉疲劳、大脑及身体疲劳，同时会引发烦躁、压抑等心理反应，从而加重躯体化反应。通过塑造好的视觉光环境能使来访者在心理状态不佳时更快安静下来。因为不当的视觉光环境不仅不减压，甚至会增加压力，所以，心理辅导室的光线运用要符合学生生理上和心理上的舒适、健康、卫生的要求。心理辅导室在设计之初就应当考虑光环境要素。合格的光环境对于学生生理和心理有很好的调节作用。

心理声学是人脑解释声音的方式，声音听觉心理的主观感受主要有响度、音高、音色等特征。在心理声学方面，心理辅导室建设对声场的均匀度、声音的响度、清晰度、丰满度、亲切感、温暖感等方面都有一定的要求。声音与心理的关系既微妙又复杂。一般而言，声音可以包括音乐和噪声等。音乐是心理的外化。音乐通常表达一种意境，传递一种感情，它能在人的生理上、心理上引起一系列变化。例如，适当地播放音乐，不断变化节奏、节拍、旋律、调式等，能使人增强愉快感。而噪声则会使人烦恼，对人的健康有害。现代人抵抗都市生活的噪声要耗去很大的精力。如何消除噪声对心理的影响，也已成为一门学问。

综上所述，心理辅导室建设要充分考虑色彩心理学、光环境、心理声学等理论和技术。色彩要柔和，色彩以淡黄、淡橙、米色、粉红等暖色调为主，也可适当使用淡绿和淡蓝色；光线要适中，自然光、灯光的强度、颜色、照射方向要合理；声音要和谐，声场的均匀度、响度、清晰度、丰满度要合适，室内外的隔音要好，某些房间要适当使用隔音板和双层玻璃。

3. 心理辅导室的制度内容

（1）行政制度。各级教育行政主管部门应重视心理健康教育工作，地方教育局可成立心理健康教育指导小组，负责将学校心理健康教育纳入学校教育工作的考核、评估中来，以促进心理健康教育工作的开展。学校心理健康教育应由校长直接负责，成立与学校其他管理部门平行的学校心理健康教研室，教研室主任由分管副校长兼任，副主任由心理教师担任，教研室成员由教导主任、德育主任、年级组长、班主任、共青团干部以及心理教师等组成，这样的组织结构有利于将心理健康教育工作渗透到学校工作的方方面面。

学校心理健康教育工作必须纳入学校的总体工作计划，并给予必要的课时保证。中学可适当利用班、队、团会和其他课外活动时间开展心理健康教育课，原则上每周保证 1 课时。学校心理教师的待遇平时以工作量为基本考核标准，年度考核参照学科教师和班主任奖励制度进行。学校每年应列出心理健康教育专项经费，保证专款专用，以满足师资培训、添置设备等需要。

（2）专业制度。心理辅导室应有专业制度，包括心理辅导章程、心理教师工作守则、心理辅导室值班制度、心理档案管理规定等。心理辅导章程包括心理辅导宗旨、原则、内容、途径等方面，是心理辅导室的纲领性文件。心理教师有其职业伦理，主要包括平等性原则、告知性原则、保密性原则、中立性原则、责任性原则。心理教师要善于把握“教学”和“咨询”的不同角色，有机统一，不可偏废。心理辅导室的开放时间每周应不少于 10 小时。应当有明确的值班制度，并公之于众。心理档案的管理工作是十分重要的，因为心理档案有一定的保密性，不能随意借阅。心理档案要有明确的管理规定，心理健康教研室的所有工作人员必须严格遵守。

（四）心理健康教育课程的实施流程

心理健康教育课程是否能达到预期的效果，要看在实施环节与流程上是否有妥善的规划与细心的设计。一般而言，一个完整的心理健康教育课程实施流程包括以下方面：

第一，热身。热身即暖身活动。暖身活动的选择、设计与应用，应考虑三个要素：①考虑主题的相关性和学生的参与性；②该暖身活动能否引发学生的学习动机；③暖身活动能否营造出一种开放、接纳的气氛与轻松、活泼的情绪。

第二，活动。活动即根据主题创设的情境或设计的活动。心理健康教育课程的基点是活动，而发挥学生的主体性和积极性是其核心所在。依据教学目标设计，创设有效、合适的活动或情境，是整个课程设计的重点。活动的形式可以是心理情景剧、心理游戏、心理测试、情景模拟、角色扮演、讨论沟通、行为训练等。创设的情境或设计的活动要注意四个方面：①符合授课学生的心理发展水平和年龄特点；②所创设的情境一定要来源于学生的生活实际；③设计活动时要注意是否突出了活动的两个特点：主动性和目的性，即心理辅导活动必须贯彻学生“主动参与”和“满足某种需要”这两条；④活动与情境设计完成后，要注意妥善安排各活动或情境之间的次序，循序渐进，环环相扣，以突出整体效果的衔接。

第三，反思。活动环节提供了一种自我观察的窗口，反思的环节则是引导学生通过这个窗口有所发现。活动设计就应充分调动学生自身的教育资源，鼓励学生作深入自我探索，让学生在较深的自我开放与自我卷入中，通过自我体验、自我领悟、自我实践，促进学生的自我成长。反思就是给学生提供自我领悟的时间和空间，能加深和提高活动的辅导效果。

第四，分享。学生在参与和分享中获取新的想法与感受，从而引发学生的领悟，开启改变与成长的契机。学生彼此间的分享与回馈，使学生能把别人及在活动中获取的新经验与自身的经验加以整合，充分发挥“同龄共振效应”，从而深化辅导效果。

第五，总结。总结部分包括某个活动结束后的小结和整个活动结束后的总结，目的是加深和提炼活动的感悟和收获，使辅导达到最佳效果。

二、心理健康教育课程的评价分析

（一）心理健康教育课程评价的类型

心理健康教育课程评价是一项重要的环节，上完课后的效果如何，都需要作科学的评价。心理健康教育课程评价有以下三种类型：

第一，起始评价。起始评价就是在教学活动开始之前进行的教育心理评价，它的主要任务是评价学生进入新的教学活动前所具有的前提条件如何，包括对学生能力、个性特点、各种优点和缺点、各种心理或行为问题类型等的识别。起始评价目的是把握学生所具有的不同学习准备状态，就能力、兴趣、性格和心理问题对学生进行定性和定量的评价，然后制定相应的教学策略和教学方法。起始评价所得的资料既可作为课程设计参考，又可作为评价课程教学效果的依据。起始评价的方法有许多，包括查阅学生以往的记录、心理档案、教师对学生的评价，以及采用各种心理测验的方法，把握学生心理特点和心理行为问题等。

第二，过程评价。过程评价是课程进行过程中实施的评价，其目的是收集有关学生与教学活动的信息，从而为课程的调整提供及时的反馈信息。可以采用教师用的课堂气氛记录表和学生课堂行为评价量表，这是比较常用的过程评价量表。

第三，终结评价。终结评价通常是在一门课程结束或一个教学方案结束时所进行的结果评定，包括评定学生的进步和评定教学方案的有效性。可以采用学生满意度评定量表来了解学生对课程的感受和意见，作为改进课程的参考。

要想准确地对心理健康教育课程进行评价，先必须确定客观的评价依据，即评价表，根据评价表的内容及评价标准，才能对心理健康教育课程进行客观而公正的评价。评价表的编制一般要经过以下步骤：确定评价指标体系，确定评价指标的评价标准，确定各级子目标的权重，确定评价表的编排方式及评定说明。

心理健康教育课程评价要注意评价过程的客观准确，注重实际效果。评价不应有主观的偏见，或受以前评价结果以及其他因素的影响而产生“晕轮效应”。注重实际效果，就是要了解学生从中获益的大小，而不应只注重外在的条件。

心理健康教育课程评价要注意评价标准的可操作性，灵活采用多种方式进行评价。心理健康教育课程评价，一般可采用任课教师自我评价与相互评价、学生的评价、不同学校的相互评价、主管部门或专家主持的评价等多种方式，可以定时向学生发放调查问卷，了解他们的态度，征询他们的意见，把学生对课程效果的评价作为评价的一个重要指标。

心理健康教育课程评价，在总体思路上坚持目标达成评价与过程评价相结合。在实施评价的过程中要特别注意坚持活动过程评价与活动目标达成评价的有机结合，才能相对更加客观、公正地评价好一堂心理健康教育活动课程。要注意恰当地使用心理测验，避免副作用。心理测验使用不当，则有可能对学生造成不良的心理影响。使用心理测验后，教师一定要告诉学生“测验结果仅供参考，不作为诊断标准”。

（二）心理健康教育课程评价的方法

心理健康教育课程评价的方法有许多种，从大的方面来看，有量的评价和质的评价。量的评价主要是对数字型材料的评价，质的评价主要是对文字型材料的评价；量的评价更为精确、客观，而质的评价更为灵活、深入。可见，量的评价和质的评价各有特点，分别适合不同性质材料的评价。由于心理健康教育课程评价的内容是多方面的，为了适应多方面内容的评价，所使用的方法也应该是多方面的。下面从量的评价和质的评价两大方面进行详细阐述。

1. 量的评价方法

量的评价方法是早期课程评价的主要方法，是以自然科学范式为理论基础的，它力图把复杂的教育现象和课程现象简化为数字，用统计方法来处理评价信息资料，判断评价对象价值性质和价值大小。量的评价的优点是标准化和精确化程度较高，能对课程现象的因果关系作出客观的、精确的分析，缺点是忽视评价对象的参与，信奉一元性评价标准，适用于某些简单的教育现象和课程现象。量的评价方法主要有调查表法、问卷法和测验法等。

（1）调查表法。调查表法是一种以问题的形式呈现出要调查的内容，并且设计成调查表的形式，让被调查对象来回答，借此收集研究所需材料的一种方法。调查表法所要调查的内容是比较客观的，如人口统计学的资料；也可以是对问题的看法，如了解学生对心理健康教育课程的看法和意见等。调查表法的特点是省时、省力，并且有效，可以在较短时间内收集到大量的信息。但由于调查表的内容有限，问题的设计也较粗略和主观，建议结合质性的评价手段，二者可以相互补充。调查表法的评价主体包括学生和教师。在编制调查表时需要根据学生和教师这两个评价主体在心理健康教育课程中的不同角色和任务，有针对性地编制，可采取不记名的方式，让师生反映对课程最真实的看法和评价。

在对心理健康教育课程开发进行评价时，运用调查表法对教师进行调查，可以了解教师对心理健康教育课程方案的实施情况，以及在实施过程中所遇到的问题和建议。运用调查表法对学生进行调查，可以了解学生在课程教学活动过程中所遇到的问题和意见。还可以运用调查表法对教学管理人员进行调查，了解他们在课程与教学管理过程中所遇到的新问题和建议。总之，运用调查表法可以较为客观地了解到在心理健康教育课程开发过程中所出现的新问题，以便于及时调整和修改。

（2）问卷法。问卷法是研究者用统一的、严格设计的问卷来收集研究对象有关心理特征和行为数据资料的一种方法。相对于调查表法来说，其目的在于更多地了解被调查者对某些问题或现象的态度和看法，更侧重于心理状态的变化。问卷法的最大特点是它的标准化程度一般较高，是严格按照统一标准设计和固定结构的，相对于调查表法问题设计相对客观，有较高的信效度；同时，它也能在较短的时间内收到大量的资料。问卷法的优点是，问卷内容客观统一，处理分析比较方便；样本量大，节省人力、时间和经费；匿名性强，发问卷者与填问卷者间的相互作用小。其缺点是由于问卷的问题和回答方式比较固定，灵活性不强；问卷法通常只能研究一些比较简单、表面的问题，难以对复杂的问题进行深入的研究；同时，问卷法得到的结果的真实性受被调查者的认真程度影响较大。问卷法的评价主体与调查表法一样，主要是学生和教师，还有教学管理人员。

与运用调查表法类似，可以运用问卷法对教师、学生和教学管理人员进行问卷调查，尤其是在心理健康教育课程方案的实施之后，了解他们对该方案实施效果的看法和意见，也可以运用问卷法来探测该课程开发方案的实施效果。

（3）测验法。测验法是运用一套标准化题目或量表，按照规定的程序，通过心理测量的手段来收集数据资料的方法。量表的标准化程度比问卷更高，具有更高的信效度，测量的程序和处理数据的规范化和标准化程度都很高。测验法的评价主体主要是教师和教育管理者，评价对象为学生。通常由教育管理者或教师选择合适的心理测验量表，来测量学生的心理健康状况，了解心理健康教育课程前后学生心理发展水平的变化，了解学生心理状况发展与心理健康教育课程教学之间的关系。

测验法可以在开展心理健康教育课程前对学生进行普测，了解学生的心理健康状况，为课程设计提供重要资料。在课程结束后再次对学生进行测试，与之前的测试结果进行比较分析，了解学生的心理状况、适应能力和应对能力等是否有所改变。但需要注意的是，心理健康教育课程与数学、英语等课程不同，其知识内容不易量化，学生心理素质的提升不仅受到心理健康教育课程的影响，也受到其间生活事件、学习经验等的影响，所以对于结果的解释需慎重。另外，测验法还包括考试，可以通过相关科目的考试来了解学生对学习方法的掌握程度。

运用测量法对心理健康教育课程开发进行评价，主要是运用心理测验量表或自编试卷对学生在课程开发方案实施前后的心理品质或成绩的变化进行测量，用来探测课程开发方案实施的效果。

2. 质的评价方法

质的评价是指通过充分的自然调查，对评价对象的各种特质进行全面的描述，以达到能彰显这些特质的意义，揭示其本质的目的。质的评价的特点是评价者自身就是主要的评价工具，特别关注评价对象自己的体验、看法和收获，尊重评价对象对自己行为的解释，相对于量的评价来说更加全面、深刻，更适用于对复杂现象的评价。质的评价对于揭示存在的问题及改进工作效果更佳。质的评价弥补了量化评价中忽略评价对象参与意见的缺陷，评价过程本身也是评价对象获得能力锻炼和提升的过程，因而能够充分调动评价对象的主体性，质的评价方法有观察法、访谈法、作品分析法和经验总结法。

（1）观察法。观察法是评价者或教师通过观察学生在课堂上（活动中）的行为表现，分析学生的学习状况及课堂行为与教学活动的合作程度，从而对学生学习情况进行评价的一种方法。例如，教师在进行课堂教学时，可以通过观察测评学生的外部表现，如表情、动作等来判断学生对学习内容的理解程度，这种观察评价的信息反馈非常及时，不需要繁杂的步骤，就可对学生的学习情况有一个大体的了解和掌握。若要使观察的信息更为准确、可靠和细致，教师可使用课堂观察记录表来实施课堂教学中的观察。观察记录表的设计应从学生在课堂上的各项表现，如学生的注意状态、参与状态、交往状态、思维状态、情绪状态、生成状态等方面来进行。具体而言，学生在课堂学习中讨论、交流、合作的参与程度，在思考、获取知识过程中提出问题和解决问题的能力，在操作过程中的动手能力、表达能力等都是课堂观察的重要内容。每一方面分为好、中、差三档，每档分数分别为 3 分、2 分、1 分。在打分的同时，教师还要写评语，每星期或每个月进行一次课堂表现评价，这一测评结果将放入学生的成长记录袋中。

观察法的主体是教师，学生往往作为被评价的对象。观察法能获得大量生动直观的资料，比较真实可靠，研究结果也可直接应用于实际，外部效度较高；但缺乏控制，易受无关因素的干扰，观察的结果难以深入量化分析，需与其他方法结合使用来增强其科学性。运用观察法对学生在心理健康教育课上的活动情况进行观察，了解学生的课堂行为表现，借此推测课堂教学效果，也便于及时发现问题，及时修改。所以观察法是对心理健康教育课程开发过程进行评价的有效形式。

（2）访谈法。访谈法是指评价人员或确定的访谈者与评价对象或访谈对象面对面地交谈，从而了解情况，收集有关评价资料与信息的方法，它是一种了解现状、确立研究问题和建构理论的简便易行的重要方法。访谈法根据访谈内容和过程有无统一的设计要求、有无一定的结构，可分为结构访谈、非结构访谈和半结构访谈。结构访谈又称标准化访谈，是指按照统一的设计要求和有一定结构的问卷而进行的比较正式的访谈。结构访谈对选择访谈对象的标准和方法、访谈中提出的问题、提问的方式和顺序、被访谈者回答的方式、访谈记录的方式都有统一的要求，这种访谈的最大好处是访谈结果便于统计分析。非结构访谈是指只按照一个粗线条式的访谈提纲而进行的非正式的访谈，访谈者可以根据访谈时的实际情况灵活地调整。半结构访谈是介于结构访谈和非结构访谈之间，访谈的问题是有结构的，而被访谈者的回答方式不要求正式；也可以是访谈的问题、顺序、方式不要求正式，但要求被访谈者按照有结构的方式回答。运用访谈法的关键是要掌握好访谈的技巧。访谈法的优势主要有三点：一是具有较好的灵活性和适应性；二是具有较强的可控性；三是过程具有互动性。其缺点也有三点：一是访谈结果的准确性受到研究者素质的影响；二是有些问题对于被访谈对象来说比较敏感，不宜进行访谈；三是访谈结果难以量化。

访谈法作为一种质性研究方法，具有很强的操作性和技巧性，可以比较深入了解教学的信息，增强评价结果的说服力，访谈法主要是为了配合调查表法和问卷法等设计的。当评价者在调查表法和问卷法等过程中发现一些问题时，为进一步了解情况，可设计访谈提纲，抽取一部分学生和教师进行访谈，以便更加清楚地了解心理健康教育课程实施情况和学生的心理状态。访谈法的评价主体可以是教师或专家。随着互联网的普及，访谈法费时费力的缺点逐渐被弥补，利用计算机进行文本或者语音甚至视频聊天进行访谈，给访谈法带来极大便利。

运用访谈法对心理健康教育课程开发进行评价比较灵活，可以在课程实施过程中，也可以在课程实施之后，可以结合调查表法、问卷法，也可以单独使用。在课程实施过程中，运用访谈法对教师、学生、教学管理人员进行访谈，了解该课程方案在具体实施过程中的情况，以便发现问题进行及时调整；在课程实施之后，运用访谈法对教师、学生进行访谈，了解该课程方案的具体实施效果和问题，以便进行总结和反思。结合调查表法和问卷法进行访谈，可以针对调查结果和表现出的问题进行深入了解，探寻其问题背后的原因。

（3）作品分析法。作品分析法是指对调查对象的各种作品，如笔记、作业、日记、文章等进行分析研究、了解情况、发现问题、把握特点和规律的方法。作品分析方法既可以展示学生进行科学学习的整体质量，又可以从学生作业或作品的立意、设计、实施、结论、资料的正确性、完整性、科学性和创新性等方面综合考查学生对所学知识技能的掌握水平，以及对科学方法与研究能力的运用水平。恰当的作业或作品任务设计，教师全程参与有效指导，建立作业或作品的评价标准，是科学教师实施作业、作品分析方法进行评价的基础。作品分析法的评价主体是教师，对象为学生。教师可在进行职业生涯规划教育课程时，指导学生设计自己的职业生涯规划书，并建立评价标准，对学生的作品进行评价。每堂心理健康活动课结束后让学生写感受写总结，教师从这些感受总结中了解情况，对学生的心理健康状况和课程实施效果作出评价。

运用作品分析法对心理健康教育课程开发进行评价，主要是对课程方案、相关的管理制度、教师的教案、平时的活动记录、课堂实录、学生的各种作业等进行分析，以便及时发现问题和不足，及时进行修正。对于学生的作品进行分析评判，也可以看出课程实施的效果。

（4）经验总结法。经验总结法是指不受控制的自然状态下，教师或教育管理者根据教育实践所提供的事实，按照科学研究的程度，分析概括教育现象，挖掘现有的经验材料，并使之上升到教育理论的高度，以便更好地指导新的教育实践活动的一种教育科学研究方法。该方法的关键是能够透过现象看本质，找出实际经验中的规律，从而更好地、更加理性地改进自己的教学。进行教育经验总结要遵循以下基本要求：第一，要注意经验的先进性，教师观念必须更新；第二，要全面考察总结的对象，充分占有原始的事实材料，做到有“点”有“面”，“点”“面”结合，防止以偏概全的片面性；第三，要以教育实践活动为依据，不能凭空想当然；第四，要善于进行理论分析。

经验总结法的评价主体是教师或教育管理者，评价对象为教材、教学计划和教学过程等。在心理健康教育课程评价中运用经验总结法，主要是教师和课程开发者在课程方案实施之后对课程方案、实施程序、评价体系等方面进行全方位的总结，发现问题，总结经验，得出一套较为成熟的心理健康教育课程开发方案和操作规范，以便在以后更好地实施，或为他校所借鉴。

第七章 心理健康教育活动及其创新实践

第一节 教育教学活动中心理健康教育的渗透

一、班级管理中心理健康教育的渗透

在班级管理中渗透心理健康教育是加强班级管理工作的有力支撑点和内在要求，是建设优秀班集体，发挥班集体功能，形成和谐的班级人际关系，妥善解决学生心理问题，注重学生个性全面健康发展的有效手段。新时代的班主任应该树立现代班级管理意识，自觉地掌握心理健康教育技能，在班级管理中逐步渗透心理健康教育，通过心理健康教育的实施与开展促进班级管理工作水平和工作实效的提高。

心灵的沟通不仅对学习过程有重要的激励、维持、调控作用，而且与学生态度的形成、个性的完善息息相关。因此，作为班主任，就更要时时处处尊重学生，关心学生，帮助学生，运用心理咨询技巧走进他们的心灵世界，达到心灵的沟通。肯定学生的优点、长处，帮助学生建立自信心，培养学生的责任感，激发学生的创造欲，促使学生学生自强、自立、自信，是班主任义不容辞的责任。教师在班级管理中要不断探索新方法，消除学生的不良情绪，引导克服心理障碍，使其健康成长，并把学生培养成勇于尝试、探索，在挫折面前不气馁，不断进取，具有积极、开放、健康心理的开拓型人才。班级管理中心理健康教育的渗透方法如下：

（一）提高自身心理健康水平

班主任是学生健康成长的指导者和引路人，肩负着班级日常管理和德育工作的重要职责；班主任是班集体的领导者和组织者，既担负着班级设计师的使命，又担负着施工员的重任；既是沟通学校、家庭、社会的桥梁，又是联系任课教师的纽带；既是建立和保持学

校正常秩序的助手，又是学生成长的保护者和引路人。班主任全面负责班级学生的学习、生活、思想和行为，是学校教育中与学生关系最密切的管理者，其一言一行都会影响学生的人生观、价值观和世界观，特别是班主任的乐观、豁达、宽容、富有同情心等情绪特征对学生的影响极大。同样地，班主任的心理健康水平也会直接影响学生的心理健康状况。时刻关注自身的心理健康，努力提高自身心理健康水平，已经成为班主任做好班级管理工作的前提。

（二）树立心理辅导员的意识

班主任应当是心理辅导员，班主任不仅要做学生学习、生活和行为的管理者，更要做学生心理健康的塑造者，做学生心理健康的维护者。从培养对象上来看，教育面临的是处于青春期的青少年。这个时期是人生的“多事之秋”，是人生发展极为重要的十字路口。一方面，学生自我意识和独立意识迅速发展，情感丰富、强烈，兴趣广泛，智力发展逐步接近高峰，这个时期是学生自我发展、世界观、价值观形成的关键期，是学习知识、开发智力的黄金时期。另一方面，学生思维方式尚不成熟，情感还不够稳定，缺乏较强的鉴别力、判断力和选择能力，这一时期又是极易发生心理问题和心理障碍，出现过失行为，甚至违法犯罪的时期。所以作为全面负责班级学生管理工作的班主任，为了使班级和谐发展、学生健康成长就必须树立起作为学生心理辅导员的意识，全面详细地了解学生的思想动态和心理状况，立足发展，及时地教育、指导学生健康成长，科学有效地在班级管理中渗透心理健康教育，通过心理健康教育的开展与实施加强班级管理。

（三）营造健康和谐心理氛围

心理氛围是在班级管理和对学生的教育过程中，由班主任、学生和班级的相互作用而产生的三者之间的心理关系。和谐、愉快、团结、合作、有序的心理氛围有助于学生心理健康成长和班集体的建设。所以，在班级教育管理过程中，班主任要为学生和班级创设良好的心理气氛，调动学生接受教育的积极情感，建立师生间及生生间和谐融洽的人际关系，这是加强班级管理的心理环境保障，对于培养学生的良好心理品质和切实提高班级管理工作水平具有重要意义。

在班级中营造和谐健康的心理氛围，要求班主任在班级管理工作中首先要以心换心。班主任工作要真心，遇到挫折不灰心，克服困难有决心，待人接物不偏心，学生才会渐渐与你心贴心。其次要以情动心。班主任要在与学生心理沟通、交流情感的过程中放低姿态，真诚、尊重、宽容地对待每一位学生，从而达到情感相通、心理相容。最后就是要以理疏心。班主任工作中要抓住“理”字，以真理服人，用理启发学生的心灵。班主任应当抓住典型材料对学生反复开导，使学生耳濡目染，受到熏陶，形成并深化健康的心理氛围。

（四）合理运用心理咨询技术

如果每个班主任懂得一些咨询的技巧，使学生的不良情绪得到及时缓解，可能会避免很多麻烦，学生的心态能够得到及时的调整。运用心理咨询技术的前提是班主任自己要具有一种阳光心态。阳光心态就是平常、积极、知足、感恩、达观的一种心智模式。我们无法事先判定事情的好坏，但我们可以带着好心情去创造成功、体验过程。阳光心态使人达到一种深刻而不浮躁、谦和而不张扬、自信而又亲和的境界。班主任具备了阳光心态，知道每一个学生都是极具潜力的，工作开展起来就会不同。班主任学习心理咨询中常用到会谈的技巧，对于开展工作更有利。

第一，学会尊重、热情、真诚、通情和积极关注等以建立良好的师生关系。只有尊重学生的人格，尊重学生的个性，尊重学生的情感，才能使每名学生健康快乐地成长。把学生当好朋友，真诚地与学生进行心灵交流。

第二，讲求会谈的技术，在会谈中运用最多的就是倾听与询问的技术。学会倾听，要想说服学生，先学会听，教育是人的灵魂的教育，而非理智知识和认识的堆积，对孩子心理的疏导比教给他知识更重要，这个过程中班主任的听与说的艺术就显得极为重要。

（五）开展心理健康辅导活动

对于中学生而言，单一的说教根本无法达到预期的效果，只有通过活动调动学生的积极性、提高学生的思想道德修养、培养学生的合作意识才是最合适的方法和最有效的途径。首先，它具有互动性，是师生共同参与的；其次，它具有渗透性，活动可以潜移默化地影响学生的心理和行为。为提高学生心理素质、促进班级管理，可以开展各种心理辅导活动，在班主任指导下由学生自行设计一定的活动情境，围绕一个中心或者针对一个心理问题，采用调查、访问、讨论、表演等不同形式让学生充分敞开内心世界，自己教育自己，自己启发自己，自己调整自己。例如，角色扮演可以实现班主任和学生的角色互换，使二者站在对方的立场上考虑班级管理中所遇到的各种问题；心理放松操可以缓解学生的焦虑情绪，从而为班级管理营造平和的心理氛围等。班级管理中可以渗透心理健康教育的契机和渠道很多，我们可以不断探索。

二、学科教学中心理健康教育的渗透

（一）心理健康教育与学科教学之间联系

心理健康教育的目的是促进中学生的心理水平得到发展，在学校教育中，学科教学在开发学生智力过程中，发展了学生的心理水平。如果教师在教学中不能自觉地对学生进行心理健康教育，不懂得心理发展对知识学习的影响，那么，教学目标也就难以实现。课堂教学是学生一天的主要活动，如果能在课堂教学过程中渗透心理健康教育，无疑是学校心理健康教育最有效、最有意义和价值的开展途径和方式。

在日常教育教学活动中，学生学习课程的多样化，也为心理健康教育的开展提供了更具选择性、更具全面性的途径和方式。不同的学科，有其独特的教学内容。结合不同的学科特点开展心理健康教育，对心理健康教育的深入大有裨益。只要教师善于创新、善于发现、善于结合与巧用，就会在自己教学活动的组织中同时进行心理健康教育。

（二）学科教学中心理健康教育渗透原则

学科教学渗透心理健康教育的目的是消除教学设计、评价和管理中一切有害于学生心理健康的不利因素，预防由此而导致的学生心理失常，使学生能在宽松、和谐、愉快的情境中，无过重心理压力的状态下学习，以维护和促进学生的心理健康。

1. 积极情绪的原则

学生在课堂上的情绪状态，是学生参与课堂教学的重要指标，对其学习成绩产生重要影响。学生以积极饱满的热情参与课堂教学，就会积极开动脑筋思考，课堂知识吸收率高，从长远看，会获得教师和同学更多的尊重与接纳，在这一方面，可采取以下措施：

（1）创设积极环境。积极的教学环境，指良好的课堂气氛，它是教学的软情境，通常指课堂里某些占优势的态度与情感的综合状态。课堂气氛可以分成积极的、消极的和对抗的三种类型。积极的课堂气氛是恬静与活跃、热烈与深沉、宽松与严谨的有机统一。教师的教学和领导方式，教师的移情，教师对学生的期望以及教师的焦虑是影响课堂气氛的主要因素。

（2）创设安全的教学环境。安全的教学环境，指的是教师要接纳学生，并设法使学生之间在互相了解的基础上互相接纳，形成师生之间、学生之间彼此接纳的社会心理气氛，进而使每个学生形成积极的自我概念、良好的自我形象，以调动他们的成就动机，积极参与到学习中来。为此，教师在进行教学时，要避免使用惩罚性的控制技巧，不伤害学生的自尊心和自信心，尊重每个学生，尤其是学困生的人格。

2. 体验成功的原则

教学不仅要让学生掌握知识，更重要的是让学生在学习和掌握知识的过程中，通过体验到学习成功的喜悦，使自己的个性变得更加自信，达到增进学生心理健康的目的，这是现代发展性教学的重要目标，也是增进学生心理健康的重要途径。教师要确保每个学生通过教学获得成功感。成功所产生的是一种自我满足和积极愉快的情绪体验，它与自尊自信相辅相成、互为因果，是学生自身潜能得以发挥的强大动力。对学生来讲，成功本身并不重要，真正重要的是那种成功的感受，也就是体验到做成自己想做的事，实现自己计划时的那种满意的心情。教师要去发现每一个学生的禀赋、兴趣、爱好和特长，发现每一个学生心理发展的可能性，给以正确的引导和培植。教师应强化考试的诊断功能，弱化考试的价值评价功能，应帮助学生及时发现学习中的不足。

3. 合理负担的原则

减轻学生学习负担，需要教育行政部门、校长、教师和家长的共同努力，就课堂教学来讲，要求教师提高课堂教学效率，限制课外作业量。有的教师在课内完不成教学任务，靠占用学生的大量课余时间，靠大量课后练习去提高学习效果，有的学校不是引导教师们去比谁的教学效率高，而是比谁能加班加点，多占用学生的课余时间，这些做法无疑会加重学生的学习负担。

4. 个别辅导的原则

在教学过程中，要注意观察学生的心理状态，及时发现他们的心理问题并进行有针对性的个别辅导。学生在学习过程中，随时会表现出自己在学习态度、学习方法、人际关系、情绪状态等方面存在的问题，教师要善于从学生表面的行为问题捕捉和发现学生行为背后的心理问题，作出准确的判断，并采取相应的方法进行有针对性的辅导，这样才能帮助学生从根本上解决自己的问题。

总而言之，要实现教学与心理健康辅导的相互渗透、有机结合，不能简单、机械地把两者相加或者随意地组合。学科渗透可以促进更多的教师学习和运用心理学理论，提高其理论素养和教学能力。学科渗透是一种全员性策略，让更多的教师参与心理辅导，有利于在学校中营造促进学生心理健康的环境氛围。教师的职责是教书育人，育人的一项重要内容是育心。从这个意义上讲，每个教师都应该是心理辅导者。学科渗透要求教师研究学生的学习心理，既要培养学生的智力因素，又要培养学生的非智力因素，它对教师提出了更高的要求，要求教师必须从传授型的教书匠转变为研究型的教学家。学科渗透对于教师是一项富有挑战性的工作，需要教师努力学习理论，钻研理论，勇于实践，同时它又是富有创造性的工作，为教师才华的施展提供了广泛的舞台。学科渗透是每一个教师一生中值得研究的重要课题。

（三）学科教学中心理健康教育渗透方法

学科教学中应注意对学生心理健康的教育，这是心理健康教育的主要途径。学科教学是对学生进行心理健康教育的主要阵地。

1. 合理安排课程、教材、教法、考试等方面内容

课程、教材、教法、考试等方面的内容是教学领域的重要组成部分，对学生的心理健康状况，将产生直接、巨大的影响。中学生的诸多适应不良问题，如考试焦虑、批判性思维缺乏等与当前存在的课程繁杂、教材偏难、教法单一、只注重学习结果的选拔性考试等直接相关，这些问题不加以解决，只通过个别的心理辅导等解决学生身上存在的这些适应不良问题是不可能的。

2. 注意关注学生的课堂表现行为

学科教学是学校的中心工作，教学活动在学校的全部教育活动中所占时间最多，学生的大部分时间是在课堂中度过的。在课堂教学中，不仅表现出他们的各种心理品质、心理状态、适应能力、人际关系，而且，他们的不适应行为、心理障碍也会在教学过程的自然状态下表露出来，这使得教师可以在第一时间更广泛、更真实地掌握学生心理健康的状况，及时采取预防和补救措施，这是学校专职心理辅导员所不能做到的。倘若能彻底实施，则全体学生无时不在全体教师的关注协助引导之下，符合教师人人参与心理辅导的基本精神。

3. 做好不同教学因素的转变

学科渗透是指教师在教学过程中自觉地、有意识地运用心理学与技术，帮助学生提高课堂学习活动中的认知、情感和行为水平。例如，教师在课堂教学中有意识地运用强化理论激发学生的学习动机，结合教材进行记忆策略训练以提高学生记忆力，等等。也就是说，要求教师要充分利用教学的各种因素和手段来培养和完善学生的心理品质和人格。要使心理辅导与教学有机结合，相互渗透，就必须做好以下教学因素的转变：

（1）树立现代教学观念。树立现代教学观念具体体现为主体性的学生观、广义的知识

观、发展性的教学目标观。传统的教学，将学生视为接受知识的被动容器，现代认知心理学理论和实验证实，有效的学习，只有在学生积极、主动的参与之下才能发生。学生是学习的主体，教师的作用在于调动学生参与学习的积极性；传统的教学，视知识为信息的贮存和提取，现代的广义知识观将知识、技能、策略融为一体；传统的教学目标着眼于知识的获得，现代的教学目标更着眼于人的可持续性发展，它要求在培养学生掌握知识的同时，要形成正确的学习态度、学习方法和策略，为未来的终身学习奠定基础。

（2）建立新型的师生关系。建立新型的师生关系具体体现为合作的师生关系、和谐的师生关系和互动的师生关系。师生关系是以基本的人性观为前提的，传统的师生关系是建立在不正确的人性观基础上的，认为人的天性是懒惰的、不思进取的，需要严格的教诲才能启迪良知，教师应是权威，学生是被管束的对象。现代人本主义心理学家认为，人本身具有成长需要，包括认知需要、审美需要和自我实现需要。这些需要越得到满足，由此而产生的动机越强烈，人具有自我提高的内驱力。新型的师生关系要求教师不以教育者自居，不强迫学生服从教师的意志。教师要信任学生，尊重学生，热爱学生，在和谐、互动、合作的基础上，调动学生自身的潜能，使学生获得自主发展。

（3）掌握必备的心理辅导技能。掌握必备的心理辅导技能包括了解学生的心理问题，了解心理辅导的一般过程，发展辅导的技能，与家长等其他教育资源的沟通合作技能等。依据现代的教学发展性目标，教育要促进人的各种心理品质的发展，要求教师不仅要了解所教的学科知识，而且要了解学生各种心理品质的发展规律，学会观察他们，评估他们的发展水平并及时加以辅导。这对现代教师来讲是更加重要的必备能力，也提出了更高的要求，是学科教学渗透心理健康教育的根本所在。

（4）组织教学、管理教学的技能。组织教学、管理教学的技能要求教师在课堂教学中创设必需的环境条件和活动程序，吸引学生积极参与课堂活动，使他们与教师合作，消除课堂矛盾、矫正问题行为，努力将课堂教学时间用于教学活动和评价活动。在授予学生一定的知识技能、发展他们的能力和创造力的同时，维护和增进学生的心理健康，形成学生健全人格，这里的“同时”，涉及对渗透含义的理解。

好的学科教学，必须贯彻心理辅导的思想，心理辅导和学科教学是融合的。对大多数课堂教学来讲，不必把心理辅导单独抽出来。渗透不等于机械地做加法，在目标上都加上一点心理辅导，它是寓心理辅导于学科教学之中。在学科教学中渗透心理健康教育，是注重辅导学习方面，亦即发展性目标的最后达成，使学生树立正确的人生观，建立远大的理想、合理的态度、适当的抱负、丰富的情感、高尚的兴趣，对是非、善恶、美丑的价值判断，身体力行、变化气质、发展健全的人格。

（5）转变教学内容。教学中要让学生真正地掌握知识，促进学生智慧和人格的发展。必须挖掘教材潜在的智力价值和精神价值，使教学内容既有意义又有兴趣，以惊异吸引学生，以悬念维持学生的注意，以满足增强学生的自信，以情趣感染学生。同时，还可以利用各科教学内容的特点，如人物、事物等来引导学生自我教育，完善自我意识，学会自我控制，培养自我发展能力，为学生提供生动有趣的健康成长的榜样和范例。如教师在学科教学中，要有意识地紧密结合教学内容，介绍科学家的百折不挠、攀登科学高峰的感人业绩，使学生获得积极的心理体验。

（6）转变教学方法。注意师生间的协商或讨论式的教学，提倡民主的、以学生主动学习为主的方法。教师要尊重学生，理解学生，从学生的实际出发，在教学过程中树立平等、民主、互相协助、互相竞争的参与意识，让学生真正成为学习的主人，积极主动参与学习，使他们主动发展，才能促进学生良好的心理素质和良好的人际关系的培养和建立。

（7）转变教学效益观。丰富多彩的世界，培育了人们多种多样的个性，世界的丰富多彩需要人们具有多种多样的个性。所以，应以学生个性的全面发展来衡量和评估教学，综合地评价教学质量。尊重学生的个性差异和特长，发展学生多方面的兴趣和能力，使师生生活在一种相互理解、尊重、关怀、帮助、谅解、信任的和谐气氛中，使学生健康向上地发展。

三、学校活动中心理健康教育的渗透

心理健康教育是学校教育的有机组成部分，而不是附加成分，因而应该融汇到学校的各项工作之中。通过学校整体机制实施心理健康教育，而不是只凭靠某一单项学习或活动所能完成的。学校教育的结构，体现在课程体系之中，心理健康教育也应根据课程体系来构建自身的体系。

（一）加强学校教学中的心理健康教育

教学是学校教育的中心环节，也是心理健康教育的主渠道，教学过程可以培养学生的健康心理，也可以产生对学生的心理压力，造成心理障碍。心理健康教育先要提高教学过程对学生健康心理的正效应，减少和消除负效应。因此，所有教师均是心理教育者。

第一，发掘教材内容中的心理教育因素，培养学生健康心理。各科教材内容均在不同程度上表现出对人格的要求和智能训练上的要求。它们既有德育、智育、美育等因素，也有心理教育因素，是心理健康教育的重要资源。教师在备课与课堂教学中应充分发掘这一资源，培养学生的健康心理。

第二，教师教学态度与方式中的心理影响。教师的教学态度与方式决定课堂教学的心理气氛。对学生的尊重与激励可减轻或消除学生在学习上的心理压力，调动学生积极参与教学活动，使学生乐于学习和产生自信心、成功感。

第三，以良好的教学方法培养和发展学生的认识能力和独立学习的能力，不断增强和改善思维品质和学习品格。可利用研究性学习和社会综合实践课程等。在教学中，教师要有乐教、善教、平等、尊重、循循善诱的教风，学生要有乐学、会学、生动、主动的学风，不断提高思维能力和动口动手能力。

（二）强化德育活动中的心理健康教育

活动课程是学科课程以外学生的主要活动领域，是学生生动活泼地、主动地表现自我的场所，对培养学生健康心理具有重大作用。在德育活动、艺术活动、体育活动、科技活动中，除了培养与该活动相适应的品德素质、审美素质、身体素质、科学文化素质以外，还可以培养兴趣特长、良好个性、主动精神、交往能力、自我教育能力等相关的健康心理，使学生的心理发展有广阔的天地。在德育活动中实现心理健康教育，可以利用晨讲、升旗仪式、主题班会、主题活动、宣传橱窗等形式完成心理健康教育。在日常教育活动中实现心理健康教育也是完全可能的。如每天早晨正式上课前、课间休息时、午休与下午上课前，以及结课后、放学后教师与学生的沟通与交往等。其实，这都可以转化为很好的心理健康教育时机。学校可以开展心理专题教育活动和心理咨询活动。对学生普遍存在的心理问题和个别学生的心理问题，以不同形式给予启迪与引导，帮助学生防止和克服心理障碍，使他们的心理能得到健康的发展。

（三）重视校园环境中的心理健康教育

校园环境是潜在课程，对学生心理具有潜移默化的影响。校园的物质环境与精神环境是学生心理健康发展的外在条件，直接制约着学生的内在心理。绿化、美化、净化的校园，使学生悦目并感受到校园美；文明有礼，互尊互爱，使学生在和睦合作关系中感到自我价值和容纳感；在行为有序、活动有余的校园中感受到轻松愉快的生活乐趣；在充满科学、艺术的文化气氛中激发求知欲。为此必须加强硬件与软件建设，为学生心理健康成长创造良好的条件。

第二节　心理健康教育中家校合作模式及实践

家庭教育既是学校教育的基础，又是学校教育的补充和延伸。“有效地整合学校与家庭两种教育资源，是开展心理健康教育的有效途径和方式，即家校合作模式。”① 在对青少年的教育中，我们需要的不仅仅是学校与家庭的简单联系，更需要双方相互渗透、协同，在教育的整体性上做更多的努力，以整体性的教育观、发展观来指导家校教育形成合力，家长和教师共同为每一位青少年创造一种人道主义的教育环境。

一、心理健康教育中家校合作模式的意义

现代教育的家校合作是以家、校共同认可的教育目标为目的，充分开发和利用家校双方的教育资源，用优化组合的方式对青少年开展教育的模式。这种合作模式追求学校、家庭和社会在教育观念、内容、途径和方法上的协调一致，以期为青少年成长创造良好的大环境。学校教育与家庭教育是社会的两大教育系统，对人一生的发展起着相当重要的作用。家校合作具有重要的意义，是因为它不仅直接关系到合作的根本目的——使学生健康发展，而且对影响学生发展的家长与学校的发展也具有重要意义。

（一）优化教育资源，全面培养学生健康心理

心理健康教育的家校合作模式中，家庭全方位支持学校教育工作，学校尽全力帮助家长解决在教育子女的过程中遇到的各种问题，进而使家庭和学校在教育过程中密切合作，互相配合，发挥各自的优势，优化了家校教育资源。学校和家庭是学生学习和生活的重要场所。家庭是孩子的第一教育环境，父母的教育方式和家庭环境对孩子的认知、个性、社会化、心理健康等因素都有非常重要的影响。然而，家庭教育中存在许多值得关注的问题，如家长缺乏儿童心理学方面的专业知识，对教育缺乏正确认识等。学校教育具有系统化、专业化的优势，但也存在对学生心理素质教育的不利因素，如大班教学，教师缺乏对每个学生心理的全面认识。家校合作可以充分利用两者的资源，发挥各自的优势，深入了解学生的心理状况，把握好学生发展的关键期，推进学生心理素质教育的发展。

---

①　刘视湘，郑日昌. 中学生心理健康教育 [M]. 北京：开明出版社，2012：236.

（二）提高家长素质，形成良好家庭心理氛围

知识和技能不是与生俱来的，要做一个合格的家长必须学习，对于家庭教育而言，选择与学校合作将是十分明智的。家校合作给家长们提供了重要的学习机会。在合作过程中，家长借助教师的专业理论及经验，通过恳切的交谈、倾听教师与学生相处的技巧等，从中学会教导孩子的知识与技巧，进而成为有效能的家长。这样，家长在面对处理孩子的问题与困惑时，能清楚地得到来自学校的支持。同时，家长能够有机会了解孩子在学校的学习生活，无形中感觉到自己被纳入孩子的校园生活里，这拉近了亲子的关系。

家校合作可以优化学习和教育环境，通过家庭和学校之间相互弥补时空间隙，使孩子的成长始终处在一个协调一致的教育过程中，这样必将有效地促进各方面的教育。学校和家庭互相协调，将发挥最大的教育效能。当学生感到教师和家长在为自己的成长协同努力时，他们会因这种关注而受到极大的鼓舞，产生向上的动力，激发成就感，并最终转化为进取的实际行动。家校合作教育不只使学生受益，同时也会提高家长的心理素质水平，改善亲子关系，形成良好的家庭心理氛围。

二、心理健康教育中家校合作的实践策略

学校需要与家庭积极沟通，形成现代学校与家庭的新型关系。青少年的心理健康教育仅靠学校的单方努力是难以实现的，它需要社会各方，尤其是来自家庭的合作。学校促进学生心理发展的主要形式之一就是实行家校合作。社会参与学校心理健康教育是当今世界教育发展的一个重要趋势，而在社会参与的力量中，家庭对学生心理成长最为重要。家长是否有效地协同学校对学生进行心理健康教育，直接决定学校心理健康教育的效果。家校心理健康教育的协同开展，是为了更好地发挥家校双方的优势，用家庭教育的优势来弥补学校教育的不足，让学校教育指导家庭教育，在优势互补之中实现心理健康教育的最优化。

（一）建立平等亲师关系

孩子的健康成长是学校教育和家庭教育共同关注的核心话题，更是学校和家庭以及教师和家长沟通的基础。在实际的学校情境中，大多数情况下，家长和教师之间的交流仍然是单向的，即交流是从教师流向父母，家长消极被动地等待教师的沟通或渴望从教师那里得到正确的建议。从过去的沟通方式中就可以看出，家长手册、家长会议、时事通讯、汇

报卡等，在交流中也是教师告诉家长有关的活动、学生的进步、课程的安排、教育部门或者学校的政策。即使是家长—教师的讨论会，有时候也会被看作是告诉家长孩子在校情况的机会，主要目的也是让父母了解子女的情况。但是，为了充分发挥家长的参与作用，交流必须是双向的，家长也必须处于表达和被倾听的位置。为此，教师和家长要建立积极、平等的合作关系，形成双向交流的模式，使信息不单纯地从教师流向家长，更应该从家长流向教师。建立平等的亲师关系，需要教师在与家长沟通的过程中做到积极倾听、相互尊重与真诚相待。

1. 做到积极倾听

要建立起教师和家长的有效交流关系，关键在于积极地倾听。积极的倾听者喜欢一直注视着讲话者，对交流内容表现出极大的关注，常常是身体向前倾斜，通过点头、扬眉等给以积极的回馈，并以适当的微笑来鼓励。对教师来讲，积极倾听能够传达出和家长进行交流的愿望，使双方的地位倾向于平等；每一方都认真地倾听并作出理解和回馈，更是双向交流的开端。在进行交流时，教师除了注意家长的言语信息外，还应该注意家长的非言语信息，如身体姿势、面部表情、眼神、声调或者是讲话的速度等，这些非言语行为往往向教师传达了家长的内部情感状态。

2. 做到相互尊重

在形成有效的双向交流的过程中，说话者尽量使用描述性的语言而非带有价值判断的语言，这是很重要的。中学阶段是孩子们的世界观、人生观、价值观和知识、品德形成的关键时期，教师和家长都处于重任在肩的时刻。就算教师的工作再忙，家长的地位再高，都要做到相互尊重、主动联系，经常沟通孩子们的情况。无论是教师做得好，还是家长做错了，都应开诚布公、实事求是。正确的方法和育人经验要肯定和发扬；不足的甚至错误的东西要坦诚指出，互相沟通；不能迁就不良的、错误的做法，以免学生受害。如果家长对教师有成见，涉及非理性成分，教师应该耐心对待，并多次证明、解释。

3. 做到真诚相待

教师和家长双方的沟通必须建立在真诚的基础之上，教师可将学生在学校的表现合理、客观地反馈给家长，和家长共同探讨促进孩子健康发展的方案，双方应在和谐友好的氛围下进行沟通。

总而言之，在与家长沟通时应该做到积极倾听、相互尊重和真诚相待，这样才能建立起和谐友好的亲师交流模式。教师与家长有效交流应该遵循的基本原则包括：①关心孩子们，询问有关他的情况；②关心并体谅家长，询问有关他的情况；③主动创设使家长感到相互平等的环境；④学会有效倾听家长的谈话；⑤避免使用带有判断性质的语言，尽量使用描述性语言；⑥在问题发生之前和家长开始交流；⑦增加和家长交流的时间和机会；⑧尊重家长对孩子、对学校和教师的观念态度。

（二）努力增进亲子关系

家长和学校的合作、与教师的交流，都是为了更好地促进孩子的健康成长。中学生正处于人生成长过程中的青春期，亲子沟通问题已成为学校心理健康教育必须面对的难题。

1. 家长与孩子共同成长

纵然家长和孩子担负着各自的发展任务，但是两者之间存在着双向关系，家长对孩子实施教育和影响，作为生态系统中的一个单元，孩子自身的发展状况通过反馈也会影响家长的发展。家长与孩子相互作用、共同发展，作为一个发展中和成长中的人，家长自身也不可避免地在思想观念、行为方式、情绪情感上存在一些问题，这些问题会影响到中学生的身心发展。为了促进家长与孩子共同成长，在心理健康教育时需要注意以下方面：

（1）尊重与信任。尊重孩子，就是给孩子选择和自我负责的机会，孩子得到尊重，才能逐渐发展出自尊心。自尊是心理健康的核心和基础，父母在培养孩子自尊方面担任着非常重要的角色。父母给予孩子的尊重，是孩子建立自尊最主要的力量和源泉。信任孩子，就是给孩子成长的自由和空间。对于孩子的阅读、兴趣爱好，父母不宜干涉太多，给予孩子选择的自由，反而能激发孩子更大的热情。利用好这种热情，对于孩子个人的成长和发展都是有利的。子女往往把父母看成是自己学习上的蒙师、德行上的榜样、生活上的参谋、感情上的挚友。他们也特别希望能得到父母的信任，像朋友一样和父母平等交流。父母的信任意味着压力、重视和鼓励，这是真正触动他们心灵的动力。

（2）民主与平等。亲子沟通需要民主与平等的态度与氛围，家长要想正确地引导孩子按着自己的天性发展，先要树立民主的态度，有意识地把自己和孩子摆在平等的位置上，试着养成遇事和孩子商量的习惯。只有这样，才能实现对孩子恰当的教育。有时肯定孩子的一个想法或做法，会比给他买一件东西更让他高兴。其实，孩子的一些新奇的想法和做法是很让人喜爱的，家长如果和孩子商量成一件事情，也会感到一种难得的乐趣。父母应改变对待孩子的态度，在民主尊重的原则下，重新建立亲密的亲子关系。

（3）理解与关心。家长要理解孩子，就需要倾听孩子内心的声音，并向孩子表达真诚的关心，需要家长具有一定的通情。所谓通情，就是感同身受，就是用孩子的感觉去体会他所面对的事物。除了要站在孩子的立场上看问题，了解导致如此情形的因素之外，还要把这种设身处地的了解让对方知道。只有让孩子感受到他被父母倾听和接纳，才能帮助他打开心灵的大门。

2. 掌握鼓励与批评方法

家长对孩子的教育，离不开鼓励与批评，鼓励与批评既是一种手段，又是一门艺术。恰如其分的鼓励与批评，能使孩子树立信心，增强斗志，清除自卑心理，改正不良行为。

（1）鼓励的原则。鼓励是孩子成长、建立自尊的基石，家长需要把握以下鼓励的原则：第一，真诚地接纳孩子。接纳孩子真实的样子，而不是家长期望他应该成为的样子，让孩子知道即使有时候他表现不好，家长还是爱他的。第二，重视努力和进步。每个人都有不同的才华，每个孩子都有先天的潜能，如果给予他们表现的机会，让他们的能力发挥出来，就可以让他们产生自我价值感。孩子在成长过程中，需要不断地肯定自己的能力。第三，从自我鼓励开始。父母自己要常鼓励自己，相信自己能改变。鼓励自己，发挥爱心和耐心，孩子是一定能感受到这种支持的信息的。

（2）批评孩子的方法。要取得批评的积极效果，家长一定要注意方法。不少家长教育失败的原因，不在于自己的动机而在于自己的态度。真诚、善意的批评，孩子容易接受，也有利于孩子改正错误。家长批评孩子应该避开他人，适当的场合，既能保护孩子的自尊心，又有利于孩子接受意见。父母在批评子女时也要告诉孩子怎样做是恰当的，最好能让孩子自己去思考、去决定，而父母只是给予启发而已。家长不要对孩子的错误进行反复、多次的批评。家长批评孩子的时候要注意避免全盘否定，要用发展的眼光看孩子，相信孩子会有变化，这样才有利于孩子的进步。

总而言之，鼓励和批评作为经常采用的教育方法，家长必须掌握其运用的艺术，才能调动孩子的积极性，才有利于培养孩子的自信心。具体而言，要注意以下方面：①鼓励面要宽、批评面要窄。鼓励容易被大多数孩子接受，受鼓励的孩子积极性易于被调动；批评则反之。②鼓励宜直接，批评宜间接。有时，适宜的不直接批评，可以提醒孩子今后不犯类似的错误。③鼓励宜多，批评宜少。鼓励可以使人心情愉快，愉快的心情又会促使人积极行动。而批评会使孩子感到压抑，从而影响学习的兴趣和效果。④鼓励要注意艺术，批评要严肃善意。微笑的表情能给人以和善的感觉；批评则要注意严肃性，批评应是善意的，让孩子内心切实感受到父母是为他好。⑤鼓励和批评要符合客观实际。无论是表扬还是批评，都要以事实为前提。⑥鼓励和批评要因地因时而不同。一般而言，鼓励要及时，批评要看情况而定。

（三）构建家校合作平台

家校合作不能仅依靠教师个体的力量，要保证此项工作的长久开展，需要学校从制度方面建立专门的组织协调机构，对合作加以保障与鼓励。为此，学校应成立专门的家校合作心育协调机构，自上而下，统一领导，协调各方，齐抓共管，形成合力，保证家校合作心育工作有序、有效地发展。通过举办家庭心育培训、心育经验交流、家长心理成长小组、家教状况调查等方式，推动家校心育的有效协作，保证学校心理健康教育落到实处。

实施家校心育合作，就必须进行心育空间的拓展，挖掘心育资源，开展全程、全员、全方位的社区教育，让每个学生、每个家长随时随地都有学习心理健康知识的机会，随时都能感受到“心育场”的作用。社会的教育资源丰富多彩，例如，图书馆、体育场、公园等文化设施，各类机构等都是家校合作心育的重要资源。学校主动挖掘并充分利用社区心育资源，加强指导与引导，整合与拓展教育功能，努力创设一个有利于学生发展的大环境。学校可以开辟校外教育基地，创造良好的育人环境。如组织到工厂参观，开阔视野。还可以开展社区志愿者活动。聘请家长中的专职人员、老干部、模范等先进人物组成校外讲师团，作为社区志愿者，走进校园，为学生讲课；或者联系参观学习，走出学校，与社会沟通。

总而言之，家校心理健康教育合作开展，才能优势互补，形成巨大的教育合力，促进青少年学生的心理健康成长。

第三节　心理健康教育中心理游戏的改造创新

“心理游戏是开展心理健康教育课程的重要手段。巧妙的心理游戏设计，能够创设有效的心理健康教育情境，使学生产生深刻的体验，引发学生感悟与思考。”① 在心理健康教育实践中，心理教师可根据教学目标的设置与引领，适时改造已有心理游戏的活动道具、游戏规则，或根据教学需要设计新的游戏，激发中学生的参与兴趣与活动热情，提升心理课堂的针对性和趣味性。在学校心理健康教育实践中，我们可以根据心理游戏在课堂结构或团体辅导中的进程安排，将其分为热身活动、分组活动、主题活动和结束活动。值

① 安小燕. 心理游戏在心理健康教育实践中的改造与创新［J］. 中小学心理健康教育，2022，（15）：25.

得注意的是，这个分类框架下的各个活动的功能并不是固定不变的，而是随课程目标设置的不同而变化，这就要求学校心理教师在进行课程设计、团辅活动时，要根据主题主动筛选活动搭配方案和活动形式，对心理游戏进行改造与创新。

一、改造心理游戏的活动道具

改造心理游戏的最浅层次是改造心理游戏的活动道具。在心理健康教育实践中，由于各地区之间、各学校之间存在客观条件差异，在心理课堂上，道具往往成为活动顺利进行的制约性因素，甚至成为明显的掣肘。要解决这个问题，就需要心理教师多观察、勤思考，根据所在学校的实际情况作出相应的调整和变通，才能保证活动顺利进行。

例如，在带领学生挑战“融化的冰盖”这个游戏时，逐渐消融的、面积不断减半的冰盖需要软质泡沫垫作为活动道具，但在活动实践中，如果没有泡沫垫，完全可以用硬纸板或者废报纸代替。和这个活动比较类似的游戏“摸石头过河”中，同样需要泡沫砖作为道具，我们依然可以用硬纸板替代。再如，对学生进行合作性训练的“建塔”游戏中，需要用相当数量的一次性纸杯或泡沫砖作为道具，在实践中，完全可以用饮料瓶或是易拉罐等更容易收集到的材料替代。在带领学生进行“无敌风火轮”游戏时，原本需要用很多报纸、胶带且要自己动手粘贴才能完成的风火轮，用废旧条幅代替，同样可以取得很好的辅导效果。综上，从已有的现实条件出发，灵活变通游戏道具，是对心理游戏的初步改造。

二、适当变动心理游戏的规则

改造心理游戏的第二个层次，是根据课程设计适当变动游戏的规则，提高学生的参与度。例如，师生都熟悉的“大风吹”游戏，它的规则是“大风吹，吹……（具有某一特点的人）”。为增强活动的趣味性、提高学生的参与度，我们可以在“大风吹”的基础上，增加“小风吹”，即“小风吹，吹……（不具备某一特点的人）”。在有了第一次比较成功的尝试之后，可以将自己经常用到的游戏都进行了或多或少的规则变动，调整后的活动效果令人惊喜。

例如，游戏“抓与逃”，这个游戏的初始状态是相邻的小组成员将食指和手掌分别放置在旁边队友的手掌和食指上，在听到对应口令和关键词时抓住对方的食指，同时迅速抽掉自己的手掌。这个活动规则在低年级或是成人小组中进展顺利，但在青春期团体中，尤其是既有男生又有女生的情形下，活动很难推进，因为青春期的学生们比较介意甚至抵触彼此之间的肢体接触，而这个游戏恰恰需要与对方的手指与手掌有接触。可以做这样的调整：将初始动作要求，即食指与手掌相对，变成彼此之间手掌隔空相对，在听到口令时抽回自己的一只手，用另一只手去拍队友的手背。调整后的游戏规则减少了青春期学生比较介意的肢体接触，却没有减少游戏的趣味性，很好地调动了学生的参与积极性，使游戏得以顺利进行。

再如，学生在语文课堂中经常玩的“成语接龙”游戏，也可以将其用在心理课堂中，只是需要改变游戏规则——随机设定某一关键字，只要学生提到的成语中含有这个字即可视为接龙成功。这样可以降低游戏难度，提高学生的参与意愿，活跃课堂气氛。

三、围绕课程目标优化游戏规则

改造心理游戏的第三个层次，是根据课程主题、围绕课程目标优化游戏规则，深化活动含义。心理游戏“超级进化论”，当我们将其用于热身活动时，可以将活动的初始阶段全部设定为“鸡蛋”，然后通过“石头剪刀布”猜拳决定进化进程。在初始阶段，大家都是鸡蛋，动作形态一样，进化阶段一样，学生在“大家都一样”的活动背景下参与游戏，可以迅速消除彼此之间的陌生感，拉近彼此之间的人际距离，达到热身的目的。这个游戏同样可以运用于主题类课程辅导的活动设计中。

例如，在将其运用于竞争、合作、参与等为主题的活动设计中时，就需要在游戏规则上花些心思。我们可以通过抽签的形式来决定小组或小组成员在游戏中所处的不同进化阶段，然后继续猜拳进化。在活动分享与讨论阶段，教师可以提问学生如何理解游戏一开始不同进化阶段的游戏设置、对此有什么想法等，由此凸显活动设计目标与初衷。

再如，对“一分钟鼓掌”游戏的改造。教师在将其用于热身活动时，引导学生尽自己最大努力完成鼓掌任务即可。在实践中，我通常将其运用于新学期开始或大型讲座开始时，既能带动活动气氛，又可通过巧妙的语言表述顺势将掌声送给参与活动的听众；既能帮助自己轻松化解开场前的紧张心情，又能赢得活动参与者的关注。“一分钟鼓掌”同样可以运用于不同主题的活动设计中。当运用于目标管理或励志等活动主题时，可以加入体验设想环节，与操作实践环节相比较，鼓掌次数的差异能带给学生很多冲击，引发其思考。运用于时间管理或意志锤炼等主题时，教师则需要重点引导学生体验在一分钟鼓掌过程中身体感受与心理感受的变化，在分析这些变化时，总结、聚焦活动主题。

总而言之，在学校心理健康教育实践中，游戏规则的制定与活动形式的筛选，都需要围绕活动主题作出必要的调整和灵活的变动。游戏规则调整和活动形式变动应与后续分享、讨论阶段的问题设计相呼应、相联系，引导学生透过现象看本质，从多角度看问题，创设有利于学生成长的活动情境，让学生大胆讲、放心说，把被动接受教育转化成自我教育，促进学生自我成长与自我完善。

四、进行多个游戏的嵌套与合并

改造心理游戏是在单个游戏中针对某一环节作出相应调整，这些调整能够增强心理健康课程实施过程中的趣味性和目的性。然而在学校心理健康教育实践中，教育目的、活动目标仅凭单个游戏、单个活动并不能完全达成，这就需要教师在设计方案时，考虑活动之间的系统性、针对性，以及活动推进时内部子目标与总目标之间的层次性与逻辑性。在实际操作时，我们可以根据活动方案中主题目标设计的具体需要，将游戏之间互相“嵌套”，使不同目的、不同阶段、不同作用的多个游戏有机整合，提升心理健康教育课堂实效。

例如，在规模较大的班级进行团辅活动时，可以尝试将热身游戏与热身游戏相嵌套。前面提到的“成语接龙”和“大风吹”等热身游戏，可以与另外一个热身游戏“可怜的小猫”结合起来。具体操作流程：若有人前一个热身游戏“成语接龙”不能顺利完成或“大风吹”出错时，则要接受“可怜的小猫”游戏作为惩罚，即站在同学中间学猫叫，其他学生要控制自己的表情，不能被“小猫”逗笑，最先被逗笑的学生接受惩罚学猫叫，完成之后由其重新开始接龙。如此，热身游戏互相嵌套，对于活跃课堂气氛非常有帮助。

心理教师也可以将热身活动与分组活动合并，如游戏“找零钱”，在热身环节，按照男生女生的不同“价钱”进行两轮组合，即前两轮设计成“男生一块，女生五毛”和“男生五毛，女生一块”（具体数字依据活动人数调整）进行随机数字的搭配，这样可以使学生在最短时间内尽可能多、尽可能快地互动，打乱原有的自发性小组结构，促使学生小组组合裂变更多可能性。在第三轮游戏时，则按照男生女生“价钱”一样进行组合，这样便将分组活动与热身活动顺利整合在一起，学生不易察觉教师在活动设计时的分组意图，活动参与度高，课堂效率与气氛都得到了良好保障。

在进行主题活动设计时，为了深化活动主题，可以将同一游戏在组内和组间进行，增加横向比较和纵向比较，从而使学生对主题体验更加深刻、丰富和全面。例如，“一分钟鼓掌”游戏，将这个游戏运用于竞争类主题时，可以增加组间比较环节，突出竞争与合作主题。活动时，每个小组内部成员都参与，完成后计算平均数，然后进行小组之间的鼓掌计数比较，经过这样一番调整后，小组之间有竞争，小组内部有合作，在问题讨论时，关于主题内容的分享便顺理成章了。

活动“嵌套”是对心理游戏某一操作环节的“改造式创新”，真正意义上的创新，是心理教师开动脑筋、善于观察，根据课程的实际需要自己设计心理游戏。例如，关于自我介绍的游戏，通常在学生之间还不太熟悉时。游戏规则可以将自己的姓名用字隐藏在自己读过的诗句中，然后请大家猜猜自己的名字叫什么。介绍完游戏规则，教师先给学生作示范，一方面可以吸引学生的注意力；另一方面，可以通过“猜谜”形式拓展学生的思维，活跃课堂。在具体操作时，如果学生进行得不够顺利，可以随时调整游戏难度，如学生介绍自己姓名用字时想不起对应的诗句，可以用同音字代替，也可以用一个关于自己姓名的小故事代替等，总而言之，达到促进学生之间人际联结的目的即可。

综上所述，心理游戏在心理健康教育实践中的改造创新，一定是建立在大量实践操作基础上的。创新不一定是设计了原来没有的新游戏，更多是对原有游戏规则、游戏环节、问题设置等方面的改造——对已有活动的改进与优化，对生活实践的观察与迁移，对活动感悟的引导与深化。设计心理活动方案时，教师应始终牢记“以心理游戏为载体，以课堂活动设计目标为导向，以当前的实际条件为基础，以课堂效率提升为目标”的心理健康教育特色，体现心理健康教育的专业性。

参考文献

[1] 安小燕. 心理游戏在心理健康教育实践中的改造与创新 [J]. 中小学心理健康教育，2022，(15)：25.

[2] 程早霞，董维维. 中国传统“心”文化与心理疏导模式的建构 [J]. 思想政治教育研究，2021，37 (6)：126-130.

[3] 崔光辉. 现象学心理学视界中的心理健康评估 [J]. 南京师范大学学报 (社会科学版)，2012 (1)：97-102.

[4] 樊富珉. 团体辅导与危机心理干预 [M]. 北京：机械工业出版社，2021.

[5] 高存友，任秋生，甘景梨. 心理压力与调控 [M]. 北京：九州出版社，2018.

[6] 吉明明. 试论心理健康教育队伍的团体成长 [J]. 黑龙江高教研究，2013，31 (7)：119-121.

[7] 李丹，马喜亭. 高校辅导员心理健康教育胜任力研究 [J]. 学校党建与思想教育，2022 (6)：87-90.

[8] 李晓丽. 学科教学中心理健康教育的渗透 [J]. 教学与管理 (理论版)，2016 (5)：110-112.

[9] 李智慧. 心理咨询的理论与方法 [M]. 北京：北京理工大学出版社，2019.

[10] 刘苍劲. 新时期大学生心理健康教育实效性研究 [M]. 北京：北京师范大学出版社，2017.

[11] 刘明娟. 积极心理学对大学生心理健康教育的启示 [J]. 教育理论与实践，2022，42 (21)：50-52.

[12] 刘琦. 心理咨询室应加强前瞻性身心健康指导 [J]. 教学与管理 (理论版)，2021 (6)：71-73.

[13] 刘视湘，郑日昌. 中学生心理健康教育 [M]. 北京：开明出版社，2012.

[14] 刘视湘，朱小茼，贺双燕. 团体心理辅导实务 [M]. 北京：首都师范大学出版社，2015.

[15] 刘万伦，戴敏燕，杨莉．中学心理健康教育校本课程开发的理论与实践［M］．北京：科学出版社，2016．
[16] 刘亚敏．积极心理学视角下高校大学生心理健康教育策略分析运用［J］．邯郸职业技术学院学报，2022，35（2）：68．
[17] 刘彦．积极心理学视角下大学生心理健康教育创新路径探究［J］．乌鲁木齐职业大学学报，2022，31（1）：57-60．
[18] 刘燕，谢钢．积极心理学与高校心理健康教育［J］．高校教育管理，2011，5（1）：82-85．
[19] 刘勇．团体心理辅导与训练［M］．广州：中山大学出版社，2007．
[20] 任萍，汪悦，刘冬予，等．心理健康评估与干预的智能化应用［J］．北京师范大学学报（社会科学版），2022（4）：150-160．
[21] 孙爱花．“三全育人”理念下的大学生心理健康教育研究［J］．继续教育研究，2021（6）：157-160．
[22] 孙国胜，薛春艳．生命教育视野下的大学生心理健康教育［J］．学校党建与思想教育，2020（21）：71-72．
[23] 陶信伟，冯颖．新媒体在特殊人群心理健康教育中的应用［J］．中国健康教育，2020，36（2）：189-191．
[24] 王卫卿，王永利，陈粲．学校德育视角下学生心理健康教育的创新［J］．教学与管理（理论版），2020（11）：71-73．
[25] 王晓刚，杨帅，尹天子，等．城市社区心理健康服务重点人群的心理健康评估［J］．西南大学学报（社会科学版），2011，37（3）：6-11．
[26] 王振宏，王永，王克静，等．积极情绪对大学生心理健康的促进作用［J］．中国心理卫生杂志，2010，24（9）：716．
[27] 谢晓敏．学校心理健康教育中构建家校合作模式实践探索［J］．教育与装备研究，2016，32（10）：20-22．
[28] 余欣欣，李山，吴素梅．中学心理健康教育［M］．北京：科学出版社，2017．
[29] 俞国良，靳娟娟．心理健康教育与“五育”关系探析［J］．教育研究，2022，43（1）：136-145．
[30] 袁勇贵．平衡心理治疗［M］．南京：东南大学出版社，2018．
[31] 张冬梅，谷丹．大学生心理健康教育［M］．北京：北京邮电大学出版社，2018．

[32] 张方华. 茶文化在加强大学生心理健康教育中的应用研究 [J]. 福建茶叶，2022，44（10）：152-154.

[33] 张清娥. 社会治理中的心理疏导问题探析 [J]. 求实，2015（5）：32.

[34] 张锐. 重新审视学校心理健康教育 [J]. 中小学教师培训，2014（9）：59-61.

[35] 赵菊，李燕. 大学生心理健康教育 [M]. 武汉：武汉大学出版社，2017.

[36] 郑丹凤，王涛. “三全育人”视域下高校心理健康教育工作探析 [J]. 学校党建与思想教育，2021（1）：88-90.

[37] 郑华. 当代大学生人际关系优化研究 [D]. 信阳：信阳师范学院，2014：21.